Das glückliche Schwein

Sy Montgomery

Das glückliche Schwein

VOM LEBEN MIT EINEM
AUSSERGEWÖHNLICHEN FREUND

Aus dem Amerikanischen
von Melusine Stern

Weltbild

Die amerikanische Originalausgabe erschien 2006 unter dem Titel
The good good pig. The extraordinary life of Christopher Hogwood
bei Ballantine Books, an imprint of The Random House Publishing
Group, a division of Random House, Inc., New York.

Besuchen Sie uns im Internet:
www.weltbild.de

Genehmigte Lizenzausgabe für Verlagsgruppe Weltbild GmbH,
Steinerne Furt, 86167 Augsburg

Übersetzung: Melusine Stern
Umschlaggestaltung: Atelier Seidel, Teising
Umschlagmotiv: Mauritius Images, Mittenwald
(© mauritius images / age)
Gesamtherstellung: GGP Media GmbH, Pößneck
Printed in the EU
ISBN 978-3-8289-8892-7

2010 2009 2008 2007
Die letzte Jahreszahl gibt die aktuelle Lizenzausgabe an.

Für Kate, Jane und Lilla Cabot

Kapitel 1

Der Überzählige

Christopher Hogwood kam in einem Schuhkarton auf meinem Schoß zu uns nach Hause.

Es war ein grauer, regnerischer Aprilnachmittag, an dem wir unsere Scheune im Nebel kaum sehen konnten. Mein Mann fuhr unseren rostigen alten Subaru über durchweichte, schlammige Feldwege, auf denen noch Schneereste lagen. Unsere Stiefel waren von Schweinemist überzogen, und in unseren Kleidern hing der Geruch kranker Tiere.

Es schien kein guter Zeitpunkt, um eine entscheidende Veränderung in meinem Leben vorzunehmen.

Das ganze Frühjahr war schrecklich gewesen. Mein Vater, ein ehemaliger Kriegsheld, den ich mehr als Jesus liebte, wie ich in der Sonntagsschule einmal bekannt hatte, starb langsam und qualvoll an Lungenkrebs. Er hatte den Todesmarsch von Bataan und drei Jahre in japanischer Kriegsgefangenschaft überlebt. Deshalb glaubte meine strahlende, schlanke Mutter, die ihn immer noch so rasend liebte wie vor vierzig

Jahren, er könne auch den Krebs überleben. Sie ließ keinen Treppenlift, keinen Rollstuhl und keine Krankenschwester ins Haus.

Da ich das einzige Kind war, flog ich zwischen New Hampshire und Virginia hin und her, um so oft wie möglich bei meinen Eltern zu sein. Wenn ich von diesen herzzerreißenden Besuchen nach Hause zurückkam, versuchte ich mein erstes Buch zu Ende zu schreiben, eine Huldigung für Jane Goodall, Dian Fossey und Biruté Galdikas. Die Recherchen waren strapaziös gewesen: Im Kongo hatte ein Gorilla mich angegriffen, in Borneo hatte mir ein Orang Utan die Kleider vom Leib gerissen und auf einem Vulkan in Ruanda hatte ein schwerbewaffneter Wildhüter in dreitausend Meter Höhe Bargeld von mir gefordert. Jetzt hatte ich nur noch wenige Wochen, bis ich mein Manuskript abliefern musste, und konnte mich nicht konzentrieren.

Mein Mann ist ebenso wie ich freier Schriftsteller. Er schreibt über amerikanische Geschichte und Denkmalschutz. Seit unserer Hochzeit vor drei Jahren wohnten wir – erst als Mieter, dann als Verwalter – in einem idyllischen, über hundert Jahre alten Bauernhaus mit weißgestrichenen Schindeln auf acht Morgen Grund im Süden von New Hampshire. In den Bergen der Umgebung war Henry Thoreau noch persönlich gewandert, und in unserer kleinen Gemeinde war unsere Behausung fast noch die jüngste. Unsere Nachbarn wohnten in zweihundertjährigen Häusern, die von Immobilienmaklern als »Antiquitäten« geschätzt wurden. Aber unser Bauernhof hatte alles, was ich mir wünschte: ein Stück eingezäuntes Weideland, ein

Wäldchen mit einem rieselnden Bach, eine Scheune mit Futterkrippen und Heuboden und große alte Fliederbüsche links und rechts von der Haustür. Allerdings sollte er uns unter dem Hintern weg verkauft werden. Die Besitzer, Schriftsteller und Maler in unserem Alter, denen die Eltern das Haus finanziert hatten, waren Freunde von uns. Sie lebten jetzt in Paris und hatten nicht die Absicht zurückzukommen. Natürlich wollten wir das Haus unbedingt kaufen, aber da wir beide bloß freie Schriftsteller waren, war keine Bank bereit, uns eine Hypothek zu geben. Unser Einkommen war einfach zu unregelmäßig.

Es sah so aus, als sollte ich in diesem Jahr nicht nur meinen Vater, sondern auch mein Buch und mein Zuhause verlieren.

Aber für Christopher Hogwood war das Frühjahr noch schlimmer gewesen.

Er war Mitte Februar auf einer Farm geboren worden, die ungefähr eine halbe Stunde von unserer entfernt lag. Sie gehörte George und Mary Iselin, die wir über meine beste Freundin, Gretchen Vogel, kennengelernt hatten. »Die werden euch gefallen«, hatte Gretchen gesagt. »Die haben Schweine!«

In der Tat hatte George gewissermaßen schon immer Schweine gezüchtet. »Wenn man echter Farmer ist«, sagte er immer, »kann man mit Schweinezüchten Geld verdienen.« George und Mary waren echte Hippie-Farmer: Sie waren genau wie wir in den fünfziger Jahren geboren und lebten die Ideale der sechziger und siebziger Jahre: Friede, Freude und Liebe. Sie waren mit strahlend blauen Augen, blonden Haaren und roten Wangen gesegnet und sahen immer so aus, als wären sie gerade putzmunter aus einem Haufen Heu aufgestanden, wo Elfen über ihren erquickenden Schlummer gewacht hatten. Sie waren beide überzeugte Zurück-aufs-Land-Menschen, die ihre Lebensmittel aus dem eigenen Garten bezogen und ihre Mayonnaise aus Eiern ihrer eigenen, freilaufenden Hühner anrührten. Sie waren idealistisch, aber auch sehr pragmatisch. Es war ihnen nicht entgangen, dass es viel kostenloses Schweinefutter auf der Welt gibt: Lebensmittelabfälle von Bäckereien, Großküchen und Supermärkten. Mal rief jemand an, der sie bat, vierzig Pfund Kartoffelschnitzel abzuholen, mal bot man ihnen eine Ladung Twinkies an. Zu ihrem Entsetzen mussten sie feststellen, dass ihre biologisch-dynamisch ernährten Kinder manchmal nachts in den Schweinestall schlichen, um sich Süßigkeiten zu holen, die für die Schweine gedacht waren. »Wir haben es gemerkt, weil sie morgens Schokolade am Mund hatten«, erzählte mir Mary.

Sie hatten 165 Morgen Land. Es war unkrautüberwuchert und struppig, aber es lieferte Feuerholz und Heu, und sie zogen nicht nur Schweine, sondern auch Pferde, Kaninchen, Enten, Hühner, Ziegen, Schafe und Kinder darauf. Trotzdem glaube ich, dass die Schweine Georges Lieblinge waren. Und meine auch.

Oft sahen wir Mary und George zwar nicht – unsere Lebensweise war zu verschieden – aber die Ferkel sorgten dafür, dass wir uns nie ganz aus den Augen verloren. Wir besuchten sie jedes Frühjahr im März, gegen Ende der Zucker-Saison, wenn George den Saft ihrer Ahornbäume zu Sirup einkochte.

Der März in New Hampshire ist eine schlammige Sache, und um diese Zeit sieht die Farm der beiden immer besonders zerrupft aus. Rostige Maschinen und Geräte, von denen man nicht wusste, ob sie je wieder benutzt werden würden, ragten aus den Zäunen und schmelzenden Schneehaufen auf, und bunte Wäschestücke flatterten im Wind wie Gebetsfahnen. Das alte Haus hätte dringend etwas Farbe gebraucht. Im Inneren quollen die Dielen nach oben und die Deckenbalken schienen jedesmal tiefer herunterzuhängen.

Es war schon fast Mittag, auf dem Holzofen kochte ein Wasserkessel und erfüllte die Küche mit Dampf, während eine nicht zu ermittelnde Anzahl kleiner Kinder in Schlafanzügen herumsaß und Pfannkuchen futterte oder auf dem Boden herumkroch. Die meisten davon waren wohl Cousins und Freunde ihrer drei eigenen Kinder. Schmutziges Geschirr stapelte sich in der Spüle. Sie hätten alle gerade die Grippe gehabt, sagte Mary und griff nach zwei Tassen. Ob wir einen Tee trinken wollten?

Nein, danke, sagten Howard und ich beide hastig. Aber wir würden uns gerne noch einmal die Ferkel ansehen.

Die Scheune war nicht wie bei Norman Rockwell. Es war eher eine Mischung von Norman Rockwell und Edward Hopper. Die Außenwände waren alt und verwittert, die Fensterläden verrottet. Das Innere des Stalls war höhlenhaft dunkel und voller Spinnweben. Wir fanden es großartig. Nachdem sich unsere Augen der Dunkelheit angepasst hatten, spähten wir über die Türen der einzelnen Verschläge und suchten nach den Ställen mit jungen Ferkeln. Wenn wir so eine Schweinefamilie entdeckt hatten, kletterten wir in den Verschlag, um mit den Ferkeln zu spielen.

Auf den meisten Bauernhöfen wäre das ziemlich gefährlich gewesen. Eine Muttersau wiegt leicht über fünfhundert Pfund, und wenn sie das Gefühl hat, dass ihre Ferkel bedroht sind, kann sie ganz schön zuschnappen. Mit ihren mächtigen Kiefern kann sie mühelos einen Pfirsichkern knacken – oder auch eine Kniescheibe. Die scharfen Eckzähne sind gefährliche Waffen. Und das hat auch seine Gründe: In freier Wildbahn müssen Schweine sehr tapfer und stark sein. Präsident Theodore Roosevelt, der spätere Namenspatron der »Teddy«-Bären, hat einmal beobachtet, wie ein Jaguar von südamerikanischen Wildschweinen in Stücke gerissen wurde. Obwohl Schweine im Allgemeinen gutmütig sind, werden alljährlich mehr Menschen von Schweinen getötet als zum Beispiel von Haien. Was eigentlich auch nicht besonders erstaunlich ist. Wie oft sieht man schon einen Hai? Schweine, die auf industriellen Schweinefarmen gemästet und bis zum Wahnsinn gequält werden, fressen alles, was ihnen vorgeworfen wird – und das gilt auch für kleine Kinder, deren Eltern unvernünftig genug sind, ihren Nachwuchs unbeaufsichtigt in Schweineställen herumlaufen zu lassen. Wildschweine, von denen es allein in den Vereinigten Staaten mehr als vier Millionen gibt, können sogar Erwachsene töten, wenn sie bedroht werden. Dass Schweine gelegentlich Menschen fressen, habe ich allerdings immer als eine Art fairen Ausgleich dafür gesehen, dass die Menschen so viel mehr Schweine verzehren.

Die Säue bei George dagegen waren alle sehr freundlich. Als wir den Stall betraten, lag die Muttersau auf der Seite, um ihre Ferkel zu säugen. Sie hob ihren gewaltigen, hundertfünfzig Pfund schweren Kopf, warf uns einen wohlwollenden Blick aus ihren wimpernbewachsenen Augen zu, runzelte ihren Rüssel, um unsere Witterung aufzunehmen, und grunzte kurz zur Begrüßung. Die Ferkelchen waren niedliche Miniaturausgaben ihrer gewaltigen Eltern – manche rosa, manche schwarz, manche rot, manche gefleckt und manche mit schwarzen Rennstreifen wie Wildschweine. Am Anfang schienen sich die Ferkel nicht sicher zu sein, ob sie uns fressen oder doch lieber weglaufen sollten. Sie stürmten quiekend auf uns zu wie die Rotte Korah, dann rannten sie auf ihren hohen Hufen hastig zu ihrer Mutter zurück, um noch ein bisschen an ihren milchprallen Zitzen zu ziehen. Dann griffen sie erneut an, inzwischen schon keck genug, um uns in die Schuhe zu beißen oder die Schnürsenkel aufzuziehen.

Viele Leute, die ein Schwein bei George kauften, sagten ihm später, was für ein fabelhaftes Schwein es gewesen sei. Obwohl die meisten Ferkel für die Tiefkühltruhe bestimmt waren, sprachen die Leute kaum je darüber, wie sie als Schinken, Wurst oder Koteletts geschmeckt hätten. Nein, fast immer war nur davon die Rede, was es für *nette* Schweine bei George gab.

Das Jahr, in dem Chris geboren wurde, war ein Rekordjahr für Ferkel. Weil wir so viele Probleme hatten und persönlich so unter Druck standen, hatten wir George und Mary im Februar und März nicht besucht. Deshalb wussten wir nicht, dass sie in diesem Jahr zwanzig Muttersäue und mehr Ferkel denn je hatten.

»Normalerweise kann eine Sau nicht mehr als zehn Ferkel aufziehen«, erklärte mir Mary. »Denn sie hat nur zehn gute Zitzen.« Eigentlich haben Schweine zwölf Zitzen, aber zwei davon geben meist keine Milch. Wenn eine Sau mehr als zehn Ferkel hat, kommen die überzähligen in der Regel zu kurz – und das sind die Kümmerer.

Ein Kümmerer ist nicht nur klein und hilflos, er stellt auch für die ganze Schweinefamilie eine Gefahr dar. »Ein Kümmerer macht dieses klägliche Geräusch – *nüff, nüff, nüff* – ganz schrecklich«, erklärte mir Mary. »In freier Wildbahn lockt so ein Ferkel oft Raubtiere an. Deshalb wird die Muttersau einen Kümmerer unweigerlich totbeißen. Aber oft weiß sie nicht genau, welches Ferkel es ist. Deshalb beißt sie auch gesunde, kräftige Ferkel zu Tode oder zertrampelt den halben Wurf. Es ist nicht ihre Schuld, aber es gefährdet die ganze Familie.«

Jedes Jahr gab es ein, zwei Kümmerer auf der Farm. Normalerweise holte George sie ins Haus und fütterte sie mit Ziegenmilch aus der Flasche. Mit solcher besonderer Pflege überlebten die Kümmerer meistens. Aber im Jahrgang 1990 gab es über zweihundert Ferkel und nicht weniger als achtzehn überzählige Schweinchen. So viele, dass George und Mary in der Scheune einen eigenen Verschlag für sie einrichten mussten.

Christopher Hogwood war einer von diesen Kümmerern. Er war der Kleinste von ihnen. Nur halb so groß wie die anderen. »Er ist ein besonders liebenswürdiges Ferkel«, sagte Mary zu uns. »Er hat große Ohren und schwarz-weiße Flecken und einen schwarzen Streifen über dem linken Auge wie Spuds McKenzie, der Bullterrier aus der Bierwerbung.« Aber Mary war überzeugt, dass der Kleine keine Überlebenschance hätte. Es wäre menschlicher, ihn zu töten, sagte sie, als ihn weiter leiden zu lassen. Aber George sagte wie so oft: »Wo noch Leben ist, da ist Hoffnung.« Und das kleine Schweinchen hielt wacker durch.

Es wuchs aber nicht.

Viele Schweine haben Würmer, und deshalb verpassten George und Mary ihm ein kräftiges Wurmmittel, um die Parasiten zu töten. »Aber das Mittel half überhaupt nicht«, sagte Mary. »Wahrscheinlich hat er sämtliche Krankheiten, die es überhaupt je in unserem Stall gab: Würmer, Durchfall, Ferkelgrippe. Aber bisher ist er noch nicht gestorben. Er will einfach nicht sterben.«

Sie hatten ihn »das fleckige Ding« genannt. Er starb zwar nicht, aber es war auch höchst unwahrscheinlich, dass ihn jemand kaufen würde. Die Leute kauften ihre Mastschweine für die Tiefkühltruhe meist im April, wenn die Ferkel schon fünfzig bis sechzig Pfund wogen. Aber Christopher wog nicht mehr als sieben.

»Du musst dieses Ferkel totmachen«, sagte Mary, und George trug es hinter den Misthaufen, um es durch einen Schlag mit dem Spaten zu töten. Aber als er die seelenvollen Augen, die großen Ohren und den bewundernswerten Lebenswillen des kleinen Schweins sah, brachte George es nicht fertig. »Ich hab ihn mindestens fünfzehn Mal rausgeschickt, um das Ferkel zu töten«, sagte Mary. Am Schluss wollte George gar nicht mehr rausgehen. »Bring *du* es doch um!«, sagte er zu seiner Frau.

Mary nahm das Schwein und den Spaten, ging hinter den Misthaufen – und brachte es auch nicht fertig, das Ferkel zu töten.

Daraufhin rief sie Howard an, meinen Mann. Ich war wieder einmal in Virginia.

»Ich trau mich ja kaum, euch zu fragen«, sagte Mary zu ihm. »Ich will euer Leben nicht ruinieren. Aber wollt ihr vielleicht ein krankes Ferkel aufziehen?«

Howard kämpfte beständig gegen meine Bemühungen an, das Haus mit verwaisten Tieren zu füllen. Er verbot mir, dem örtlichen Tierschutzverein beizutreten. Trotzdem hatten wir bereits einen vernachlässigten Kakadu und einen tiefroten australischen Papagei in unserer Obhut. Als unsere Vermieter nach Paris gingen, hatten wir ihre sehr zärtliche grau-weiße Katze Mika geerbt, die Howard und mir auf unseren Spaziergängen folgte und immer kam, wenn man sie rief. Es gab auch mal zwei pfirsichköpfige Sittiche in unserem Haushalt, aber jetzt hatten wir nur noch einen. Als ich im Januar wieder einmal meinen Vater besuchte, hatte Howard das Männchen auf dem Käfigboden gefunden. Bei Vögeln ist das immer ein schlechtes Zeichen, aber zu seinem Entsetzen musste Howard feststellen, dass dem verstorbenen Männchen in diesem Fall auch noch der Kopf fehlte. Das Weibchen saß ungerührt auf seiner Stange und musste leider in Tonton Macoute umbenannt werden.

Bei meinen Recherchen für Zeitschriftenartikel und Bücher verschwand ich oft monatelang im Dschungel oder sonst irgendwo, und diese ausgedehnten Reisen waren einer der Gründe, weshalb Howard keine weiteren Haustiere wollte. Einmal hatte ich ein halbes Jahr lang in einem Zelt im australischen Outback gelebt. Als ich abgereist war, hatten wir fünf Frettchen im Haus, aber als ich zurückkam, waren es achtzehn, und die Jungtiere waren alle höchst bissig. Jedenfalls so lange, bis ich sie zähmte, indem ich sie tagelang unter dem Hemd mit mir herumtrug, was dem Begriff »Haarkleid« eine ganz neue Bedeutung verschaffte. Ich hatte ein gewisses Verständnis dafür, dass mein Mann nicht regelmäßig mit einer Arche voll wilder Tiere zurückbleiben wollte, die sich in meiner Abwesenheit rasend vermehrten, Amok liefen oder sich gegenseitig die Köpfe abbissen.

»Normalerweise würde ich ihr gar nichts von diesem Ferkel erzählen«, erklärte Howard der Schweinezüchterin. »Aber ihr Vater liegt offensichtlich im Sterben, und da braucht sie vielleicht etwas Ablenkung.«

Howard wusste, dass ein Tier am ehesten geeignet war, meine wunde Seele zu heilen. Die Gesellschaft von Tieren tröstet mich immer, und ich fühle mich so hingezogen zu ihnen, dass es manche Leute ziemlich erschreckt. In Indien bin ich mal aus einem fahrenden Lastwagen gesprungen, um einen drei Meter langen Python zu streicheln. Meine Mitreisenden waren ziemlich entsetzt, während die große Schlange sich freundlich umdrehte und züngelte, ehe sie gemächlich im Dschungel verschwand.

Nicht nur im Spaß haben einige meiner Freunde schon gesagt, ich wäre wohl selbst gern ein Tier. Und auf meinen Reisen hat sich das auf eigenartige Weise bewahrheitet: Gleich mehrfach haben mir Schamanen und Seher bestätigt, ich sei eine sehr alte Seele, aber ich sei zum ersten Mal als Mensch auf der Welt.

Es scheint etwas Wahres daran zu sein. Ich habe immer gewusst, dass ich anders bin. Manchmal bin ich deswegen scheu und verlegen und habe das Gefühl, dass die Leute mich komisch ansehen – und wenn der Kakadu, der manchmal beim Arbeiten auf meinem Kopf sitzt, ein Federchen oder Schlimmeres in meinen Haaren zurücklässt, ist das auch kein Wunder. Aber ich fühle mich auch im Inneren anders. Während andere Leute über eine neue Küche oder eine Kreuzfahrt in der Karibik nachdenken, versuche ich mir vorzustellen, wie ein Opossum sich fühlt, wenn es seinen Schwanz um einen Ast wickelt, oder ich frage mich, ob die Schnappschildkröte wohl wiederkommt, die im letzten Jahr in unserem Garten Eier zu legen versuchte.

Andere Menschen fühlen sich wohler in ihrer Haut, und ich hatte stets das Gefühl, dass es einen Unterschied zwischen den »Normalen« und mir gab. So als wäre ich nicht ganz menschlich. Aber obwohl Howard und ich das damals noch nicht wussten, enthielt der Schuhkarton auf meinem Schoß an jenem grauen Frühjahrstag ein Geschöpf, das diesen Unterschied nahezu aufheben würde. Denn in vieler Hinsicht erwies sich Christopher Hogwood als überaus menschlich. Menschlicher vielleicht als ich selbst.

Was wollt ihr mit einem Schwein?, fragten die Leute. Nun, für die Tiefkühltruhe war er nicht bestimmt. Ich bin Vegetarierin und Howard ist Jude.

Natürlich liebten wir Schweine – aber wer tut das nicht? Was ist fröhlicher als ein Schwein? Schweine sind einfach rundum erfreulich: Ihre fetten Körper balancieren auf zierlichen Hufen, ihre Schwänzchen ringeln sich munter, ihre Rüssel sind ebenso komisch wie nützlich und ihr unverwüstlicher, gieriger Appetit ist erfrischend. Unsere Schweine-Kenntnisse waren allerdings ziemlich gering.

Als ich sechs Jahre alt war, hatte ich mal meine Großmutter in Arkansas besucht und einen herrlichen Nachmittag mit einem kleinen Jungen verbracht, der sich im Schweinestall seines Vaters herumtrieb. Die Schweine waren gewaltig und rosa und machten sehr ausdrucksvolle Geräusche. Ich war begeistert. Ich hielt sie wohl für eine Art Pferde und lag damit gar nicht so falsch, denn sie hatten ja Hufe. Aber neuere genetische Untersuchungen weisen darauf hin, dass Pferde eher mit Hunden als mit Schweinen verwandt sind. Jedenfalls habe ich mich damals gleich auf eins dieser Schweine gesetzt und so getan, als ob es ein Pony wäre. Das Schwein ließ mich tatsächlich auf seinem Rücken herumreiten, was seinerzeit viel diskutiert wurde. Die staubige kleine Baumwollstadt Lexa, wo meine schöne Mutter aufgewachsen war, ist ein ziemliches Kaff, wo solche aufregenden Dinge nicht so oft vorkommen. Der junge Mann hat später eins seiner Schweine nach mir benannt. Ich weiß diese Ehre zu schätzen und habe den Namen des jungen Mannes bis heute behalten. Ich gehe davon aus, dass er meinen Namen in den vier Jahrzehnten, die seither vergangen sind, auch nicht vergessen hat, er hat ihn ja oft genug benutzt, wenn er mit seinem Schwein sprach.

Seitdem hatten sich meine Erlebnisse mit Schweinen auf die Besuche bei Mary und George, die Leistungsschauen der örtlichen Farmer und eine zufällige Begegnung mit Ben, dem gewaltigen braunen Eber unserer Nachbarn, beschränkt. Aber Ben verschwand leider kurz nach unserer Begegnung in der Gefriertruhe.

Trotz dieser fehlenden Erfahrung schien sich mein Mann auf das neue Familienmitglied zu freuen. Er hatte sogar schon einen Namen für das »fleckige Ding« ausgesucht. Es sollte nach einem führenden Musikwissenschaftler benannt werden, der sich auf Alte Musik spezialisiert hat. Der eigentliche Christopher Hogwood ist nämlich Dirigent und Musikologe und Begründer der *Academy of Ancient Music.* Bei der Arbeit hörten wir im Radio oft Konzerte unter seiner Leitung. Der Name erschien uns also recht passend. Es ist ja bekannt, dass Schweine die Klassiker lieben, und viele Schweinefarmer beschallen ihre Ställe mit klassischer Musik, um für Harmonie und Ruhe zu sorgen. Und gibt es eine ältere Musik als das Grunzen der Schweine?

Aber Christopher Hogwood grunzte kein bisschen an diesem denkwürdigen ersten Tag. Sein Atem war feucht und schwer. Seine Augen tränten, und sein anderes Ende war auch sehr flüssig. Irgendwelche Medizin für Schweine hatten wir nicht. Wir hatten nicht einmal einen Stall. Wir wussten nicht, wie lange er leben würde. Wir wussten nicht, wie groß er werden würde. Wir hatten keine Ahnung, worauf wir uns einließen.

Wie lange leben Schweine denn eigentlich? Das war eine Frage, die uns in Zukunft oft gestellt werden sollte, und unsere Antwort schockierte die Leute meist etwas; denn die durchschnittliche Lebenserwartung eines Schweins liegt nur bei sechs Monaten. Die meisten Schweine werden zum Schlachten gemästet, und das erfolgt buchstäblich im zartesten Alter, wenn sie knapp 250 Pfund wiegen. Einige Säue und Zuchteber dürfen länger leben, aber auch sie werden bald geschlachtet, wenn ihre Fruchtbarkeit nachlässt. Selbst Zuchteber leben meist nicht länger als sechs oder sieben Jahre, weil sie für die jungen Sauen, von denen die besten Würfe stammen, zu schwer werden.

Relativ wenige Leute halten Schweine als Haustiere. Am beliebtesten sind noch die vietnamesischen Hängebauchschweine. In Vietnam gibt es ungefähr 11,6 Millionen Schweine (mehr als in irgendeinem anderen Land in Südostasien), die zu einer ungewöhnlich kleinen Rasse gehören – aber *klein* ist ein relativer Begriff, wenn es um Schweine geht. Vietnamesische Hängebauchschweine werden etwa hundertzwanzig Pfund schwer, wenn sie voll ausgewachsen sind. Aus dieser Rasse haben Wissenschaftler für Versuchszwecke noch kleinere Schweine gezüchtet – »Mikroschweine«, die nur noch zwölf Kilo wiegen und dreißig Zentimeter hoch sind. Aber viele Schweine, die als »zierlich« angepriesen werden, erweisen sich später als Mischlinge, die ihre anfängliche Größe zum Entsetzen ihrer Besitzer rasch hinter sich lassen und gewaltige Dimensionen annehmen. Zu ihrer Rettung mussten sich Tierfreunde in Kalifornien schon zu Gruppen wie *Pigs Without Partners* (Los Angeles) und *Li'l Orphan Hammies* (Solvang) zusammenschließen. Sogar solche Schweine, die relativ klein bleiben, können große Probleme verursachen. So musste eine Bekannte von uns ihr vietnamesisches Hängebauchschwein weggeben, weil es heftig um sich biss, wenn es das Gefühl hatte, dass sie oder ihr Ehemann im gemeinsamen Bett zu viel Platz beanspruchten.

Christopher Hogwood war kein vietnamesisches Hängebauchschwein, aber wie uns Mary versicherte, bestanden Aussichten, dass er trotzdem recht klein bleiben würde. An diesem ersten Tag allerdings konnten wir uns nicht vorstellen, dass er je größer als der Schuhkarton werden würde, in dem wir den zitternden, halb verhungerten Winzling nach Haus brachten. In diesem Frühjahr erwachte ich jeden Morgen mit Kummer und Sorgen, da mich jeder Tag dem Tod meines Vaters näherbrachte, und wir konnten kaum hoffen, dass Christopher auch nur die Nacht überlebte.

Kapitel 2

Wir kaufen die Farm

Seit Wochen war jeder Tag gleich gewesen. Aus dem Schlaf gelangte ich zu Bewusstsein, als wäre es eine langsame Krankheit. Einen Augenblick überlegte ich, was denn nicht stimmte. Und dann fiel es mir wieder ein – der Lungenkrebs meines Vaters, der Abgabetermin für mein Buch, das Zuhause, das wir verlieren würden. Es erdrückte mich alles. »Was soll's?«, dachte ich und blieb liegen, weil ich nicht aufstehen wollte.

Bis zu jenem Tag, an dem ich aufwachte und mich daran erinnerte, dass wir ein kleines Ferkel im Stall hatten.

Ursprünglich hatte ich gedacht, dass es bei uns im Bett schlafen würde. Aber Howard hatte sein Veto eingelegt. Möglicherweise hatte das mit dem Durchfall zu tun, unter dem das Tier litt. Jedenfalls erklärte mein Mann, unser Schwein sollte nicht im Haus aufwachsen. Der Haushalt sei ohnehin schon chaotisch genug.

So wurde Christopher Hogwood in jener denkwürdigen ersten Nacht in die Scheune verbannt, wo wir ihm ein gemütliches Nest gebaut hatten. Es gab keine richtigen Ställe in unserer Scheune, aber das machte nichts. Es gehört nun mal zum Reiz alter Scheunen, dass sie meist ein Museum alter Garten- und Ackergerätschaften, überraschender Kuriositäten und Baumaterialien sind. Die Scheune unserer Vermieter enthielt zum Beispiel eine exquisite Sammlung amerikanischer Nummernschilder, ein altes Wagenrad, einen Mühlstein aus Granit, eine bleigefütterte Getreideschütte, zahlreiche Fenster und Türen in den verschiedensten Größen, mehrere Rollen mit Drahtzäunen, einen Stapel hölzerner Paletten, einen Haufen Zaunpfähle, eine plakatgroße ›Vom-Winde-verweht‹-Karikatur, die Maggy Thatcher in den Armen von Ronald Reagan zeigte, einen gerahmten Farbdruck der ›Mona Lisa‹ und eine Schiffstoilette. In einer solchen Sammlung findet man zwar meist nicht das, was man sucht, aber doch etwas zum Improvisieren.

Gretchen war herübergekommen, um uns mit dem Ferkel zu helfen. Sie hatte im übernächsten Ort eine echte Hungerleider-Farm und züchtete organisches Gemüse, siamesische Katzen und Connemara Ponies. Sie war äußerst begabt im Improvisieren. Die Schaumstoffmatratze für ihr Bett hatte sie zum Beispiel vom Sperrmüll geholt (»und zwar *ehe* es draufgeregnet hatte«, erklärte sie voller Stolz). Dementsprechend effizient war sie beim Bau des vorläufigen Ferkelverschlags. Die Rückwand bildeten die grauen Feldsteine, auf denen die Scheune errichtet war. Die Seitenwände waren zwei hochkant gestellte Türen, die mit Hohlblocksteinen gestützt wurden.

Blieb noch die Vorderwand. Obwohl die Scheune ein großes, auf Rollen laufendes Tor hatte, waren doch unten zu viele Bretter weggefault, als dass ein kleines Ferkel nicht hätte darunter durchkriechen und weglaufen können. Aber Gretchen fand sofort eine Lösung. Sie band eine Palette mit Stricken an einem Stützbalken fest, so dass wir eine etwa einen Meter hohe Vorderwand hatten, die überdies noch aufgeklappt werden konnte.

Auf den Boden des Verschlags kippten wir eine dicke Lage saubere, duftende Holzspäne und darauf zwei Ballen Heu. Wir machten ein weiches Nest und legten Christopher Hogwood hinein. Ich streichelte und küsste die kleine, gefleckte Gestalt und wünschte ihr eine gute Nacht. Christopher schob seine runde Schnauze ins Heu, zog seine Hufe unter den Bauch und schlief fast sofort sein.

Dennoch hatte ich mir die ganze Nacht Sorgen gemacht. Was sollte geschehen, wenn sein Zustand sich weiter verschlechterte? Konnten wir die Tierarztrechnungen bezahlen? Die Flüge nach Virginia waren schon teuer genug. Oder noch schlimmer: Was sollte ich tun, wenn ich seinen kleinen Körper tot im Heu fand? Noch im Nachthemd rannte ich aus dem Haus, um nach ihm zu sehen. Schon jetzt war er mir so ans Herz gewachsen, dass es mir Angst machte.

Tiere sind schon immer meine Zuflucht, meine Verkörperungen und meine Seelengeschwister gewesen. Sobald ich sprechen konnte, teilte ich meinen Eltern mit, dass ich ein Hund sei. Als Nächstes behauptete ich ein volles Jahr lang, ich wäre ein Pferd. Mein Vater nannte mich »Pony«, ließ mich reiten, so oft es sich einrichten ließ, und stellte sich tagelang mit mir in den Zoo, während ich die Tiere beobachtete. Als ich mit anderthalb in Frankfurt am Main in den Nilpferdkäfig wanderte, wurde ich weder zertrampelt noch gebissen. Wie fast alle anderen Tiere, denen ich begegnete, behandelte mich das Nilpferd ganz so, als ob ich dazugehörte. Libellen, Schmetterlinge und wilde Vögel setzten sich auf meine Schultern. Käfer und Spinnen ließ ich über meine Haut krabbeln, ohne mich dagegen zu wehren. Ihre Gesellschaft war mir sogar lieber als die der anderen Kinder, die ich meist laut, launisch und unberechenbar fand.

Als ich alt genug war, um darüber nachzudenken, wurde mir bewusst, dass ich Tiere besser verstehen konnte als andere Menschen, wahrscheinlich weil ich mehr Geduld aufbrachte, um sie zu beobachten. Vielleicht zeigten die Tiere sich mir auch mehr, weil ich nicht so viel schrie und herumzappelte wie andere Kinder. Meine Kinderporträts zeigen ein Mädchen mit ungewöhnlich intensivem Blick. Ich hatte zwei Malern Modell gesessen und stundenlang eine Kerzenflamme beobachtet.

Mein Vater war stolz auf meine Konzentrationsfähigkeit. Meine Mutter fürchtete dagegen, ich wäre zurückgeblieben. Ihre Befürchtungen verstärkten sich, als ich an meinem ersten Tag im Kindergarten nach Hause geschickt wurde, weil ich einen kleinen Jungen gebissen hatte, der einem Weberknecht die Beine ausreißen wollte. Schon damals wusste ich: Das harmlose

Tierchen gehörte zu meinen Verwandten, aber der grausame kleine Tierquäler nicht.

Es war nicht so, dass ich Menschen nicht mochte. Manche von ihnen waren sehr freundlich und interessant. Aber selbst die nettesten waren mir nicht wichtiger als andere Geschöpfe. Damals wie heute waren Menschen für mich nur eine von Millionen faszinierenden Arten. Die bloße Tatsache, dass sie Menschen waren, zog mich nie zu anderen Kindern hin. Die meisten Menschen kamen mir wie Rüpel und Schläger vor, und ich stand auf der Seite der Underdogs.

Trotzdem hegte meine Mutter weiterhin die Hoffnung, dass ich ein normales Kind werden würde. Sie kaufte mir Babypuppen. Ich schmiss sie beiseite. Aber erst zog ich ihnen die Kleider aus und kostümierte damit liebevoll die ausgestopften kleinen Kaimane, die mein Vater aus Südamerika mitgebracht hatte. Gelegentlich kam ich dann mit einem Puppenwagen aus meinem Zimmer und zeigte den entsetzten Offiziersgattinnen, die zu den Cocktail- und Bridgepartys meiner Mutter kamen, die aufgeputzten Reptilien.

Ich war nicht die Tochter, die sich meine Mutter gewünscht hatte. Auf ihrer Singer nähte sie rüschenbesetzte Kleidchen für mich, die zu den Spitzensöckchen und Lackschuhen passten, die sie im PX gekauft hatte. Als ihr Mann zum Brigadegeneral und Kommandanten des Brooklyn Army Terminals ernannt wurde, putzte sie ihre sechsjährige Tochter mit Kleidchen und weißen Handschuhen heraus, und ich erinnere mich, dass ich viel lieber einen Kampfanzug und Stiefel getragen hätte wie alle anderen Soldaten.

Hatte ich denn meinem Vater nicht geholfen, General zu werden? Wir hatten ein Gutenachtritual, das wir vor seiner Beförderung jeden Abend veranstalteten: Ich ritt auf seinen Schultern, während er auf dem Rand des Orientteppichs entlangging und dabei so tat, als wäre ich ein Zirkusmädchen und er ein Riesengorilla, der auf dem Hochseil über einer Schlangengrube balancierte. Er lehrte mich, tapfer zu sein, vor nichts Angst zu haben. Eines Tages würden wir gemeinsame Abenteuer erleben, dachte ich, und unser abendliches Ritual war eine Art Training. Wir würden die Welt erforschen – Afrika, wo die echten Gorillas lebten, und Australien mit seinen Kängurus und Koalas. Aber erst musste ich erwachsen werden und er musste die Adler auf seinen Schulterklappen gegen die Generalssterne eintauschen. Deshalb holte ich jeden Abend, ehe ich ins Bett ging, die Sterne vom Himmel und steckte sie ihm in die Uniformtaschen, wenn er mir den Gutenachtkuss gab.

Dass ich Christopher am nächsten Morgen lebendig vorfand, erinnerte mich an die tröstliche Tatsache, dass nicht immer das Schlimmstmögliche passiert. Er stand auf wackeligen Beinchen, und es war klar, dass er ein sehr krankes Schwein war. Er war schrecklich mager. Sein Schwänzchen war nicht geringelt, sondern hing herunter wie eine vertrocknete Nabelschnur. Aber er schien trotzdem stark. Er wirkte nicht einmal einsam. Wildschweine sind sehr gesellige Wesen, sie leben in Rotten von etwa zwanzig Tieren (oft auch über hundert). Ähnlich wie bei Elefanten leben zwei oder mehr

Schweinefamilien, die aus Müttern und Kindern bestehen, zusammen. Sie ziehen gemeinsam herum, sie fressen, spielen und ruhen gemeinsam. Die Rotten bleiben bis zur Brunftzeit zusammen, wenn die bis dahin einzelgängerischen Eber um die Bachen kämpfen, sich mit ihnen paaren und dann glücklicherweise wieder verschwinden. Auch auf dem Bauernhof genießen Schweine die Gesellschaft ihrer Artgenossen. Schweine kuscheln sich beim Schlafen zusammen, und wenn sie Angst haben, kleben Ferkel geradezu aneinander.

Für Christopher dagegen muss es ein Luxus gewesen sein, die Nacht allein zu verbringen. Einen trockenen, geräumigen, sauberen Verschlag zu haben, ohne von den größeren Geschwistern herumgeschubst zu werden, die immer alles allein fraßen, war sicher nicht schlecht. Wahrscheinlich vermisste er nicht einmal seine Mutter; schließlich musste er immer befürchten, dass sie ihn totbiss, wenn er herumjammerte. Vielleicht war es eine Wohltat für ihn, seiner Schweinefamilie entkommen zu sein.

Schon an diesem ersten Morgen schien Christopher Hogwood begriffen zu haben, dass sich die Dinge zu seinen Gunsten verändert hatten. Seine neue Familie sah wahrscheinlich ziemlich merkwürdig für ihn aus: aufrecht, haarlos und mit acht Zitzen zu wenig. Das war gewöhnungsbedürftig, aber er schien bereit, sich darauf einzustellen. Gelassen sah er mich mit seinen braunen Augen an, als ob er sagen wollte: »Und wie geht es jetzt weiter?«

Dasselbe fragte ich mich auch. Aber die Frage schien irgendwie hoffnungsvoll.

Ich konnte es gar nicht erwarten, meinem Vater von Christopher zu erzählen. Meine Mutter hatte die Tiere meiner Kindheit mit stoischer Geduld ertragen – schuppige Eidechsen, die aus ihren Terrarien ausbrachen, wenn mein Vater bei der Arbeit und ich in der Schule waren, Kakadus, die sich auf die Kronleuchter setzten und auf den Mahagoni-Tisch kackten, Schildkröten, die mit mir im Badewasser herumschwammen. Mein Vater hingegen liebte die Tiere. Von unserem kleinen Schwein zu hören, wäre sicher eine willkommene Ablenkung von seiner Krankheit gewesen.

Aber Christopher Hogwood blieb mein Geheimnis. Es gab zwar keinerlei Grund zu der Vermutung, dass mein Vater das kleine Schwein nicht gemocht hätte, aber es hätte mir das Herz gebrochen, wenn er dieses Geschöpf etwa abgelehnt hätte – wie seinerzeit meine Ehe.

Ich hatte Howard das ganze College hindurch geliebt, ohne es freilich zu wissen. Wir hatten zusammen beim ›Daily Orange‹ gearbeitet, der Tageszeitung der Syracuse University. Howard war Chefredakteur und hatte mich als seine Assistentin eingestellt. Zwei Jahre lang arbeiteten wir vierzig Stunden in der Woche zusammen, und ich bewunderte alles an ihm: seinen brillanten Verstand, seinen Ideenreichtum, seinen zupackenden, überraschenden Stil, seine Entschlossenheit, die Welt zu verbessern. Ich liebte sein lautes Lachen, seine schwarzen Augenbrauen, seine widerspenstigen Locken, die mich immer an einen Schafspelz erinnerten. Aber wir waren bloß Freunde. Wir gingen nie zusammen aus oder dergleichen.

Drei Monate nach seinem Abschluss hatte Howard einen Vertrag für sein erstes Buch, aber zeitweilig keine Bleibe. Da ich einen Job bei einer Zeitung in New Jersey und ein Häuschen am Waldrand gemietet hatte, lud ich ihn zu mir ein. Er werde bloß bis Weihnachten bleiben, sagte Howard.

Er sagte nicht, in welchem Jahr. Und in der Zwischenzeit weckte er mich jeden Morgen mit meiner Lieblingsmusik, den ›Songs of the Humpback Whale‹, und setzte mir ein Frettchen ins Bett. Tagsüber schrieben wir beide – er in der Hütte, und ich in der Zeitung. Wir telefonierten oft miteinander. War das eine gute Einführung? Findest du diese Formulierung okay? Wir schrieben vierzehn Stunden am Tag, oft sechs Tage die Woche. Die Worte brannten in uns. Wir wollten aufklären und das beschützen, was wir schön und wichtig fanden: Natur und Kultur, historische Bauten und alte Bäume, seltene Pflanzen und wilde Tiere, unseren Platz auf diesem Planeten. Howard inspirierte mich mit seiner Hingabe und seinem Verstand, mit seiner Sanftheit und seinem Humor; und er schätzte meine Ernsthaftigkeit, meine Begeisterungsfähigkeit und meine Freude.

Acht Jahre später lebten wir immer noch zusammen. Die Zeitung hatte ich längst verlassen. Ich hatte sechs Monate in einem Zelt im australischen Outback gelebt, und war dann zu Howard zurückgekehrt. Meinen Eltern hatte ich davon nichts erzählt. Ich hatte Howard überhaupt nicht erwähnt. Meine Mutter hatte ziemlich strenge Ansichten darüber, welche Leute der richtige Umgang für »Leute wie uns« waren. Dieser schlaksige jüdische Liberale mit den störrischen Locken gehörte jedenfalls nicht dazu, das war klar.

Um meinen Eltern mitzuteilen, dass wir heiraten wollten, reisten wir nach Virginia. Mein Vater war äußerst verlegen. Er wusste, was kommen würde. Meine Mutter war fuchsteufelswild. Mit penetranter Deutlichkeit erläuterte sie, warum Howard als Ehemann nicht in Frage kam: Er hatte keinen »richtigen« Beruf, seine »wüsten« Haare waren entsetzlich, er lachte zu laut und die Schnürsenkel an seinen Turnschuhen gingen andauernd auf. Dann versuchte sie es mit Mitgefühl: »Dafür, dass er Jude ist, kann er ja nichts.«

Howards Eltern hatten dagegen immer von mir gewusst. Sie waren so erleichtert darüber, dass wir unsere Beziehung endlich legitimieren wollten, dass sie mir das Kreuz an meinem Hals verziehen. Meine Eltern würden sich schon noch besinnen, erklärten sie mir. Schließlich gehörten wir ja zur Familie.

Ehrlich gestanden, bedeutete mir die Familie nicht viel. Fast alle Mitglieder der erweiterten Familie waren schon tot, als ich geboren wurde, und die anderen lebten zu weit entfernt, als dass man sie öfter besucht hätte. Wenn eine Familie wirklich ein lebendiges Band war, wie könnten meine Eltern dann den auserwählten Partner ihres einzigen Kindes so ablehnen? Für mich waren eine Familie zwei Menschen, die Eltern wurden und Kinder und gemeinsame Sorgen hatten, wenn die Natur es bestimmte. Ich wollte damit nichts zu tun haben.

Nach unserer Hochzeit, der sie fernblieben, schickten meine Eltern mir einen Brief, in dem sie sich von mir lossagten. Ich erinnere mich nicht an die einzelnen Worte – Howard nahm ihn mir sofort weg – aber ich erinnere mich noch an den Schock, als ich die Handschrift sah: Es war die vertraute, kraftvolle Schrift meines Vaters.

Warum hatte mein Vater so etwas geschrieben? Die Frage quälte mich lange. Mein Vater hatte weniger Vorurteile als andere Männer zu seiner Zeit. Er kam mit allen gut aus: Schwarzen und Weißen, Christen und Juden, Yankees und Südstaatlern. Er hasste nicht einmal die Japaner, unsere früheren Feinde. Hinsichtlich meines Ehemanns hatte er aber offenbar vor der Engstirnigkeit meiner Mutter kapituliert; er lebte ja schließlich mit ihr, nicht mit mir.

Zwei Jahre lang hatten wir keinerlei Kontakt. Dann erhielt ich einen Brief von der Schwester meines Vaters in Kalifornien. Die Ärzte hatten einen schwarzen Fleck in seiner Lunge gefunden. Ich rief im Krankenhaus an und erfuhr, dass es Krebs war. Ich buchte den nächsten Flug nach Washington und ging direkt in sein Zimmer im Walter-Reed-Krankenhaus.

Meine Eltern waren froh, mich zu sehen. Aber in den folgenden Monaten, als ich zwischen New Hampshire und Virginia hin- und herflog, um meinen Vater zu pflegen, ließen sie doch immer wieder böse Bemerkungen über meine Ehe und meinen Ehemann fallen.

Ich hatte nicht die Absicht, sie auch noch mein Schwein kritisieren zu lassen.

Alle anderen aber fanden Christopher großartig. Unsere Freunde kamen zu Besuch, ganz so wie Leute ihre Freunde besuchen, wenn ein Kind auf die Welt kommt. Aber im Gegensatz zu Menschenbabys, die sich alle ziemlich ähnlich sehen, sah Christopher Hogwood keineswegs wie ein typisches Ferkel aus. Der Pfarrer Graham Ward und seine Frau Maggie kamen vorbei und bewunderten Christophers üppig behaarte Ohren. Eleanor Briggs, eine Fotografin und Philantropin, die ein Naturschutzzentrum in unserer Stadt gegründet und nach ihrem Kater Harris benannt hatte, war von seinem unverhältnismäßig großen Kopf beeindruckt.

Meine Freundin und Lehrerin Elizabeth Marshall Thomas, eine bekannte Autorin, war vor allem über Christophers Schwäche besorgt. Sie kannte sich mit Tieren in aller Welt aus. Sie hatte bei den Buschmännern Namibias gelebt, die Elefanten in Südafrika und die Wölfe auf Baffin Island studiert. Soviel sie wusste, waren Ferkel robuste Geschöpfe. Christopher dagegen war spindeldürr und wackelig auf den Beinen. Seine Hüften waren so schmal, dass seine Hufe beinahe aneinanderstießen. Liz glaubte nicht, dass er eine Überlebenschance hatte, aber das verschwieg sie mir, um mir nicht meine Freude zu nehmen.

Zum Glück hatte ich genug Freunde, die es schön fanden, sich in einem Schweinestall aufzuhalten. Wir knieten bei Chris in den Sägespänen und ließen unsere Hände von seiner zitternden, feuchten Schnauze beschnuppern. Wir fütterten ihn mit Apfelstückchen, Karotten und Korn. Wir freuten uns an der Beweglichkeit seiner Lippen und daran, wie seine rasche, rosa Zunge die Nahrung aufleckte. Selbst wenn er schlief und seine Ferkelträume ihn gelegentlich zucken ließen, betrachteten wir ihn wie das Weihnachtsfeuer im Kamin. Er war ein Brennpunkt der gemeinschaftlichen Freude.

Als es wärmer wurde, ließen wir ihn auf die Wiese hinaus und sahen zu, wie er auf seinen perfekten kleinen Hufen herumstolzierte. Am Anfang war Christopher sehr still, aber nach einer Weile fand er seine Stimme und fing an, aufgeregt zu grunzen. Man sah förmlich, wie er seinen abgemagerten kleinen Körper dabei zusammenpresste. Er quiekte wie eine Quietschente. Bald grunzte er jedes Mal zur Begrüßung, wenn er Howards und meine Schritte vor seinem Verschlag hörte. Jeden Morgen, wenn ich ihm seinen warmen Futterbrei und ein paar Essensreste brachte, unterhielten wir uns.

Chris *(verschlafen):* »Umm. Umm. Umm.«
Sy: »Guten Morgen, Pig-Boy!«
Chris *(neugierig):* »Unh-unh-unh? Unh-unh-unh-unh?«
Sy *(schon ganz nahe):* »Hier kommt dein leckeres Frühstück!«
Chris *(zunehmend aufgeregter):* »Umm! Umm! Umm! Umm!«

Obwohl er inzwischen recht gut fraß, blieb Christopher ziemlich klein. Als er zu uns kam, war er ungefähr so groß wie eine kurze, magere Katze. Nach einem Monat war er immer noch nicht größer als eine Katze, aber viel stämmiger. Vielleicht würde er ja wirklich nicht so groß werden, ganz wie Mary gesagt hatte. Und das war ja eigentlich auch ganz gut, denn wenn das Haus verkauft wurde, in dem wir wohnten, hatten wir ja keinen Platz für ein großes Schwein.

Die Immobilienmakler zeigten uns immer weniger attraktive Häuser. Wir hatten ihnen deutlich gesagt, was wir wollten: ein altes Haus, eine Scheune, ein bisschen Land, eine ruhige Nachbarschaft – am liebsten in der Gemeinde, wo wir jetzt wohnten.

Die Gemeinde Hancock verkörperte alles, warum wir vor Jahren aus dem zersiedelten, mit Einkaufszentren verschandelten New Jersey nach New Hampshire gezogen waren. Wir sehnten uns nach Wiesen, Wäldern und Feuchtgebieten, Bauernhöfen und Nachbarn, die sich gegenseitig ebenso kannten wie das Land und seine Geschichte.

Ein Freund hatte uns damals erzählt, in New Hampshire könnte man ein großes Bauernhaus für hundert Dollar im Monat mieten. Das erwies sich als unrichtig. Stattdessen fanden wir nach längerem Suchen ein kleines Kutscherhaus für vierhundert Dollar im Monat. Das Kutscherhaus war ein Nebengebäude einer großen viktorianischen Villa, die wie ein gestrandetes Dampfschiff auf einem Hügel an der Grenze nach Massachusetts lag. Die Stadt war auf dem Höhepunkt eines Baubooms. Dennoch lebten wir dort drei Jahre lang glücklich, bis es zu einem hässlichen Zwischenfall kam: Unsere Frettchen wurden aus ihrem Stall im Garten gestohlen. Wir versuchten alles, um sie wiederzukriegen. Sogar einen Privatdetektiv beauftragten wir, trotz unserer bescheidenen Mittel. Alles umsonst. Aber der Detektiv teilte uns immerhin mit, dass auch viele Hunde aus der Nachbarschaft verschwanden. Es bestand der Verdacht, dass sie an medizinische Laboratorien verkauft wurden. Daraufhin zogen wir zu unseren Freunden in Hancock, die uns die Hälfte ihres Bauernhauses vermieteten.

Wir fühlten uns sofort wohl. Hancock hatte ein zweihundert Jahre altes Rathaus mit einem weißen Glockenturm, zwei Läden (einen Video-Verleih und den Hancock Cash Market, ein Lebensmittelgeschäft), einen einzigen hauptberuflichen Polizisten und nicht mehr als fünfzehnhundert Einwohner. Es war einer jener amerikanischen Orte, wo man sein Auto nur deshalb abschließt, damit einem die Nachbarn keine Zucchini auf den Rücksitz stellen, wenn man in der Kirche ist.

Und natürlich war es ein hervorragender Ort, um ein Schwein großzuziehen.

Aber was konnten wir uns denn leisten? In der Stadt selbst wohl nichts, wie es schien. Und in der Umgebung gab es nicht viel. Es gab ein Haus mit niedrigen Räumen, das an einer verlassenen Bahnlinie lag, aber dort konnte Howard im oberen Stockwerk nicht aufrecht stehen. Etwas weiter weg gab es ein paar hässliche Ferienhäuser, die für Skifahrer aus der Stadt gebaut worden waren – genau die Art von Siedlungen, die wir hassten. Selber bauen wollten wir auch nicht. Wir wollten ja nicht zu der Zersiedelung beitragen, vor der wir auf der Flucht waren. In einer anderen Gemeinde zeigte uns der Makler ein Haus, das neben einem Steinbruch lag. Die schweren Maschinen und Lastwagen seien ja nur an Wochentagen von neun bis fünf in Betrieb, sagte er fröhlich.

Unterdessen machten sich die Landvermesser auf unserem Grundstück breit. Sie vermaßen es einmal, dann noch einmal, und dann noch ein drittes Mal. Howard war fest überzeugt, dass ein Verkauf an irgendwelche Spekulanten unmittelbar bevorstand.

Das alles nahm ich nur ganz peripher wahr, denn zu dieser Zeit flog ich immer häufiger nach Virginia, wo mein Vater seine letzte Schlacht schlug. Obwohl er mir nie vom Krieg erzählt hatte, lag ich als kleines Mädchen oft wach und überlegte, ob ich wohl Folter ertragen könnte. Jetzt, Jahrzehnte später, erhielt ich die Antwort: Ja, ich konnte. Einmal war ich dabei, wie zwei Krankenhaustechniker meinem Vater eine Plastikröhre vom Umfang eines Gartenschlauchs aus der Lunge zogen. Sie zerrten das Gerät mit solcher Gewalt aus dem Körper, dass sie gegen die Wand stolperten und die Lungenflüssigkeit im ganzen Zimmer herumspritzte. Ich hielt seine Hand. Er drückte sie nicht einmal. Keiner von uns zuckte auch nur mit der Wimper. Keiner sagte etwas. Aber danach lächelte er mir zu, als wollte er sagen: »Wir halten das aus. Du und ich, wir sind zäh.«

Aber trotz seines Mutes und Stoizismus, trotz der Operationen, der Chemotherapie und Bestrahlung wanderte der Tumor ins Gehirn meines Vaters. Erst konnte er nicht mehr laufen, dann konnte er nicht mehr stehen. Er war allerdings nach wie vor in der Lage, vom Bett aus seinen Börsenmakler anzurufen und Geschäfte zu machen, die meine Mutter zunehmend beunruhigten. Getrieben von Furcht, Wut und Kummer trank meine Mutter immer öfter Martinis, und wir stritten uns fürchterlich.

Am Vatertag lag er im Sterben, und ich sagte ihm, dass ich mein Buch fertig hätte. Ich las ihm die letzten Zeilen der Danksagung vor: »Und schließlich möchte ich meinem Vater, Brigadegeneral A. J. Montgomery danken, der mich als Erster auf die Idee gebracht hat, nach Afrika und Australien zu reisen. Ich folge seinen furchtlosen Fußstapfen.«

Er starb drei Tage später. Meine Mutter und ich hielten seine Hände, während er vergeblich um Luft rang. Er wurde mit vollen militärischen Ehren in Arlington beigesetzt.

Während ich in Washington war, fanden zu Hause zwei wichtige Ereignisse mit lang anhaltenden Nachwirkungen statt. Zum einen gab Howard unserem Schweinchen ein Wurmmittel.

Christopher Hogwood war jetzt vier Monate alt, aber immer noch nicht größer als eine Katze – wenn auch sehr stämmig. Howard wusste, was man da tun musste. Er war auf Long Island aufgewachsen, ehe der Immobilien-Boom die letzten Farmen in der Nachbarschaft wegspülte. Und während er Samstagmorgens auf die Zeichentrickfilme wartete, sah er regelmäßig ›The Modern Farmer‹ im Fernsehen. Die Sendung propagierte hygienische Kuhställe und erklärte den Farmern, dass ihre Schweine entwurmt werden mussten. Wenn man den Schweinen nicht regelmäßig ein

Wurmmittel gab, dann fütterte man nicht die Schweine, sondern die Würmer.

Zwanzig Jahre später taten die Sendungen ihre Wirkung. Howard fuhr zur örtlichen Agway-Filiale, der führenden Einzelhandelskette für landwirtschaftliche Großverbraucher.

»Es ist Zeit, dass die Schweine entwurmt werden!«, erklärte er dem Verkäufer.

»Wie viele haben Sie denn?«, fragte der Mann hoffnungsvoll.

»Eins«, sagte mein Ehemann zuversichtlich.

»Oh.« Der Verkäufer schien etwas enttäuscht, gab Howard aber trotzdem die entsprechende Packung – es handelte sich um Pellets mit Sirupgeschmack, die Christopher begierig verschlang. Als er noch ein schwacher Säugling war, hatte ihm die Medizin nicht geholfen, aber jetzt war er stark genug, um davon zu profitieren. So begann eine Entwicklung, die Christophers Figur und unser Leben für immer verändern sollte. Oder, wie Howard gern sagte: Der Rest der Geschichte ist Speck.

Das andere Ereignis war eine Entdeckung: Howard fand heraus, warum die Landvermesser immer wieder zu unserem Haus kamen. Sie schafften es nicht, das Grundstück auf eine Größe von acht Morgen zu bringen. Nach den örtlichen Bauvorschriften wäre das aber nötig gewesen, um das Grundstück teilen zu können. Das war von Anfang an der Plan unserer Vermieter gewesen, und der Gewinn, den sie daraus zu ziehen hofften, war auch der Grund gewesen, warum ihre Eltern den Kauf der Farm finanziert hatten. Für sie war das Haus kein Zuhause, sondern eine Investition.

Aber die Ergebnisse der Landvermesser erreichten auch beim dritten Mal nicht die vorgeschriebene Größe. Es stellte sich heraus, dass nur ein winziges Stückchen Land fehlte. Es war ungefähr so groß wie ein Parkplatz und gehörte einer Nachbarin. Unsere Vermieter versuchten vergeblich, das fehlende Stückchen Land zu erwerben. Sie konnten sich einfach nicht vorstellen, dass die Nachbarin es genau deshalb behalten wollte, weil sie verhindern wollte, dass die große Wiese vor ihren Fenstern bebaut wurde. Seit Ewigkeiten grasten dort Pferde und Schafe, an deren Anblick sich die ganze Gemeinde erfreute. Auch jetzt weideten Pferde dort – ein Arrangement, das wir als Verwalter getroffen hatten, um die Wiese nicht mähen zu müssen.

Wir waren entzückt, dass die Wiese nicht zum Zierrasen irgendwelcher Eigenheimfetischisten verkommen würde, aber es war uns noch gar nicht klar, was diese Entdeckung für uns bedeutete. Ohne die geplante Teilung war der Preis für das Haus und das Grundstück deutlich geringer. Er befand sich fast schon in unserer Reichweite. Da wir mit den Vermietern befreundet waren, konnten wir uns die Maklergebühren sparen, und weil es ein großes Haus war, konnten wir die Hälfte vermieten und damit regelmäßige Einkünfte erzielen, die bei der Bank viel mehr Eindruck machten als unsere unregelmäßigen Honorare als Schriftsteller.

Als ich vom Begräbnis meines Vaters zurückkam, stand der Sommer noch ganz am Anfang. Die Farnblätter hatten sich entrollt, während ich weg war, und die Veilchen waren verblüht. Der Gesang der Drosseln kam aus den Bäumen am Waldrand, und die Töpfervögel schrien ihr wohlvertrautes *»Teacher! Teacher! Teacher!«* Erschöpft, erschüttert und ausgebrannt stand ich am Flughafen, als Howard mich abholte. Für neue Pläne hatte ich keinen Sinn. Aber auf dem Weg nach Hause hielten wir bei einer Farm, um Erdbeeren zu pflücken. Reihe um Reihe von saftigen, herzförmigen Früchten erstreckten sich vor uns. Sie waren so warm wie die Sonne in unseren Fingern und schmeckten wie das Leben selbst. Ihr Duft war berauschend, und die Sommerluft war wie Champagner.

Ich musste daran denken, wie mein Vater um seinen letzten Atemzug gekämpft hatte. Und daran, was er einmal bei einer Gedenkveranstaltung für die ehemaligen Kriegsgefangenen gesagt hatte. Heute, sagte er, nach all den Jahren *ohne* Gefangenschaft, Durst und Hunger, verzichte er oft darauf, seinen Durst gleich zu stillen – damit das kühle Glas klares Wasser, das er trinken durfte, umso köstlicher für ihn sei.

Mein Vater hatte keine Angst zu sterben. Aber selbst, als er schon ganz reduziert war, als ihm die ewige Ruhe schon so verlockend erschien wie die Ziellinie nach einem erfolgreichen Rennen, wollte er noch einen letzten, köstlichen Atemzug.

Daran musste ich denken, als der süße, warme New-Hampshire-Sommer vor mir lag: ein duftender, üppiger neuer Anfang.

Ich konnte es gar nicht erwarten, nach Hause zu fahren und Christopher ein paar von den Erdbeeren zu bringen. Er konnte sie bestimmt schon riechen, ehe er mich in den Stall kommen hörte. Trotzdem bildete ich mir ein, dass sein Begrüßungsgrunzen nicht nur seinem Futter, sondern auch mir galt.

Er sah prachtvoll aus. Während er behutsam die einzelnen Früchte mit seinen beweglichen Lippen ergriff, stieß er ein lustvolles Grunzen aus. Sein schwarz-weißes Borstenkleid schimmerte, und sein Schwanz war zwar immer noch nicht geringelt, wedelte aber vergnügt hin und her.

Während der zwei Wochen, die ich nicht da gewesen war, hatte das Wurmmittel Wunder gewirkt. Christopher hatte Gestalt angenommen. Seine Stimme war jetzt tiefer und kraftvoller. Wenn wir ihn aus dem Stall ließen, stieß er seinen Rüssel in die Erde und erzeugte eindrucksvolle Löcher im Rasen.

Zu unserem Entzücken wurde das fleckige Ding jetzt jeden Tag stärker. Und am Ende des Sommers konnten wir endlich die Farm kaufen.

Kapitel 3

Ausbrechen

»Da draußen ist ein schwarz-weißes Schwein, das unseren Rasen umgräbt. Ist das vielleicht Ihres?«

Das sind nicht gerade die Anrufe, nach denen man sich sonntagmorgens sehnt. Aber man kann sie auch nicht gut ignorieren.

Ein frei herumlaufendes Schwein ist keine Kleinigkeit – auch wenn es kaum größer ist als eine Katze. Jetzt, wo Christopher nicht länger kränkelte, kam die Kraft seines Rüssels zum Einsatz. Es war wie eine Naturgewalt. Christopher berührte irgendwo ein Stück Erde mit seiner Schnauze, und ein Loch begann sich zu öffnen. Mit ein, zwei Schritten verwandelte sich Chris in einen Mini-Bulldozer. Aus dem ersten Loch wurde rasch eine Furche, und aus der Furche wurde ein Krater. Die Rasenstücke wichen vor seinem Rüssel zurück wie die Schale einer Banane. Und als in den Gärten der Nachbarn der Sommersalat, die Bohnen, der Broccoli und am Ende gar noch die Kürbisse reiften, war der Schaden bald katastrophal.

»Ich komme sofort!«, versprach ich der Anruferin, rannte barfuß im Nachthemd über die Straße, schnappte mir Christopher und trug ihn auf den Armen zurück in den Stall.

Und dort blieb er auch – jedenfalls eine Weile.

Wie es Christopher immer wieder gelang, aus seinem Verschlag auszubrechen, war uns anfangs ein Rätsel. Unser provisorisches Tor brach er jedenfalls nicht auf, dazu war er noch nicht schwer genug. Seine Methoden waren viel raffinierter. Er lernte sehr rasch, die Schnur aufzuziehen, mit der das Tor festgemacht wurde. Dann wechselten wir zu Riemen mit Karabinerhaken, aber auch die stellten offenbar kein Hindernis dar. Wir vermuteten, dass er sie mit den Lippen öffnete, aber es gelang uns nie, ihn dabei zu beobachten. Schließlich schraubten wir einen schweren Riegel an, der nicht nur seitlich verschoben, sondern auch noch eingehakt wurde. Aber auch diesen knackte das kleine Schwein. Irgendwie schob es seinen Rüssel und seine Lippen durch den Lattenrost und machte ihn auf.

Ich muss zugeben, dass ich ziemlich stolz auf seine Geschicklichkeit war. Genauer gesagt: Nahezu alles, was er tat, begeisterte mich. Ich war »schweinesüchtig«, wie Howard sagte. Wenn ich nicht bei Chris war oder wieder mal nach ihm suchte, las ich Schweinegeschichten. Ich studierte Berichte über haarige, dreihundert Kilo schwere Riesenschweine, die in den Wäldern Ostafrikas lebten. Ich las von Warzenschweinen, Halsbandpekaris, langgesichtigen afrikanischen Pinselohr-Schweinen und indonesischen Hirschebern, deren Gesichter von vier gewaltigen Hauern verdeckt werden. Als ich Howard das Bild des Hirschebers zeigte, behauptete er, der arme Kerl sei »hässlich wie die Sünde«.

Am Ende erzählte ich sogar meiner Mutter von Christopher. Sie war immer noch zutiefst niedergeschlagen, und wenn wir sonntags nach der Kirche telefonierten, versuchte ich sie mit Geschichten von meinem Schwein aufzuheitern. Ich erzählte ihr von seinen Ausbrüchen, ich erzählte ihr, was er fraß und wer ihn besuchte. Er wurde der Star meiner allwöchentlichen Briefe an sie, und in ihren säuberlich getippten Antwortbriefen versäumte sie nie, sich nach Christopher zu erkundigen.

Nach Howard fragte sie nie. Es war klar, dass mein Ehemann in Virginia nach wie vor nicht willkommen war – und dass auch ich dort so bald nicht mehr hinfliegen würde.

Die Gründe für Christophers Ausbrüche waren genauso rätselhaft wie seine Methoden. Gefiel ihm sein Verschlag nicht? Er hatte Holzspäne und duftendes Heu, und wenn er sich mal richtig austoben wollte, konnte er auch den festgestampften Boden der Scheune durchwühlen. Er hatte jederzeit frisches Wasser. Er hatte genügend zu fressen. Wenn wir morgens das Scheunentor aufmachten, flutete das Sonnenlicht in den Stall, aber im hinteren Teil seines Verschlags gab es jederzeit kühlen Schatten. Nachts wurde er behaglich eingeschlossen. Was gefiel ihm bloß nicht?

Vielleicht suchte er ja nach uns. Sein fröhliches Grunzen und das Funkeln in seinen Augen, wenn er uns begrüßte, schienen darauf hinzuweisen, dass er unsere Gesellschaft zu schätzen wusste. Ich ging alle ein, zwei Stunden hinaus, um ihn zu kraulen oder ihm einen Leckerbissen zu geben. Ich rief ihm schon von weitem zu, aber das war nicht nötig. Er kannte ja unsere Schritte. Wenn wir mal in der Nähe der Scheune vorbeigingen, ohne nach ihm zu sehen, bellte er so lange, bis wir zu ihm kamen. Trotzdem gingen wir davon aus, dass er nicht wusste, wo wir tatsächlich wohnten. Howard legte größten Wert darauf, dass unser Schwein das nicht erfuhr. Wir ließen niemals zu, dass er uns durch eine der drei Türen gehen sah, die ins Haus führten. Zu groß war unsere Sorge, er könnte eines Tages hereinstürmen, um uns Gesellschaft zu leisten, und dabei die Reize unserer Speisekammer und eines umgestürzten Kühlschranks entdecken. Andererseits gingen wir davon aus, dass er uns riechen konnte, auch wenn er uns nicht sah. Mit Sicherheit wusste er, dass wir irgendwo da draußen außerhalb der Scheune waren, und vielleicht erklärte das seine Ausflüge.

Vielleicht brach er aber auch aus demselben Grund aus, der andere junge Männer zu Rumtreibern macht. Vielleicht wollte er einfach ein Bier.

Während dieses heißen Sommers ließen wir Chris oft heraus, wenn Howard sich ein kühles Helles gönnte. Großzügig, wie er ist, gab Howard ihm etwas ab. Er dachte, Christopher könnte das vielleicht mögen. »Was ist Bier denn anderes«, sagte er, »als flüssiges Getreide?«

Howard hatte vollkommen recht. Christopher trank

sein erstes *Rolling Rock* direkt aus der Flasche. Dann versuchte er ein *Corona*, und sein Maul schloss sich graziös um den langen Hals. Das schmeckte ihm auch sehr. Dann trank er eine *Genesee Cream Ale*. Mmmmh. Christopher merkte schnell, dass er Bier einfach *liebte*, und wenn er jemanden mit einer Flasche sah, rannte er so lange hinter ihm her, bis er sie austrinken durfte.

Mein Ehemann fuhr immer öfter zum Getränke-Großhändler, um die billigste Sorte zu kaufen, die er dort fand. »Das ist für mein Schwein«, erklärte er den verdutzten Angestellten, damit nicht etwa der Eindruck entstand, dass er ein Alkoholproblem oder – schlimmer noch – einen schlechten Geschmack beim Bier hätte. Bald war Chris ein beliebter Kunde, und die Bierverkäufer erkundigten sich regelmäßig nach seinem Befinden und seinem Gewicht. Letzteres ermittelten wir mit einem Verfahren, das man uns auf der Landwirtschaftsausstellung beigebracht hatte: Man misst den Brustumfang unmittelbar hinter den Vorderbeinen und die Länge von den Ohren zur Schwanzwurzel in Zoll. Dann setzt man den Brustumfang ins Quadrat, multipliziert mit der Länge und teilt das Produkt durch vierhundert. So erhält man das Gewicht in Pfund. Jedes Mal, wenn die Bierverkäufer Howard sahen, rechneten sie ihm vor, wie viel Christopher jetzt trinken könnte, bis er nicht mehr fahrtüchtig wäre. »Ach, herrje, jetzt könnte er schon zwei Sixpacks trinken!«, sagten sie, als Christopher mehr als 250 Pfund wog. Bald wurde er dafür beneidet. Mancher wäre wohl auch gern in der Lage gewesen, ein halbes Fass auszusaufen.

In diesem ersten Sommer war Christopher allerdings noch nicht so weit. Aber eins war jetzt schon klar: Marys Prophezeiung würde sich nicht bewahrheiten. Die wunderbare Mischung von *Schlitz* und einem guten Wurmmittel würde verhindern, dass er ein kleines Schwein blieb.

Und je mehr Christophers Brustumfang zunahm, desto größer wurden unsere Zweifel, dass wir noch das Regiment im Haus führten. Christopher war nicht nur dazu bestimmt, uns an Gewicht gewaltig zu übertreffen. Wir hatten auch immer stärker den Eindruck, dass er von gefährlicher, ja geradezu diabolischer Intelligenz war.

Das Genie der Schweine ist seit Jahrhunderten Gegenstand der Bewunderung. Kein geringerer als Charles Darwin persönlich hat die ungewöhnliche Klugheit der Schweine bemerkt. »Ich habe großen Scharfsinn bei Schweinen beobachtet«, schrieb er. Sie seien mindestens so klug wie Hunde, vermutete er. Tatsächlich haben arme Leute vom elften bis zum fünfzehnten Jahrhundert Schweine an Stelle von Jagdhunden eingesetzt, die nur der Adel haben durfte. In Jeffrey Moussaieff Massons wunderbarem Buch über das Gefühlsleben der Nutztiere (›The Pig Who Sang to the Moon‹) gibt es einen Abschnitt über eine schwarze Sau namens Slut, die im 19. Jahrhundert in England im New Forest lebte und dazu abgerichtet war, wie ein Vorstehhund mit auf die Jagd nach Rebhühnern, Fasanen, Kaninchen und Schnepfen zu gehen.

Manche Schweine sind so intelligent, dass die Leute

von weit herkommen, um sie zu sehen. So gab es Ende des 18. Jahrhunderts ein schwarzes Schwein, das erstaunliche Dinge auf der Bühne vollführte. Der Besitzer – ein schottischer Schuhmacher – behauptete, es könne buchstabieren, die Uhr lesen, mathematische Probleme lösen, Schautafeln erkennen und sogar Gedanken lesen. Was dieses »gelehrte Schwein« erkannt hatte, teilte es dem Publikum dadurch mit, dass es mit seinem Rüssel auf Buchstaben tippte. Diese Leistungen beruhten vermutlich auf demselben Prinzip wie die des Klugen Hans. Der Kluge Hans war ein Pferd, das zwar nicht rechnen konnte, wie der Besitzer behauptete, dafür aber die unbewussten Körpersignale seines Herrn zu deuten vermochte und so zu den richtigen Antworten kam. Das Gelehrte Schwein trat vor allem in England auf (oft gemeinsam mit einem Kaninchen, das die Trommel schlug, und einer Schildkröte, die apportierte), und als es starb, stand ein Nachruf im ›Daily Universal Register‹. Darin hieß es unter anderem, das Gelehrte Schwein habe mehr Geld verdient als jeder andere Bühnenkünstler seiner Zeit, einschließlich aller menschlichen Darsteller. Im Jahre 1797 gab es dann das erste gelehrte Schwein in Amerika, und es begann eine wahre Blütezeit schweinischer Auftritte. Hochgebildete Schweine waren im ganzen Land auf Tournee und demonstrierten in Wirtshäusern und auf Jahrmärkten, was sie gelernt hatten. Sie schüttelten kleine Glocken mit dem Maul und brachten ›Home Sweet Home‹ zu Gehör, sie spielten ›Yankee Doodle Dandy‹ und ›God Save the King‹ auf dem Xylophon.

Aber der schweinische Intellekt strahlt am hellsten,

wenn er sich auf echt schweinische Projekte konzentriert. In ihrem Buch ›Animals in Translation‹ schreibt Temple Grandin, eine Frau, die sich unter anderem für den Bau menschenwürdiger Schlachthäuser engagiert hat, über die Methoden elektronisch gesteuerter Schweinemast. Dabei tragen die Schweine Halsbänder, die von einem Scanner gelesen werden. Der Scanner gestattet ihnen den Zugang zu einer Fütterungszelle, die sie allein betreten und wo sie von anderen Schweinen ungestört fressen können. Nach Betreten der Fütterungszelle liest ein weiterer Scanner erneut die Erkennungsmarke und füllt den Trog mit dem nötigen Futter. Wie sich zeigte, schreibt Ms Grandin, durchschauten die Schweine das System sehr genau. Wenn sie zufällig ein verlorenes Halsband fanden, nahmen sie es ins Maul und verschafften sich auf diese Weise Zugang zur Fütterungszelle.

Erstaunlich war aber auch das Verhalten der Schweine, die das System nicht wirklich durchschauten. Fast alle von ihnen entwickelten nämlich eine Art – wie die Autorin sagt – »abergläubisches Verhalten« gegenüber dem Futtertrog, ganz ähnlich wie Baseballspieler, die ihre Bälle bekanntlich auch mit allerlei Beschwörungsversuchen zu lenken versuchen. Manche Schweine stellten sich vor den Trog und traten mit dem Huf auf, weil sie offenbar dachten, das wäre nötig, um gefüttert zu werden. Ursache und Wirkung auf solche Weise zu verknüpfen (auch wenn der Zusammenhang gar nicht besteht) gilt als eine erhebliche geistige Leistung, die viele Wissenschaftler den Tieren nicht zutrauen.

Wer allerdings Tiere genauer beobachtet, weiß es

besser. Der Schriftsteller Noel Perrin zum Beispiel hatte ein künstlerisch orientiertes Schwein. Perrin hatte ihm eine Hütte für sein Gehege gebaut, damit das Tier sich tagsüber im Schatten aufhalten konnte. Verziert hatte Perrin das Dach dieser Hütte mit hölzernen Schindeln. Als er am Nachmittag wieder zurückkam, musste er allerdings feststellen, dass sein Schwein sämtliche Schindeln von der Hütte entfernt und in einiger Entfernung auf dem Boden neu arrangiert hatte. Es war nicht zu übersehen, dass es andere ästhetische Bedürfnisse hatte als sein Besitzer.

Christopher Hogwoods große Begabungen waren allerdings weniger künstlerischer Natur. Er war ein Entdecker und Diplomat.

Am Telefon, auf dem Postamt oder im Cash Market – überall hörten wir von seinen ausgedehnten Reisen in der Gemeinde. Er hatte die Familie auf der anderen Straßenseite besucht. Er war über die alten Eisenbahngeleise gegangen und hatte bei den Bibern am Moose Brook vorbeigeschaut. Er war zur Bundesstraße gezockelt und hatte den Leuten vom Cash Market hallo gesagt. Manchmal entdeckten Jogger oder Leute, die ihre Hunde ausführten, unser Schwein irgendwo und brachten es zurück ins Gehege. Oft erfuhren wir erst Tage später davon.

Bemerkenswert war weniger, wie weit er reiste – meist entfernte er sich nicht mehr als einen Kilometer von unserem Haus – sondern, wie viele Menschen er traf und was für einen unvergesslichen Eindruck er machte. Im Gegensatz zu mir war Christopher ein sehr geselliges Geschöpf, das leicht Freunde gewann. Bei seinen Ausflügen wurde er zum Botschafter unserer Farm. Ich genoss den Abglanz seiner Beliebtheit. Selbst wenn er Ärger machte, fassten die Leute meist eine spontane und herzliche Zuneigung zu ihm.

Eines nebligen Morgens im Frühherbst zum Beispiel behinderte Christopher den Aufbruch unserer örtlichen Abgeordneten nach Concord, der Hauptstadt des Staates New Hampshire. Eleanor Amidon, Teilzeitorganistin und Mitglied der gesetzgebenden Versammlung unseres Staates, wollte gerade von ihrem Haus zur Straße hinunterfahren, als plötzlich zwei spitze Ohren vor der Kühlerhaube ihres Wagens auftauchten. Sie stoppte und musste feststellen, dass ein schwarz-weiß geflecktes Schwein ihre Einfahrt blockierte.

Angst hatte sie keine – ihr Vater hatte eine Zeitlang in Massachusetts Schweine gezüchtet, war dann aber zu Rindern zurückgekehrt, als er feststellte, dass die Rüsseltiere ständig davonliefen. Aber Eleanor war nicht mehr ganz jung, sie hatte es eilig, weil sie einen Termin hatte, und außerdem trug sie ein dunkelblaues Kostüm, blaue Pumps und Nylonstrümpfe. Deshalb unternahm sie persönlich nichts, sondern tat das, was wohl jede vernünftige Frau im Business-Outfit getan hätte, wenn sie einem Problem-Schwein begegnet: Sie stieß zurück und schrie lautstark nach ihrem Mann.

Dick Amidon hatte bis vor kurzem noch ein wichtiges Amt in Concord bekleidet und war daher ebenfalls eine prominente Figur in der Stadt. Er wurde regelmäßig zum Leiter der jährlichen Bürgerversammlung gewählt, bei der die Einwohnerschaft über jeden

Cent abstimmt, den die Gemeinde ausgeben will, und er war auch im Gemeindevorstand unserer Congregational Church. Seit seiner Pensionierung arbeitete er zu Hause als privater Unternehmensberater und war deshalb angemessen gekleidet, um sich mit einem Schwein auseinanderzusetzen. Als er aus der Tür kam, verließ Chris die Einfahrt und wandte sich seinem eigentlichen Ziel zu: dem Gemüsegarten der Amidons.

Der Garten lag unmittelbar neben dem Haus. Auf diese Weise konnten Dick und Eleanor ihr Gemüse innerhalb von Sekunden nach der Ernte genießen, und unser Schwein verfolgte offensichtlich das gleiche Konzept. Als ich auf der Suche nach ihm die Auffahrt heraufkam, fand ich Dick, der Christopher innig umarmte und energisch versuchte, ihn vom Salat wegzuzerren. Unser Schwein protestierte energisch.

»Mit Schweinen muss man vorsichtig sein«, sagte Dick später. »Sie können ziemlich bösartig werden. Aber Christopher nicht. Er hat keinen bösen Gedanken im Leib.«

Viele Tiere beißen einen, wenn man sich zwischen sie und ihre Nahrung stellt. Das ist ja eigentlich auch ganz verständlich. Christopher wollte nun mal diesen Salat. Ich fand es sehr nobel, dass er trotzdem nicht den geringsten Versuch gemacht hatte, unseren Nachbarn zu beißen.

Auch Dick war beeindruckt. »Weißt du, ich habe darüber nachgedacht«, hat er später einmal gesagt. »Ich weiß jetzt, warum Christopher und ich so gut miteinander auskommen: Er ist ein sehr liberales Schwein.

Ein richtiger Freigeist.« Dick und Eleanor gehörten ursprünglich zu den Republikanern, aber nach seiner Pensionierung war Dick zum Liberalen geworden.

Howard sah oft aus seinem Arbeitszimmer im ersten Stock auf die Straße hinaus. »Ach, da fährt Frau Sowieso«, dachte er. »Ach, da läuft … ach, da läuft Chris.«

Moment mal? *Chris?*

Und wieder einmal stürzten wir beide auf die Straße hinaus.

Zu Beginn unserer Karriere als Schweinehirten dachten wir noch daran, dass wir ein Freigehege für unser Schwein bauen sollten. Aber Schweine einzuzäunen ist schwer. Ein Zaun muss schon sehr stark sein, damit ihn die Schweine nicht umstoßen oder sich darunter durchbuddeln. Aber Gretchen wusste auch diesmal Rat. Sie hatte genau das Richtige für uns. Eines schönen Tages erschien sie mit einem elektrischen Maschendrahtzaun, dreißig Meter lang, nur mal zur Demonstration. »Das«, sagte sie zuversichtlich, »löst alle eure Probleme.«

Im Gegensatz zu den elektrischen Weidezäunen, die man für Pferde verwendet, sagte sie, sorgt der Maschendrahtzaun dafür, dass die Schweine sich nicht darunter hindurchwühlen. Schon beim ersten Stromschlag lernen sie, ihre Grenzen zu respektieren. Und weil es so leicht ist, den Zaun aufzustellen, kann man das Schweinegehege ständig erweitern oder an eine andere Stelle bewegen, wenn die Tiere eine frische Weide brauchen.

»Wird es ihm auch nicht wehtun?«, fragte ich ängstlich. »Wenn es ihm wehtut, will ich es lieber nicht haben.«

»Aber nein«, sagte Gretchen, während sie neben der Scheune ein kleines Gehege aus dem Zaun baute. »Das tut ihm überhaupt nicht weh. Er wird mit der Nase dranstoßen, dann kriegt er einen leichten Schlag und zieht sich zurück.«

»Bist du sicher?«

»Das kapiert er sofort«, sagte Gretchen, während sie das Ladegerät einklinkte. »Ich kenne kein Tier, bei dem das nicht so war. Macht euch keine Sorgen. Ihr werdet gleich sehen.«

Sie steckte die Verlängerungsschnur in die Steckdose. Ich machte Christophers Klappe auf und trat über den etwa achtzig Zentimeter hohen elektrischen Zaun auf die andere Seite.

Christopher rannte direkt auf uns zu, um uns zu begrüßen. Er stieß mit seiner empfindlichen Nase an den elektrischen Zaun und kreischte vor Schmerz.

Er hörte gar nicht mehr auf zu quieken. Er wich aber auch nicht zurück. Er stieß immer heftiger gegen den Zaun und benutzte seinen dicken Schädel als Rammbock gegen die Schmerzen. Dabei jaulte er im Takt der Stromstöße wie eine Sirene: *»Rie! Rie! Rie! … Rie! Rie! Rie!«*

Ich selber stand nicht zurück, sondern schrie genauso hysterisch: *»Stop! Stop! Stop! … Zieh den Stecker!«* Es dauerte nur drei Sekunden, aber mir erschien es wie eine halbe Stunde. Chris und ich müssen lauter als ein Presslufthammer gewesen sein. Wahrscheinlich dachten die Nachbarn, der schreckliche Axtmörder würde uns beide abschlachten.

Gretchen zog den Stecker raus. Chris ging es bestens, er war höchstens ein bisschen benommen. Nur ich war ein Wrack.

»Ach, herrje«, sagte Gretchen. »Womöglich klappt es ja doch nicht.«

Manche Arten können einfach nicht rückwärts gehen – Gürteltiere zum Beispiel können rückwärts nur *springen*. Schweine haben dieses Problem nicht. Christophers Reaktion war auch kein Versagen des Intellekts. Das Ereignis ließ mich vielmehr begreifen, was im Inneren dieses eigenartigen, klobigen Paarhufers vorging, der uns aus einem Ehepaar in eine Familie verwandelt hatte.

Ich verstand, was ein richtiger Schweinekopf war.

Christopher Hogwood war ein Tier mit Prinzipien. Wenn er etwas wollte, dann wollte er es mit ganzem Herzen. Und was er wollte – ob wir das nun waren oder ein Bier oder ganz einfach die Freiheit – lag einfach jenseits des Zauns.

Ich weiß, wie verlockend die andere Seite des Zauns ist. Ich habe einmal sechs Monate in nahezu völliger Freiheit verbracht. Auf der anderen Seite der Welt und unter Bedingungen, die Howard »wildlebend« nannte.

Nachdem ich das College beendet und fünf Jahre bei den ›Courier News‹ gearbeitet hatte, schenkte mein Vater mir ein Ticket nach Australien. Ich beschloss, mich einer Earthwatch-Expedition anzuschließen, zu der die Biologin Pamela Parker mich einlud. Außer freier Verköstigung konnte sie mir allerdings nichts weiter anbieten. Ich kündigte meinen Job bei der Zeitung und zog in die südaustralische Wüste.

Als ich ankam, wusste ich noch nicht, was genau ich untersuchen sollte. Aber eines Tages, als ich Kräuter sammelte für ein anderes Mitglied des Teams, begegneten mir drei riesige flugunfähige, straußenähnliche Vögel mit langen, periskopartigen Hälsen. Sie hatten sich bis auf etwa zehn Meter genähert und starrten mich neugierig an. Emus. Es war Liebe auf den ersten Blick.

Sie hätten mich ohne weiteres umbringen können. Mit ihren starken Beinen können Emus sechzig Stundenkilometer erreichen und Zäune mit einem einzigen Tritt zerreißen. Mit den Dinosauriern sind sie näher verwandt als mit dem Menschen. Aber obwohl ich ihnen nichts weiter anbieten konnte, tolerierten mich diese Riesenvögel erstaunlicherweise in ihrer Nähe. Sie ließen zu, dass ich ihnen folgte. Ich fand sie jeden Tag wieder, konnte bald im Abstand von wenigen Metern neben ihnen hergehen und ihre Aktivitäten aufzeichnen. Soviel ich weiß, hatte das noch nie jemand vor mir getan.

Jede Beobachtung war eine Offenbarung für mich: jede Beere, die sie von einem Strauch pickten, jede Kopfhaltung, jede Geste, mit der sie eine Feder durch ihren Schnabel zogen, um sie zu säubern. Ich versuchte das Outback durch die schwarzen Augen der Emus zu sehen, die vierzig Mal schärfer als ich sehen konnten, und spürte, wie meine Sinne erwachten. Bald war ich so intensiv bei der Arbeit, dass ich die Vögel gar nicht mehr allein lassen wollte. Selbst der allwöchentliche Trip zum Duschen in die nächste Stadt verlor seinen Reiz.

Ich war buchstäblich »wild« geworden, und ich sah bestimmt auch so aus. Ich achtete darauf, jeden Tag dieselben Sachen zu tragen, damit die Vögel mich wiedererkannten: meine Bluejeans, das Hemd, in dem ich geschlafen hatte, die Armeejacke meines Vaters und schließlich ein rotes Stirnband. Es gab keine Spiegel im Lager, und ich vergaß, meine Haare zu bürsten. Meine blonden Locken verfilzten wie bei einem streunenden Hund. Aber während ich mit den Emus durch ihre Wüste wanderte, fühlte ich mich trotz der laufenden Nase, der schmutzigen Kleider und der verfilzten Haare so ganz, gesund, schön und vollkommen wie niemals zuvor.

Nicht, dass ich nicht gelegentlich einsam gewesen wäre. Es war mir sehr bewusst, dass Howard, die Frettchen, die Lovebirds, meine Eltern und meine Freunde auf der anderen Seite der Welt waren. Wenn es bei mir Tag war, war es bei ihnen Nacht, während es bei mir Winter war, hatten sie Sommer. Wir schliefen unter verschiedenen Sternen. Aber gerade weil ich so weit von allem entfernt war, was ich kannte, fühlte ich mich offen und sauber. Ich war begierig, meine Seele mit den Dramen dieses neuen Ortes zu füllen: der ausgedörrten orangefarbenen Erde, den dornigen Akaziensträuchern und den fremdartigen Geschöpfen, in die ich mich leidenschaftlich verliebt hatte.

Ich weinte tagelang, als ich die Emus schließlich verließ. Das war schon immer so gewesen: Immer musste ich irgendwo fortgehen. Im Gegensatz zu Howard, der von klein auf in Long Island gelebt hatte, wusste ich nicht, wie es ist, irgendwo hinzugehören. Ich war noch nicht mal in Amerika geboren, sondern in Deutschland, wo mein Vater in Frankfurt stationiert gewesen war. Die längste Zeit, die meine Familie mal irgendwo geblieben war, dauerte auch nur vier Jahre, die wir im Quartier 225, Fort Hamilton, Brooklyn verbrachten. Selbst nachdem mein Vater das Militär schon hinter sich hatte und bei verschiedenen Reedereien arbeitete, zogen wir noch dauernd um: New Jersey, Virginia, dann wieder New Jersey. Kein Wunder, dass die Tiere meiner Kindheit nie größer waren als Molly, der Scotch Terrier, der wie meine Schwester aufwuchs. Alles, was wir hatten, musste leicht zu transportieren sein.

Ich liebte Forschungsreisen, Entdeckungen und die Wildnis. Aber jetzt, in Hancock, mit einem Schwein in der Scheune, fand ich die andere Hälfte meiner lebenslangen Sehnsucht: eine Heimat.

Howard und ich gaben es auf, Christopher in ein Gehege sperren zu wollen. Stattdessen rüsteten wir ihn mit einem Geschirr aus, wie man es für kleine Hunde verwendet. Allerdings mussten wir es ziemlich rasch durch ein Geschirr für große Hunde ersetzen. Mit Hilfe eines sechs Meter langen Halteseils befestigten wir den Gurt an einer Esche am Waldrand. Das Gelände nannten wir das Schweineplateau, es befand sich hinter einem ehemaligen Hühnerstall, den wir zum Arbeitszimmer umgebaut hatten, und bot Christopher eine abwechslungsreiche Umgebung: Sonne und Schatten, Büsche und Gras. Es gab sogar eine hübsche matschige Suhle, wo ein Rinnsal aus dem Moose Brook versickerte. Hier konnte Christopher nach Herzenslust herumwühlen, und die ganze Gegend sah bald aus wie ein Schlachtfeld.

Chris schien das Arrangement mit dem Gurt sehr zu mögen. Sein Gelände gefiel ihm. Er wickelte das Seil auch gern um einen der Bäume, bis es genau so viel Spannung und Druck hatte, um den Metallverschluss an den Riemen zu öffnen. Dann konnte er abhauen.

Freilaufende Schweine waren allen Amerikanern bis vor ungefähr hundert Jahren eine wohlvertraute Erscheinung, und das nicht nur auf dem Land. Die weltberühmte Wall Street ist nach einer Mauer benannt worden, die im Jahre 1652 errichtet wurde, um die Bewegungsfreiheit der Schweine von Lower Manhattan zumindest teilweise zu regulieren. Freilaufende Schweine gehörten ehedem zu jeder amerikanischen Stadt. Die Schweine wurden fett, indem sie die Straßen von Abfällen säuberten. Im Grunde genommen gefiel das allen recht gut, bis die Schweine zu dreist wurden und anfingen, die Leute von den Bürgersteigen zu schubsen.

Jahrelang erlaubten auch die Siedler von Hancock ihren Schweinen, frei herumzulaufen, heißt es in der ›History of Hancock, New Hampshire, 1764–1889‹. »Die Schweine von damals genossen erstaunliche Privilegien«, schreibt der Verfasser William Willis Hayward. »So machte Moses Dennis, sr., eine erstaunliche

Erfahrung. Er hatte die Pflicht, die alljährlichen Gestellungsbefehle zu überbringen. Dabei betrat er eine dunkle, fensterlose Blockhütte. Plötzlich fand er sich höchst unsanft aufgehoben und rücklings davongetragen, bis er nach einigen Schritten genauso unsanft wieder abgesetzt wurde. Er war so überrascht, dass er den Grund für diesen eigenartigen Empfang zunächst gar nicht begriff. Alsbald entdeckte er, dass ein im Haus befindliches Schwein von seinem Erscheinen erschreckt worden war und ihm bei seiner eiligen Flucht zwischen die (offenbar ziemlich kurzen) Beine geraten war, so dass es ihn wie oben beschrieben davontrug.«

1786 allerdings änderte sich das. In diesem Jahr wurde in unserer Gemeinde ein neues Amt eingeführt: das Amt des Schweinevogts. Zu jener Zeit hatte jede größere Siedlung mindestens einen solchen Beamten. Es handelte sich um eine Art Sheriff, der die Aufgabe hatte, alle Schweine einzufangen und einzusperren, die irgendwie Ärger machten. Zehn Jahre später hatte Hancock etwas über sechshundert menschliche Einwohner, brauchte aber nicht weniger als sechs Schweinevögte, um die örtlichen Borstentiere unter Kontrolle zu halten.

Als Christopher in Hancock eintraf, gab es allerdings leider schon seit Jahrzehnten keinen Schweinevogt mehr. Zum Glück hatten wir unseren Polizeichef Ed Coughlan. Elf Jahre lang war er Hancocks einziger Vollzeit-Polizist.

Ed war bestens geeignet für diese Aufgabe. Er stammte aus der Stadt selbst und hatte jahrelang als

Gerätewart bei der Verkehrswacht gearbeitet. Er hatte Kinder und eine hübsche, blauäugige Frau. Mit seinem jungenhaften Strubbelkopf, seinen seelenvollen Augen und seinem zurückhaltenden Auftreten hob er sich vorteilhaft von dem üblichen autoritären Stil ab, der offenbar auf den Polizei-Akademien gelehrt wird. Als er gewählt worden war, hatte er natürlich zwölf Wochen lang auf die Akademie nach Concord gehen müssen, aber der größte Teil des Jobs, erzählte er mir, bestand einfach darin, seinen gesunden Menschenverstand zu gebrauchen. »Und einen anderen hab ich nun mal nicht«, sagte er treuherzig.

Zum Glück gibt es in Hancock wenig Gelegenheit zur knallharten Verbrechensbekämpfung. Die Polizeiarbeit stellt andere Herausforderungen. Zum Beispiel verlieren viele unserer älteren Mitbürger allmählich das Augenlicht und stoßen regelmäßig an Gebäude, Autos und andere Menschen – auch wenn sie fahren. Eine über neunzigjährige ehemalige Klavierlehrerin, die von Rechts wegen blind war, überfuhr zum Beispiel einen Streckenposten an der Straße und verletzte ihn dabei leicht. Eine andere ältere Dame wollte vor der Post parken, fuhr stattdessen aber die Böschung hinunter und landete am Eingang unserer örtlichen Badeanstalt am Norway Pond. Als Ed den Schauplatz erreichte, entdeckte er einige orangefarbene Streifen an ihrem Wagen.

»Wo kommen denn die her?«, fragte er.

»Ach, das war letzte Woche, als ich dieses komische Auto gestreift habe«, sagte sie lässig.

Ed konnte nicht überall sein, aber er hatte zumindest eine tüchtige Helferin. Das war eine kurzbeinige, manchmal etwas übellaunige junge Frau mit großen blauen Augen, die sich gern auf der Hauptstraße vor dem Cash Market aufbaute und den Verkehr dirigierte. Auswärtige Autofahrer gehorchten ihr immer. Sie ahnten ja nicht, dass sie sich einer geistig Behinderten anvertrauten. Dann gab es noch die reizende stämmige, grauhaarige Erbin eines großen Vermögens, die das ganze Jahr über in einem zeltförmigen Hauskleid, kurzen Socken und kräftigen Stiefeln herumlief. Jeder wusste, dass sie nicht ganz richtig im Kopf war, aber sie hatte ein gutes Herz. Sie kam oft zur Post, um den Familien vermisster Kinder, deren Namen auf Milchtüten abgedruckt wurden, Süßigkeiten zu schicken. Und wenn sie einkaufte, ließ sie sich immer gleich dreißig Rollen Klopapier geben, die ihr dann einer der Angestellten nach Haus tragen musste.

Ed hielt ein Auge auf diese Leute, und alle anderen auch. Er war wie ein guter Onkel, der Familienstreitigkeiten zu schlichten versuchte. Auch Großstadtpolizisten können Ihnen erzählen, dass häuslicher Streit zu sehr gefährlichen Situationen führen kann, auch für die Beamten, und Ed musste sich dauernd damit herumschlagen. Aber letztlich war kein Problem zu groß oder klein für Ed Coughlan, wie man im Polizeibericht nachlesen konnte, der täglich in der Zeitung gedruckt wurde. Typische Beispiele: Ein Eichhörnchen in einer Garage auf der Hauptstraße. (Als Ed hinkam, war es schon wieder weg.) Eine Schildkröte auf der gelben Linie der Bundesstraße. (Ihre Entfernung wurde sorgfältig protokolliert.) In einem Haus schrie ein kleines Kind wie am Spieß. (Es wollte keinen Spinat essen.) In den Gemeinden in der Umgebung ist es nicht anders. In Peterborough erschien kürzlich ein Meerschweinchen im Polizeibericht. Jemand hatte 911 angerufen, weil der Käfig des Tierchens an einem heißen Tag in einem Auto stand, das vor dem Krankenhaus parkte. Das Fenster war offen, aber das Meerschweinchen hatte kein Wasser. (Die Leute hatten den Verdacht, *ich* hätte die Polizei angerufen, aber das hatte ich nicht.)

Es scheint, als ob die Tiere in unserer Stadt regelmäßig die Hilfe der Polizei brauchen. Mal sind es streunende Hunde, mal ist es eine Katze, die sich in einem Baum verstiegen hat, und letzten Sommer war es ein verletzter Luchs. Hilfssheriff Steve Baldwin nahm den Anruf entgegen. Ein Rotluchsweibchen war angefahren worden auf der Route 123. Er hob das bewusstlose Tier mit beiden Armen auf, wickelte es in eine Decke, legte es neben sich auf den Sitz des Streifenwagens und fuhr so schnell wie möglich zum Tierarzt. »Dann wachte sie plötzlich auf«, erzählte er, »und ich wusste, dass ich einen Fehler gemacht hatte.« Zum Glück war der Luchs nicht auf einen Kampf eingestellt, und die Spezialisten in der Tierklinik waren in der Lage, die gebrochene Hüfte zu heilen. Sechs Monate später war Steve dabei, als der Luchs wieder in die freie Wildbahn entlassen wurde – an derselben Stelle, wo er ihn gerettet hatte.

Lamas, Ponys und Rinder hatte Ed schon so oft nach Hause gebracht, dass er immer einen Eimer mit Futter in seinem Streifenwagen dabeihatte. Aber Christopher war das erste Schwein, das ihm über den Weg lief.

An einem warmen Septembertag wurde er angerufen, weil ein Schwein die Straße unsicher machte. Die Anruferin glaubte auch sehr genau zu wissen, um wessen Schwein es sich handelte. Ed fand Christopher auf der Route 137 in der Nähe der Einfahrt von Mike Cass. Er stellte den Streifenwagen ab, schlang dem Schwein ein Seil um den Hals und versuchte es abzuführen.

Christopher dagegen hatte andere Pläne. »Erst wollte er nicht mitkommen«, sagte Ed. Was schon deshalb ein Problem war, weil Christopher damals schon deutlich mehr wog als Ed. »Aggressiv war er nicht«, sagte Ed, »aber ziemlich entschlossen.«

Als es klar wurde, dass Christopher nicht leicht zu verhaften sein würde, besann sich Ed auf seinen gesunden Menschenverstand. Er wartete ab. Und richtig: Nach einigen Minuten änderte Christopher seine Meinung – und zwar ziemlich gründlich. Er trabte los, mit beträchtlicher Geschwindigkeit, und zog den uniformierten Polizisten am Seil hinter sich her.

Der Anblick war eindrucksvoll. Ein Autofahrer hielt an und fragte: »Na, Ed, wo willst du denn mit dem Schwein hin?«

»Die Frage ist, wo das Schwein hinwill«, erwiderte Ed, immer noch rennend. »Ich laufe bloß hinterher.«

Zum Glück war Christopher eher ein Sprinter als ein Marathonläufer. Als er langsamer lief, sah Ed ein paar Äpfel im Gras liegen. Er bückte sich, steckte sie ein und fütterte Christopher damit, als der endgültig anhielt.

Als sie in unserem Blickfeld erschienen – wir hatten in der anderen Richtung gesucht –, spazierten Christopher und unser geflecktes Jungschwein schon nebeneinander her wie zwei alte Freunde.

Danach hatte Ed immer auch ein paar Äpfel in seinem Streifenwagen.

Kapitel 4

Der Schweinepalast

Noch ehe der erste Sommer zu Ende ging, wurde unser Leben eindeutig suino-zentrisch.

Wir verbrachten viel Zeit mit Christopher. Morgens fütterte ich ihn, noch ehe ich uns das Frühstück machte. Es war die beste Art, den Tag zu beginnen. Er freute sich über alles, was ich ihm brachte: Trockenfutter, altbackene Muffins, Bananenschalen. Es machte mir Freude, ihm beim Essen zuzusehen. Ein paar Minuten lang hörte ich seinem Schmatzen zu, und es war wie Musik. Dann ging ich in die Küche und machte uns Frühstück. Dann brachte ich ihn zum Schweineplateau. Am Anfang konnte ich ihn noch tragen, später führte ich ihn am Halsgurt. Während Howard und ich am Schreibtisch arbeiteten, wühlte Chris in der Erde, graste, schlief oder suhlte sich – und wartete auf unsere Rückkehr. Vielleicht plante er auch einen weiteren Ausbruch.

Wie oft es während unseres Arbeitstages zu einer Interaktion mit Christopher kam, hing meist nicht von uns ab. Wenn er ausbrach und seinen ständig wachsenden Freundeskreis besuchte, konnte es eine Stunde oder länger dauern, bis wir ihn wieder eingefangen hatten. Das war natürlich sehr störend, aber die Erleichterung, wenn er wieder zu Hause war, und unsere Dankbarkeit gegenüber den Nachbarn, die uns geholfen hatten, wogen den Ärger über die verlorene Zeit wieder auf.

Aber auch wenn er nicht weglief, wurde unser Tageslauf zunehmend von den Bedürfnissen unseres Schweins bestimmt. Wenn ihm das Wetter nicht zusagte – Christopher stand zum Beispiel nicht gern im Regen – dann rief er uns mit lautem Quieken herbei, damit wir ihn zurück in den Stall brachten. Und wir ließen natürlich alles stehen und liegen, um ihn vor dem Regen zu retten.

Wir sahen praktisch jede Stunde einmal nach ihm. Kriegte er zu viel Sonne? Ein Schwein kann genauso einen Sonnenbrand kriegen wie ein Mensch. Hatte er sein Seil um den Baum gewickelt? Brauchte er etwas zu trinken? Musste er gestreichelt werden? Manchmal führten diese Besuche zu längeren Schmuse-Sessions, ob es nötig war oder nicht. Bald hatten unsere Schritte einen Fußpfad im Gras hinterlassen: von der Hintertür zur Scheune und von der Scheune zum Schweineplateau.

Ein neues Familienmitglied verändert natürlich immer das Leben. Es bedarf der Fütterung und Reinigung, der Liebe und Zuwendung. Aber da unser Neuankömmling ein Schwein war, gingen die Veränderungen sehr in die Tiefe – denn seine Bedürfnisse wuchsen noch schneller als sein Gewicht. Und der Freundeskreis, der uns unterstützte, wuchs fast noch schneller.

Im Herbst seines ersten Lebensjahres wurde ganz offensichtlich, dass Christopher aus seinem provisorischen Verschlag in der Scheune nicht nur entkommen konnte, sondern dass er ihn vollständig zerstören würde, wenn er das wollte. Im Sommer hatten wir zu unserem Schrecken beobachtet, wie er durch den Lattenrost unter unserer Veranda marschierte, als wäre der gar nicht vorhanden. Wir und unsere Untermieter sammelten dort unseren Müll, ehe er sonntags zum Müllplatz gefahren wurde, und Christopher hatte im Abfall etwas gerochen, was ihm wohl besonders appetitlich erschien. Zu unserem Entsetzen handelte es sich ausgerechnet um die Verpackung des Frühstücks-Schinkens, den unsere Untermieter am Morgen verzehrt hatten.

Howard wusste zwar, was zu tun war, aber die Größenordnung des Projekts und meine notorische Ungeschicklichkeit im Umgang mit Elektrowerkzeugen machten den Einsatz von Fachleuten notwendig.

Also engagierten wir einen pensionierten Flugzeugingenieur: Howards Vater, der jahrelang für Sperry Rand gearbeitet hatte. Er kam von Long Island heraufgefahren. Seinem Kaninchen erzählte er vorsichtshalber nichts von dem, was er vorhatte: Er wollte seinem Sohn helfen, einen Schweinepalast zu errichten.

Ich war mir nicht sicher, was Howards Eltern über Christopher dachten. Sie waren schließlich praktizierende Juden, orthodox genug, um getrenntes Geschirr und Besteck für Milch und Fleisch zu benutzen. Es war schon schlimm genug, dass ihre Schwiegertochter eine *shiksa* war. Und jetzt noch ein Schwein als Familienmitglied?

Zu meiner Erleichterung stellte Chris kein Problem für sie dar. »Bloß essen dürft ihr ihn nicht«, sagte mein Schwiegervater. Was Schweine betraf, befand ich mich im Einklang mit den jüdischen Speisevorschriften.

Bevor seine Eltern im Rahmen der Operation *Pig Palace* zu uns kamen, durchsuchten Howard und ich die Scheune nach Brettern, Pfosten und Eisenwaren. Es gab viele brauchbare Dinge, aber sie auszugraben war nicht immer leicht. Einmal verfitzten wir uns stundenlang in einem Dickicht aus bunten Elektrokabeln, während Christopher verzweifelt unter uns quiekte, weil er sich vernachlässigt fühlte.

Tatsächlich protestierte unser Schwein in den nächsten vier Tagen sehr viel.

Vernünftigerweise bauten Howard und sein Vater den neuen Verschlag genau dort, wo der alte gewesen war – was natürlich bedeutete, dass Christopher zeitweise ausquartiert werden musste. Normalerweise wäre er auf dem Schweineplateau ganz zufrieden gewesen. Aber obwohl er von dort aus nicht in die Scheune hineinsehen konnte, spürte er offensichtlich, dass etwas vorging. Der Geruchssinn der Schweine ist so hoch entwickelt, dass ein Ferkel nicht nur seine Mutter damit erkennt, sondern auch den Geruch der spezifischen Zitze, die seine private Nahrungsquelle ist. Forscher haben herausgefunden, dass Schweine Plastikspielkarten, die sie einmal beschnuppert haben, auch Tage später noch wiedererkennen, sogar wenn die Karten abgespült worden sind. Auch das Gehör der Schweine ist ausgezeichnet. Ihr Frequenzbereich ist zumindest am oberen Ende größer als der des Menschen, und am unteren Ende wahrscheinlich auch. In der Tat bewegten sich Christophers große, haarige Ohren wie Radarantennen. Ständig schien er Geräusche zu orten und zu verfolgen. Deshalb war es ihm wohl nicht entgangen, dass da ein übles Spiel gespielt wurde: In seiner Wohnung passierte etwas, und er war nicht dabei, um die Dinge zu überwachen.

Für Howard und mich war die Bedeutung von Christophers Protesten vollkommen klar: »He, he, he! Das ist mein Stall! Was macht ihr da drin? He!«

Howard und sein Vater arbeiteten volle neun Stunden täglich. Sie errichteten Wände aus massivem Bauholz und isolierten sie weitaus besser als unser eigenes Haus. Anstelle der alten Palette wurde eine Vordertür eingesetzt, die sich an kräftigen Scharnieren bewegte. Außerdem wurde elektrisches Licht eingebaut.

Meine Schwiegermutter und ich versteckten uns währenddessen im Haus. Unter dem Vorwand, wir müssten kochen, versuchten wir zu verhindern, dass die Männer uns in ihre Tätigkeit einbezogen. Wir hatten keine Lust, irgendwelche schweren, splittrigen Gegenstände *genau zwei Zentimeter* über den Boden zu halten und unbeweglich darauf zu warten, bis die Männer einen Nagel hineinschlugen. Trotzdem wussten wir, dass die Bauarbeiten genau überwacht wurden. Unser Schwein schimpfte zwar nur von weitem, aber dafür wurde jede Bewegung der beiden Männer von sechzehn orangefarbenen Augen verfolgt, die unseren acht hübschen Hennen gehörten. Das waren die *Ladies*.

Gretchen hatte uns die Hühner zum Einzug geschenkt. Sie sahen aus wie ein Schwarm fröhlicher Nonnen, denn ihr glänzendes Gefieder war strahlend schwarz. Allerdings haben Nonnen wohl nur in den seltensten Fällen schuppige gelbe Füße, orangefarbene Augen und grellrote Kämme. Mit Präzision und Fleiß pickten die Ladies rund um die Scheune Käfer und Sämereien vom Boden und klauten Christopher auch schon mal etwas aus seinem Trog, wenn er gerade nicht hinsah. Dafür leisteten sie ihm aber auch zuverlässig Gesellschaft, wenn Howard und ich schreiben mussten. Vom Herbst an lieferten uns die Hühner achtzig köstliche braune Eier pro Woche. Aber am nettesten fanden wir die Art und Weise, wie sie uns begrüßten.

»*Kennen* die dich?«, fragte Howards Vater erstaunt, als er die Ladies zum ersten Mal in Aktion sah. »Ich hätte gar nicht gedacht, dass Hühner so klug sind.« Meine Schwiegereltern waren beide in der Bronx aufgewachsen, wo man Hühner praktisch nur im Suppentopf erlebte. Jetzt lernten sie Hühner ganz anders kennen. Weil Gretchen die Hühner selbst aufgezogen und wir sie in dieser Zeit beinahe täglich besucht hatten, kannten uns die Hühner nicht nur. Sie waren richtige Fans. Wenn die Ladies uns kommen sahen, stürmten sie auf uns zu und umringten uns, als wären wir die

Beatles. Howards Vater machte das einen riesigen Spaß. Die Ladies dachten, dass wir ihnen Cottage Cheese brächten, was auch oft genug zutraf. Wenn sie damit fertig waren, wischten sie ihre bernsteinfarbenen Schnäbel am Boden ab, aber gern auch an meinen Hosen. Dann kehrten sie zum Käferjagen zurück und erzählten sich dabei ihre Abenteuer in munter gackernder Hühnersprache.

An den meisten Tagen durften die Ladies frei auf dem Grundstück herumlaufen, dessen Grenzen sie sehr genau kannten und im Gegensatz zu Christopher auch respektierten. Sie gingen nicht über die Straße, und sie hüpften auch nicht über die Mauer zum Nachbarhaus, obwohl das gar nicht bewohnt war. Aber während der Operation *Pig Palace* beschränkten sie ihre Ausflüge fast gänzlich auf das Gebiet zwischen den Füßen Howards und seines Vaters. Die Ladies waren fasziniert von den blitzenden Nägeln. Sie pickten danach und schienen sie fressen zu wollen. Auch die Werkzeuge der Männer interessierten sie sehr. Sie dachten wohl, der Sinn des Unternehmens bestünde darin, Regenwürmer für sie aus dem Boden zu graben. Sie beobachteten die Bauarbeiten aber nicht nur, sondern schienen sie auch unter sich zu erörtern und mit kritischen Kommentaren begleiten zu wollen. Ihr Interesse war so glaubwürdig, dass Howards Vater – sicher nicht der Typ, der mit Hühnern redet – sie am Ende direkt ansprach. »Ich bitte um Entschuldigung«, sagte er, wenn er sich bückte, um ein Brett hochzuheben, auf dem eine der Ladies stand. Oder er murmelte höflich: »Pardon«, wenn er seinen Fuß dahin stellen wollte, wo gerade zwei Hennen herumpickten. Es erstaunt daher nicht, dass schließlich nicht nur ein Schweinepalast, sondern auch noch eine Hühnerhütte gebaut wurde.

Als meine Schwiegereltern nach Long Island zurückfuhren, war der *Pig Palace* fertig, und das *Chicken Chalet* näherte sich ebenfalls der Vollendung. »Es war ein einmaliges Erlebnis«, sagte Howards Vater mit einem breiten Lächeln. Die Bezahlung war nicht besonders üppig gewesen: Rühreier, Gemüse-Lasagne und Apfelstrudel, aber dafür waren die Hühner weitaus aufmerksamer und interessierter als seine Bosse bei Sperry-Rand. Eine Schweinearbeit war zwar nichts Neues für ihn, aber diesmal war sie wenigstens für ein richtiges Schwein.

»Ist euer Christopher eigentlich intelligent?«, fragten die Leute uns häufig.

»Er ist jedenfalls schlauer als wir«, gaben Howard und ich dann bereitwillig zu. »Er hat Mittel und Wege gefunden, zwei gut ausgebildete Universitätsabsolventen kostenlos für sich arbeiten zu lassen.«

Selbst wenn wir nicht zu Hause waren, setzte unsere Knechtschaft sich fort. Wir sammelten ständig Essensreste für unser Schwein.

Natürlich hatten wir immer Trockenfutter zur Hand, das Chris auch gern fraß. Aber genau wie alle anderen Leute lieben Schweine die Abwechslung. Und genau wie unsere sparsamen Yankee-Nachbarn fanden wir es großartig, dass man Schweinen gutes Essen geben konnte, das sonst auf dem Müll landen würde. Wir hatten natürlich nicht so viele Schweine wie George und Mary und brauchten deshalb auch Makkaroni und Käse nicht tonnenweise aus einer Kantine. Aber es gab andere Quellen, die wir fleißig anzapften.

Da gab es zum Beispiel die Post. Unsere silberhaarige Poststellenverwalterin Patty Soucy war eine begabte Gärtnerin und Köchin. Sie sammelte ihre Broccolistrünke, ihre Melonen-, Kürbis- und Kartoffelschalen, und wenn der Eimer wieder mal voll war, brachte sie ihn mit in die Arbeit, damit Howard ihn mitnehmen konnte, wenn er zwei Kilometer weit in die Stadt fuhr und die tägliche Post bei ihr abholte. Bei schönem Wetter nutzte Patty gelegentlich ihre Mittagspause und brachte ihre Bio-Abfälle persönlich vorbei. Dann setzten wir uns alle zusammen an den Picknicktisch unter dem großen Silberahorn, um zu essen, während Chris seine Mahlzeit auf dem Schweine-Plateau einnahm.

Natürlich gab es auch Partys. Früher hasste ich Einladungen. Ich wusste nie, was ich sagen sollte. Persönlich hätte ich eine Unterhaltung gern mit einer Bemerkung begonnen wie: »Die Zunge eines Blauwals wiegt manchmal genauso viel wie ein Elefant!« Aber eine solche Gesprächseröffnung führte unweigerlich dazu, dass Leute, die mich noch nicht kannten, sich rasch und unauffällig entfernten. Auch auf den Boden zu starren ist keine wirklich effiziente Strategie, um sich auf Partys zu amüsieren. Bei einem Empfang, der zu meinen Ehren veranstaltet wurde, weil ich irgendeine Auszeichnung erhalten hatte, starrte ich einmal so intensiv auf den Boden, dass die Leute mich fragten, ob ich etwas verloren hätte.

Aber jetzt hatte ich – dank Chris – eine Aufgabe. Endlich hatte ich ein Gesprächsthema, wenn ich auf einer Party herumstand.

Ich brauchte nicht einmal selbst davon anzufangen. Wenn wir neue Leute kennenlernten, sagte die Gastgeberin oft: »Das sind Sy und Howard. Die haben ein Schwein.«

Worauf natürlich prompt die Frage folgte: »Was für ein Schwein ist es denn?« Es gibt schließlich mehr als dreihundert verschiedene Schweinerassen auf der Welt, vom fetten *Poland China,* das in Ohio gezüchtet wurde, bis zum schlanken Yorkshire-Schwein aus England. Aus Neuseeland kommen die kleinen, gefügigen Kune-Kunes, die eine hübsche Wamme haben. Aus der alten Donaumonarchie kam das Schwalbenbauch-Mangalitza-Wollschwein, dessen Fleisch für die ungarische Salami gebraucht wird. Wenn es um Chris ging, erklärte Howard immer höchst fachmännisch, es handle sich um ein *Hampshire Hill Hog*. Eine solche Rasse gibt es natürlich gar nicht. Es war nur ein Spitzname für die friedlichen Mischlinge, die George züchtete.

»Wie viel wiegt es denn?« Wir nannten die neueste Zahl.

»Lebt es im Haus?«

»Nein, aber da sieht es beinah so aus.«

Und irgendwann kam auch die Frage, auf die wir gewartet hatten: »Was frisst es denn so?«

An dieser Stelle fingen wir mit unseren subtilen

Hinweisen an. »So viel es kann«, sagten wir und erklärten, was Christopher mochte und nicht mochte. Aus irgendeinem Grund ging er allen Zwiebelgewächsen sorgfältig aus dem Wege: Lauch, Schalotten und Knoblauch kamen ihm nicht in den Trog. Zitrusfrüchte verschmähte er gänzlich. Und Fleisch ließen wir ihn nicht fressen.

Schweine brauchen kein Fleisch. In freier Wildbahn werden Schweine zwar jeden Kadaver und jedes appetitliche Tier, das sich nicht wehren kann, auffressen. Aber sie gehen nicht auf die Jagd. Ihre Zähne, eine Mischung aus scharfen Schneidezähnen und breiten Backenzähnen, zeigen, dass Schweine genau wie wir echte Allesfresser sind und ein langes, glückliches Leben führen können, ohne je etwas anderes als Gemüse, Obst, Getreide, Nüsse, Bohnen und Wurzeln zu fressen – genau wie wir. Da Howard und ich kein Fleisch kaufen, haben wir natürlich auch keine Fleischreste in unseren Abfällen. Ich bat aber auch unsere Schweinefutter-Spender, aus ihren Essensresten jegliches Fleisch zu entfernen.

Warum? Nun, die Antwort ist einfach: Es ging um den Mist. Das mag manchem vielleicht als ungewöhnliches Thema für eine Party-Unterhaltung erscheinen, aber schließlich wohnen wir in New Hampshire. Fleisch, erklärte ich meinen atemlos lauschenden Zuhörern, ist der Grund, warum Schweinekot nicht gut riecht. Vegetarischer Schweinekot riecht angenehm erdig. Die Konsistenz ist angenehm, und die Form erinnert an ein kleines geflochtenes Brötchen. Sobald man aber Fleisch füttert, fängt der Kot an zu stinken, er wird flüssig und klebrig und fällt durch die Zinken der Mistgabel. Er schädigt auch den Komposthaufen. Düngt man seine Tomaten etwa mit Hundekot? Natürlich nicht. Man nimmt Pferdeäpfel. Und vegetarischen Schweinemist kann man auch nehmen. Er ist reinstes Gartengold.

An diesem Punkt des Gesprächs fragte garantiert immer jemand: »Was werdet ihr mit dem Schwein machen?«

Das ärgerte mich. »Was machen Sie denn mit Ihrem Enkel?«, hätte ich gerne gefragt. »Der wiegt doch sicher auch schon fünfzig oder sechzig Pfund, oder?«

Aber Howard hielt mich zurück. »Wir schicken ihn an die Sorbonne«, sagte er.

Und dann erklärte er in aller Ruhe, dass ich Vegetarierin und er Jude sei und dass wir mal sehen wollten, wie lange so ein Schwein lebt. Da Christopher keinen Grund habe, uns zu misstrauen, sei er ein ungewöhnlich nettes, wohlerzogenes und fröhliches Schwein.

»Er würde Ihnen sicher gefallen!«, versprachen wir munter. »Kommen Sie ihn doch mal besuchen! Und vergessen Sie nicht, Ihren Biomüll mitzubringen.«

Wir versprachen »eine Mahlzeit und eine Show«. Die Leute brachten Christopher die Mahlzeit, und die Show bestand darin, dass sie ihm beim Fressen zuschauen durften.

Wenn er noch in seinem Verschlag war, wenn die Besucher eintrafen, war Christophers begeisterter Aufbruch der erste Akt. »Hallo, Schweinemensch«, rief ich, »du hast Besuch!«

Christopher reagierte mit aufgeregtem, fröhlichem

Grunzen. Meine Ankündigung war ohnehin überflüssig. Etwaige Besucher und die mitgebrachten Essensreste hatte er längst gerochen. Wenn ich das Gatter aufmachte, schoss er wie eine quiekende, schwarzweiße Kanonenkugel heraus. Mit dem mitgebrachten Eimer in der Hand rannte ich zum Schweineplateau. Dort schüttete ich ihm die Abfälle hin, und während er sie verputzte, befestigte ich das Halteseil an seinem Geschirr. Dann zogen wir uns alle ein paar Schritte zurück, bis wir außerhalb seiner Reichweite waren, und genossen das Schauspiel.

Wenn es ums Fressen ging, war Christopher ein Performance-Künstler.

Einem Schwein beim Fressen zuzuschauen, ist höchst befriedigend für den Menschen. Selten kann man sich so an der Freude anderer freuen. Schweine sind wahrhaft fürs Fressen gemacht – schließlich wurden sie gezüchtet, um viel zu fressen und schnell fett zu werden. Unter allen Säugetieren sind Hausschweine die effektivsten, wenn es darum geht, pflanzliche Kost in Fleisch umzusetzen. Ein Ferkel kann zwei Kilo am Tag zunehmen. Aus drei Pfund Pflanzenkost macht es ein Kilo Fleisch. Ein Kalb muss dagegen zehn Pfund fressen, um so viel zuzunehmen. Christopher fraß grunzend, schmatzend und schnaubend, mit der Begeisterung eines echten Gourmands und der natürlichen Anmut eines Athleten. Fressen war bei ihm nicht bloß die Nummer eins, es nahm vermutlich die ersten fünfzig Ränge ein bei seinen Begierden. Was er wollte, war fressen, fressen und fressen …

Wir Menschen dürfen unsere Nahrung nicht so genießen. Wer zu viel isst, wird rasch der Völlerei beschuldigt, und die Folgen – wenn wir den Zeitschriften glauben – sind verstopfte Arterien, formlose Kleider und Schuldgefühle. Für viele von uns ist Nahrung *der Feind*. Aber wenn Christopher fraß, schien er seine Lust und Lebenskraft an uns weiterzugeben. Es war ein göttlicher Anblick.

Es war daher nicht weiter erstaunlich, dass ihn viele Besucher von Hand füttern wollten. Auf diese Weise konnte man noch stärker Anteil an diesem Spaß nehmen. Lange Gegenstände waren das Beste: ein Baguette, das nicht mehr ganz frisch war, eine überreife Banane, zu groß gewordene Zucchini. Christopher biss zwar nicht, aber es war trotzdem ratsam, seine Finger nicht allzu nahe an seine gierigen Zähne zu bringen. Er riss ein schönes Stück ab, erwartete aber durchaus, dass man die Sachen nicht losließ. Er hatte zwar nichts dagegen, vom Boden zu essen, aber es gefiel ihm einfach, gefüttert zu werden.

Kleinere, runde Leckereien wie Äpfel und Muffins verfütterte man am besten, wenn er in seinem Verschlag war. Dann sperrte er nämlich sein Maul auf und man konnte sie von oben hineinwerfen wie einen Ball.

Der größte Teil seiner Nahrung war allerdings viel zu amorph oder matschig, als dass man ihn hätte von Hand füttern können. Er wurde in den Trog oder – im Freien – auch auf den Boden geschüttet. Der Laie denkt vielleicht, dass Schweine einfach alles in sich hineinschaufeln. Für Christopher galt das nicht. Wenn sich die Dinge im Eimer nicht völlig vermischt hatten, konnte man genau sehen, dass er die Dinge, die er am liebsten mochte, zuerst fraß. Er hob sie geräuschvoll, aber durchaus wählerisch mit seinen Lippen auf: Pasta, Gebäck, Käse und Obst. Naschhaft war er von Kindheit an. Als Nächstes kamen Karotten, Mais, Getreide, Reis und Kartoffeln, besonders, wenn sie beim Kochen oder im Eimer eine stärkehaltige Soße entwickelt hatten. Als letztes, aber durchaus noch schwungvoll, verputzte er den Grünkohl, Broccoli, Spinat und so weiter. Zwiebeln, Zitronen oder Orangenschalen ließ er stets unberührt. Wenn die Mahlzeit ungeschälte Eier enthielt, knackte er sie in seinem Maul und spuckte die Schalen dann sorgfältig aus.

Wenn ihm jemand etwas sehr Großes mitbrachte, was er nicht gleich zerkleinern konnte – einen Kürbis zum Beispiel – dann packte er es, hob es auf und schüttelte es wie ein Hund einen Schuh. Es ist eine Tötungsgeste, die der »Beute« das Genick brechen soll. Und was geschieht, wenn die Nahrung noch größer ist? Einmal erhielten wir Besuch von einer Familie aus Saugus in Massachusetts, die uns eine riesige, über zehn Kilo schwere Wassermelone mitbrachte. Zufällig hatte meine Freundin Elizabeth Marshall Thomas, deren Steinzeit-Romane und anthropologische Studien große Bestseller waren, am nächsten Tag Geburtstag und wir luden sie zusammen mit ihrer dreiundneunzigjährigen Mutter Lorna zu uns ein. Höhepunkt des Besuchs sollte wie immer die Schweinefütterung sein.

Christopher enttäuschte uns nicht. Er befand sich schon auf seiner Lieblingsbühne, als Liz und Lorna eintrafen. Lorna stützte sich auf ihren Stock, als sie zum Schweineplateau hinausstapfte. Ich holte die ausgehöhlte Melone aus der Küche und legte ihm das Riesending hin. Christopher biss voller Freude hinein. Grunzend hob er das grüne Monster hoch und schüttelte es. Die Stücke flogen in alle Richtungen wie Feuerwerkskörper. Mit jedem Biss floss süßer Saft und mischte sich mit seinem schaumigen Speichel wie rosa Champagner zu Neujahr. Und natürlich wurde das Schauspiel von festlichem Grunzen, Schmatzen und Schlürfen begleitet, der Tafelmusik eines glücklichen Schweins.

Es war ein Riesenerfolg.

Sowohl Liz als auch Lorna liebten Tiere unendlich. Liz hatte auf der ganzen Welt studiert, und im Lauf der Jahre hatten sie und ihr Ehemann Steve einen Kinkajou (einen südamerikanischen Waschbären mit Wickelschwanz), einen Dingo, ein Huskie-Team, zwei große Iguanas und sechs verwaiste Opossums beherbergt. Gegenwärtig begnügten sie sich mit zwei Hunden und vier Katzen. Auch Lorna wäre dem Ehepaar mehr als willkommen gewesen, aber sie zog es vor, weiterhin in ihrem eigenen Haus zu wohnen, direkt gegenüber von Harvard. Sie wollte ihre bahnbrechende Arbeit über die Kultur der Buschmänner abschließen. Wenn sie ihre Tochter sehen wollte, setzte sie sich mit ihren dreiundneunzig Jahren einfach ins Auto. Die zweieinhalbstündige Fahrt nach New Hampshire schien ihr nichts auszumachen. Lorna liebte Tiere, und die Tiere liebten sie auch. Wenn Lorna zu uns ins Haus kam, flog unserer Kakadu immer gleich auf ihren Kopf und ritt wie eine bunte Mütze auf ihren schneeweißen Haaren.

Liz war von Anfang an eine von Christophers engsten Freundinnen. Genau wie Gretchen musste sie uns bei allen Schweinefragen beraten. Es war Liz, die mir beibrachte, wie ich Christopher dazu bringen konnte, sich hinzulegen. Es funktionierte nicht immer – wenn er beim Fressen war, ließ er sich durch nichts auf der Welt davon abhalten. Aber wie Liz mir zeigte, wird praktisch jedes Schwein in die Knie gehen und sich lustvoll auf die Seite plumpsen lassen, wenn man es am Unterbauch in der Nähe der Nippel krault. Diese intime Zärtlichkeit ist praktisch für alle Säugetiere unwiderstehlich, erklärte mir Liz, vielleicht weil es sie daran erinnert, wie ihre Mütter sie saubergeleckt haben, als sie noch Babys waren. Später habe ich in einem Tierpark in Texas feststellen können, dass es sogar bei Nashörnern funktioniert.

Natürlich wollte Christopher, dass man überhaupt nicht mehr aufhörte, ihn zu kraulen, und das war tatsächlich auch sehr verlockend. Es gab kaum jemanden, der stärker auf solche Zuwendung reagierte, und seine Seligkeit war geradezu ansteckend.

»Gutes Schwein, braves Schwein, gutes Schwein«, säuselten wir, während wir seine Weichteile kraulten. Es war wie ein Schlaflied. »Gutes Schwein, gutes Schwein. Schönes Schwein, schönes, gutes Schwein.« Er grunzte im selben Rhythmus zurück und sank langsam in den Schlaf.

Das Bauchkraulen bildete immer das große Finale von Christophers Fress-Shows. Auch der Besuch von Liz und Lorna und die große Melonenschlacht endeten natürlich mit einer Streichel- und Kraul-Orgie.

Aber vorher machte Howard noch ein schönes Erinnerungsfoto. Wir bauten uns dem Alter nach auf: Christopher (1), ich (33), Liz (60) und Lorna (93).

»Immer dreißig Jahre Abstand«, sagte Liz.

»Genau«, sagte Lorna. »Vier Generationen.«

Es war wirklich fast wie ein Familienfoto. Wenn man mal davon absah, dass nur zwei von uns genetisch verwandt waren und der Jüngste einen Rüssel und einen haarigen Schwanz hatte.

Kapitel 5

Eine gemischte Familie

Die Kirche verschaffte uns ebenfalls wertvolle Abfälle.

Der Pfarrer war mit unseren Bedürfnissen bestens vertraut. »Das ist Sy Montgomery«, sagte er immer, wenn ich anderen Gemeindemitgliedern oder Besuchern vorgestellt wurde. »Sie lebt mit einem Schwein zusammen. Aber damit meine ich nicht ihren Mann.«

Auf diese Weise verschaffte er uns einige Futterspender, aber eine viel zuverlässigere Quelle für Schweinefutter war der Pfarrer persönlich. Graham und seine Frau kamen regelmäßig, wenn sie wieder mal einen Eimer mit Gemüseabfällen voll hatten. Maggie liebte Chris innig und hatte ein Foto von ihm in der Küche des Pfarrhauses. Im ersten Sommer, den wir mit Christopher verbrachten, war Maggie gelegentlich krank gewesen. Aber es ging ihr immer gleich besser, wenn sie Christopher sah. Und mir ging es besser, wenn ich bei Maggie und Graham sein konnte.

Sie waren ein bisschen älter als wir. Maggie war Dekan an einem College für Mädchen gewesen. Als

Graham zum Pfarrer in unserer Gemeinde berufen wurde, hatte sie allerdings als Kellnerin im örtlichen Gasthaus arbeiten müssen. Graham hatte ursprünglich Geologie studiert, ehe er zur Theologie überwechselte. Beide waren sehr belesen und nachdenklich. Unsere Gespräche waren immer lebendig und manchmal auch tiefsinnig. Das bleibt gar nicht aus, wenn man sich in Gegenwart eines fröhlich schmatzenden Schweins unterhält.

»Eines der ersten Wunder, die Jesus getan hat«, sagte Maggie eines Tages, als Christopher eine überreife Zucchini aus ihrem Garten verzehrte, »fand ich immer ziemlich gemein. Er hat einer Person die Dämonen ausgetrieben und zugelassen, dass die sich auf eine Schweineherde gestürzt haben.«

»Na ja«, sagte Graham. »Jesus war ja nicht bloß ein netter Kerl, der schöne Dinge gesagt hat. Er war ein Exorzist. Das will natürlich heute keiner mehr hören. Das Üble am Menschen ist, dass er von bösen Geistern besessen ist. Deshalb hat Jesus den Teufeln erlaubt, in die Schweine zu fahren, und die haben sich dann von den Klippen ins Meer gestürzt.«

»Aber was konnten die armen Schweine dafür?«, fragte ich. »Die haben doch gar nichts Böses getan, sondern waren bloß unbeteiligte Zuschauer. Was hatte Jesus denn gegen sie?«

»Vielleicht hat er Schweine nicht leiden können«, sagte Graham.

Ich war wie gelähmt.

»Das lässt mich jetzt aber ziemlich am Glauben zweifeln!«, sagte ich vorsichtig.

Der Pfarrer lachte. Er legte – auch in seinen Predigten – immer großen Wert darauf, dass man die Bibel aus der Zeit und dem historischen Zusammenhang heraus verstehen müsse. Jesus sei schließlich auch nur ein Jude unter römischer Herrschaft gewesen, und damals habe man Schweine eben für böse, schmutzige Tiere gehalten.

Wo kommt dieses Vorurteil her?

Vielleicht war es ja eine Gesundheitsfrage. Maggie war eine überragende Köchin, mit der ich oft Rezepte tauschte. Sie war der Ansicht, dass Schweine wohl deshalb als unrein galten, weil unzureichend gekochtes oder gebratenes Schweinefleisch Trichinen enthalten kann. Auch der Koran verbiete ja den Verzehr von Schweinefleisch. Schön und gut, *de facto* kann aber jedes unzureichend gekochte Fleisch Trichinen enthalten.

Vielleicht war es eine ökologische Frage. Der vieldiskutierte Anthropologe Marvin Harris (›The Sacred Cow and the Abominable Pig‹) behauptet zum Beispiel, die Schweine seien auch im Nahen Osten jahrhundertelang beliebte Fleischlieferanten gewesen. Tatsächlich weisen neuere Forschungen darauf hin, das eine der beiden Wildschweinrassen, von denen die Hausschweine abstammen, zuerst im Nahen Osten gezähmt wurde. Aber Israel zur Zeit des Dritten Buchs Mose war kein guter Ort mehr für Schweine. Die urzeitlichen Eichenwälder waren längst abgeholzt und hatten dem Ackerbau Platz machen müssen. Ohne das kostenlose Futter aus den Wäldern war Schweinezüchten relativ teuer – insbesondere da sie im Gegensatz zu Schafen, Ziegen und Kühen ihren Besitzern weder Milch noch Wolle zu liefern vermochten. Daraufhin erklärten die jüdischen Gesetzesmacher: zur Hölle mit ihnen. Ganz buchstäblich.

Graham und ich haben diesen Diskurs über Schweine jetzt seit fünfzehn Jahren geführt. Erst kürzlich hat er eine neue Erklärung für die religiöse Tabuisierung der Schweine gefunden. Vielleicht erinnerten die Schweine die Juden von damals zu sehr an uns selbst. »Schweine stehen den Menschen so nahe«, sagte er. »Sie sind recht intelligent. Ihre Herzen sind unseren so ähnlich, dass wir ihre Herzklappen für Transplantationen benutzen. Sogar ihr Fleisch schmeckt so ähnlich wie unseres – hab ich gehört.«

Ich hatte es auch schon gehört. Warum sonst hätten die polynesischen Kannibalen die westlichen Besucher, die – ganz buchstäblich – zum Essen kamen, als »lange Schweine« bezeichnet?

»Vielleicht ist das die eigentliche Ursache für unseren unbehaglichen Umgang mit Schweinen«, bestätigte Graham. »Wir haben irgendwie das Gefühl, dass sie uns zu nahestehen. Es ist, als würden wir einen Teil unserer selbst essen.«

Kurz nach dieser Unterhaltung fand ich noch eine andere Theorie. In seinem Klassiker ›The Golden Bough‹ schrieb James George Frazer, dass Schweine von den Juden ursprünglich sogar verehrt worden sein könnten. Bis zum Auftreten des Propheten Jesaja, vermutet er, hielten die Juden sowohl die Schweine als auch die Mäuse für göttlich. Ihr Fleisch sei bei religiösen Sakramenten verzehrt worden, nicht viel anders als beim christlichen Abendmahl. Die Tatsache, dass Schweine heute so verachtet würden, sei möglicherweise nur die Umkehrung früherer Verehrung, die nur durch eine scharfe Verurteilung erreicht werden konnte.

Das ist gar nicht undenkbar, gab es doch viele Kulturen, die das Schwein – klugerweise, wie ich finde – als göttliches Zeichen gesehen haben.

Krieger, Zauberer und Wahrsager haben sich an der Stärke und dem Scharfsinn der Schweine erbaut. Im vorchristlichen Europa haben die Priester die Zukunft aus frischen Schweinelebern zu lesen versucht, weil es hieß, dass die inneren Organe der Rüsseltiere die Strahlen der Götter widerspiegelten. In Mykene wurde der wilde Eber als Wappentier des Kriegsgottes Ares verehrt. In ganz Europa und Asien gab es Mythen, in denen die Götter mit Schweinen zu tun hatten. Götter starben genauso wie Menschen unter den Hauern der wilden Eber. Und die Säue wurden als Fruchtbarkeitssymbole verehrt. Eine weiße Sau war das Symbol der walisischen Mondgöttin Cerridwen, der Großen Mutter. Die Normannen und Angelsachsen betrachteten die Schweine als Lieblingstiere der nordischen Fruchtbarkeitsgötter Freyr und Freyja. Sogar der spätere Göttervater Zeus hing als Säugling an den Zitzen einer Muttersau.

Die Chinesen betrachten das Schwein als Symbol für Reichtum und Fruchtbarkeit. Eine Überlegung, die auch uns nicht ganz fremd ist, sammeln die Kinder doch bis zum heutigen Tag ihre Münzen im Sparschwein. Die Chinesen haben schon vor neuntausend

Jahren begonnen, Schweine zu züchten. Man sagt, der göttliche Jadekaiser persönlich habe das zwölfte Jahr des Mondkalenders zum Jahr das Schweins bestimmt. Der Grund: Das Schwein war das zwölfte Tier, das bei einem göttlich inspirierten Wettrennen über die Ziellinie ging. Menschen, die im Jahr des Schweins geboren werden, sind mit Ernsthaftigkeit, Ehrlichkeit und Freundlichkeit gesegnet. Zu meinem Bedauern musste ich bei einem Besuch in einem Chinarestaurant allerdings feststellen, dass nach Angaben der Servietten zwar Albert Schweitzer, Julie Andrews und Ralph Waldo Emerson im Jahr des Schweins geboren wurden, aber nicht ich.

Howard und Christopher allerdings auch nicht.

Auch sonst werden Schweine in Asien verehrt. Eine Schöpfungsgeschichte der Hindus erklärt uns, dass Vishnu die Gestalt eines Ebers angenommen habe, um die Erde auf seinem starken Rücken aus dem Ur-Meer zu heben. Deshalb wird er auch oft mit einem Eberkopf auf einem menschlichen Rumpf dargestellt. Viele Stämme in Papua-Neuguinea bemessen ihren Reichtum nach der Anzahl der Schweine, die sie besitzen. Manchmal säugen die Frauen sogar verwaiste Ferkel neben den eigenen Kindern. In manchen Gegenden werden Schweine nicht mal gegessen, sondern wegen ihrer Schönheit und Fruchtbarkeit, vor allem aber wegen ihrer prächtigen Hauer für heilig gehalten.

Hauer hatte Christopher nach seinem ersten Jahr bei uns zwar noch nicht, aber trotzdem fand ich ihn schön. Sein schwarz-weißes Borstenkleid schimmerte, seine Augen waren hell und ausdrucksvoll, seine Hufe blank und fest. Aber seine Schönheit war nicht bloß oberflächlich, sie reichte bis weit unter die Schwarte. Wir hatten es noch gar nicht richtig gemerkt, aber er hatte uns längst die Segnungen gebracht, die an Schweinen geschätzt werden: Kraft, Glück, Freunde und ein starkes Familiengefühl.

Ein eigenes Haus, befriedigende Arbeit, eine gute Ehe, zuverlässige Freunde und ein allseits beliebtes Schwein. Was wollten wir mehr?

Nun ja. Einen Hund.

Schon als Christopher noch ein kleines Ferkelchen war, hatten wir versucht, einen Hund zu adoptieren. Bei einem Ausflug zum Supermarkt hatte Howard das Foto einer zweijährigen Collie-Hündin gesehen, für die ein gutes Zuhause gesucht wurde. In England und Neuseeland hatten wir diese wunderbaren Hütehunde mit Schafen arbeiten sehen und waren begeistert von ihnen. Howard sah, dass die angegebene Telefonnummer irgendwo hier in der Nähe sein musste, und rief sofort an. Aber zu unserer Enttäuschung wollte Evelyn Naglie, die ein privates Tierheim hatte, den Hund gar nicht hergeben, als wir sie anriefen.

Sie erklärte uns, dass Tess einen Unfall gehabt hatte. Sie war einem Ball hinterhergelaufen, den jemand achtlos über die Straße geworfen hatte, und war unter einen Schneepflug geraten. Sie hatte sich bei dem Unfall das Becken gebrochen. Sie war zweimal operiert worden und hatte lange Monate in einer Kiste verbracht. Ihr rechtes Hinterbein war gelähmt. Evelyn hatte zwar die Anzeige ausgehängt, glaubte aber nicht, dass Tess schon gesund genug war, um die Tierklinik zu verlassen.

Ein Jahr später erzählte uns unsere damalige Untermieterin Mary von einem Hund. Sie wusste, dass wir gern einen gehabt hätten, denn im November war Mika, unsere geliebte Katze, an Krebs gestorben.

Howard rief die angegebene Telefonnummer an. Eine vertraute Stimme antwortete uns. Es war Evelyn. Und der Collie war Tess.

Wir waren füreinander bestimmt. Noch am selben Nachmittag holten wir unseren Hund bei Evelyn ab.

Collies sollten mit einem Warnschild und einer Gebrauchsanweisung geliefert werden.

Ihre ersten Besitzer hatten den Fehler gemacht, Tess erst zu sich nach Hause zu holen und sie dann den ganzen Tag allein in der Wohnung zu lassen, wo sie sich fürchtete und schrecklich langweilte. Als sie wieder zurückkamen, stellten sie fest, dass die junge Hündin alles verwüstet hatte, was sie erreichen konnte.

Kein Wunder. Collies sind viel zu klug und aktiv, um den ganzen Tag allein gelassen zu werden. Wenn sie nichts zu tun haben, werden sie sich etwas ausdenken – und nicht unbedingt das, was Ihnen gefällt.

Collies werden nicht wegen ihres Aussehens gezüchtet, sondern wegen ihres Hundeverstands. Sie sehen nicht alle so aus wie Lassie. Sie sehen nicht mal immer so aus wie andere Collies. Meistens sind sie schwarz mit einer weißen Blesse auf der Nase, einer weißen Halskrause und einer weißen Schwanzspitze.

Die Ohren sind manchmal spitz, andere haben auch Schlappohren. Es gibt kurzhaarige, langhaarige und rauhaarige Collies. Collies wurden auf den Bergen und Mooren der britischen Inseln gezüchtet, um Schafe zu hüten, oft ohne die Hirten. Diese Aufgabe verlangte außergewöhnliche Beweglichkeit, Ausdauer und Intelligenz von ihnen. Was Collies auszeichnet, ist ihre Lebensauffassung. Sie brauchen eine sinnvolle Arbeit oder sie drehen durch. Ob diese Arbeit nun im Schafehüten oder im Frisbeefangen besteht – Collies sind zwanghafte Perfektionisten und machen alles mit unglaublicher Hingabe und Energie.

Manche halten diese Hunde für verrückt.

Ihre Instinkte als Hütehunde sind so stark, dass sie alles Mögliche zusammenzutreiben versuchen, wenn es keine Schafe gibt: Eichhörnchen, Kinder, Busse, ja sogar Ameisen. Sie sind außergewöhnlich unabhängig, emotional und eigensinnig. Bei Wettbewerben können Collies tagelang schmollen, wenn der Schäfer einen Fehler macht und sie deshalb keine Auszeichnung kriegen. Außerdem sind sie so schlau, dass sie jeden Trick rauskriegen. Sie kapieren praktisch sofort, wie man Türen und Kühlschränke aufmacht. Jon Katz hat beschrieben, dass sein Collie regelmäßig aus seinem Zwinger ausbrach, indem er eine lose Zaunlatte wegschob – und sie dann sorgfältig wieder verschloss, wenn er draußen war, damit man ihm nicht auf die Schliche kam. Er wickelte auch das Schinken-Käse-Brot seines Herrchens aus und fraß nur den Schinken, während der Rest unberührt blieb.

Einen Augenblick fragte ich mich deshalb, ob es

wirklich eine gute Idee war, unseren Haushalt mit einem weiteren Haustier von diabolischer Intelligenz zu bestücken.

Schließlich war unser Schwein diese Woche schon wieder in Polizeigewahrsam gewesen.

Ich war in der »Großstadt« Keene gewesen, um an der Antioch New England Graduate School einen Vortrag zu halten. Ich hatte Chris auf dem Schweineplateau an die Leine gelegt und Howard gebeten, gelegentlich nach ihm zu schauen. Bei der ersten Überprüfung sah er zwar Christopher nicht, aber das Halteseil war straff gespannt und führte zu einem Schlammloch zwischen den Bäumen. Bei der zweiten Überprüfung war das Seil immer noch in derselben Position. Howard folgte ihm, fand am anderen Ende aber kein Schwein.

Howard rannte die Route 137 hinunter und schüttelte eine Kanne mit Mais, um Christopher anzulocken. Stattdessen kam Mike Cass ihm entgegen.

»Suchen Sie etwas?«, fragte Mike.

»Ja«, erwiderte Howard. »Ungefähr zweihundertfünfzig Pfund lebendigen Schinken.«

Aber Ed hatte unser Schwein bereits in Gewahrsam und lockte ihn mit grünen Äpfeln zu unserer Scheune zurück.

Einen Tag später war unser Schwein im Fernsehen. Christopher hatte einen Kurzauftritt im New Hampshire Public Television. Die Sendung sollte eigentlich über mein neues Buch gehen (›Walking with the Great Apes‹) und enthielt ein Interview mit mir und Archivmaterial über Jane Goodall, Dian Fossey und Biruté

Galdikas. Aber das Einzige, woran die Leute sich erinnerten, war eine Sequenz, in der Christopher hinter mir zum Schweineplateau trottete, gefolgt von den Hühnern.

»Ich hab euer Schwein im Fernsehen gesehen«, sagte Mike zu meinem Mann, als sie sich das nächste Mal im Cash Market trafen.

»Tja«, sagte Howard. »Am einen Tag wird er von der Polizei verhaftet, am nächsten ist er im Fernsehen.«

»Ist Amerika nicht einfach großartig?«, fragte Mike.

Auch wegen Tess machten wir uns viele Sorgen. Würde sie weglaufen? Würde sie dauernd kläffen? Würde sie die Hühner herumscheuchen? Würde sie womöglich gar versuchen, die Schweinehirtin zu spielen? Das würde sich Christopher nicht gefallen lassen, da waren wir uns ganz sicher.

Aber Tess tat nichts dergleichen. Sie ignorierte die anderen Tiere vollkommen und konzentrierte sich ganz auf uns.

Am Anfang ging alles erstaunlich gut. Als wir sie zu uns holten, spielten wir zunächst eine Zeit lang im Garten mit ihr und ließen sie ihrem alten Tennisball hinterherjagen. Howard schleuderte den Ball, so weit er konnte, und Tess rannte wie der Wind hinterher. Wenn man nicht sehr genau hinsah, sah man die leichte Schwäche in ihrem rechten Hinterbein gar nicht. Sie sprang hoch in die Luft, schnappte sich den Ball mit den Zähnen, fegte zu uns zurück und schleuderte uns den Ball geradezu in die Hände. Obwohl Howard sehr viel weiter warf, brachte sie uns den Ball immer abwechselnd. Sie passte genau auf. Wir spielten, bis ihr die Zunge aus dem Hals hing.

Es schien uns wünschenswert, dass Tess vielleicht ihre Blase leerte, ehe sie mit uns ins Haus kam. Ich ging mit ihr auf diese Wiese und sagte: »Tess, du musst pinkeln.« Ich dachte nicht, dass diese Worte irgendetwas bewirken würden, aber zu meiner Verblüffung hockte sie sich hin und erledigte alles zur vollsten Zufriedenheit. »Guter Hund!«, sagte ich, und es war eigentlich gar kein Lob, sondern eine bloße Feststellung von Tatsachen.

»Komm, Tess«, riefen wir, um sie ins Haus einzuladen, und sie folgte uns bedächtig. Von nun an verfolgte sie jede unserer Regungen mit aufmerksamen braunen Augen und überlegte ganz offensichtlich, was Howard und ich wohl von ihr erwarteten.

Sie konnte eine halbe Stunde neben einem sitzen und erst Howard und dann mich mit ihrem Laserblick anstarren. Nach einer Stunde hatte sich dann eine unglaubliche Spannung aufgebaut und wir gingen nach draußen, um den Tennisball oder die Frisbeescheibe für sie zu werfen. Sie war eine hervorragende Fängerin. Alles, was man warf, fing sie mit der gleichen Aufmerksamkeit, Eleganz und Geschicklichkeit. Es machte ihr großen Spaß, aber es war nicht bloß ein Spiel. Es war ihre Arbeit, und sie nahm sie genauso ernst wie wir unser Schreiben. Wahrscheinlich dachte sie, wir würden sie nur behalten, wenn sie ihre Arbeit gut machte.

Aber so energisch sie arbeitete, so zurückhaltend war sie in anderer Hinsicht. Sie duldete allenfalls, dass man sie streichelte. Sie versuchte nicht, uns zu küssen, sie bedrängte uns nicht, sie bettelte weder um Aufmerksamkeit noch gar um Leckerbissen, wenn wir bei Tisch saßen, wie viele andere Hunde das tun. Dafür war sie zu vornehm. Sie wollte aber nicht allein gelassen werden. Auch draußen nicht.

Als uns Evelyn die Lebensgeschichte unseres Hundes erzählte, verstanden wir, warum das so war. Ihre ersten Besitzer hatten Tess nicht verstanden. Einen jungen Collie den ganzen Tag allein zu lassen, ist einfach nicht richtig, so klug diese Tiere auch sind. Und als Tess die Wohnung verwüstet hatte, war sie erst bestraft und dann verlassen worden. Immerhin war die Familie vernünftig genug gewesen, Tess zu Evelyn zu bringen. Aber dann kam dieser schreckliche Unfall mit zwei Operationen und einer langen, schmerzlichen Genesung.

Als Tess schließlich so weit wiederhergestellt war, dass neue Besitzer für sie gesucht werden konnten, hatte Evelyn unseren Anruf vergessen. Ein Rentnerehepaar hatte sie angerufen und Tess adoptiert. Die alten Leute hatten Tess geliebt, und sie war auch sehr glücklich bei ihnen. Endlich hatte sie ein Zuhause. Aber das hielt nur ein Jahr. Ihre Besitzer verloren einen großen Teil ihrer Altersversorgung und mussten in eine kleine Wohnung ziehen, wo sie keinen Hund halten konnten. Widerwillig brachten sie Tess in Evelyns Tierheim zurück. Erst dann war Tess – dank unserer Untermieterin – doch noch zu uns gekommen.

Es war verständlich, dass sie vorsichtig im Umgang mit ihrer neuen Familie war. Als wir sie aufforderten, sich neben uns auf die Couch zu setzen, warf sie uns einen skeptischen Blick zu. Und wenn sie am Ende doch kam, schien sie hin- und hergerissen zwischen der Angst, einem Befehl nicht zu folgen, und der Sorge, am Ende doch noch gescholten zu werden. Und als wir sie einluden, bei uns im Bett zu schlafen, war sie gänzlich ungläubig. Erst stand sie in höchster Anspannung auf dem Bettvorleger, und dann sprang sie sobald wie möglich wieder heraus, als hätte sie Angst, dass wir sie verscheuchen würden. Ihr Futter fraß sie nur dann, wenn wir sie hinterher tüchtig lobten: »Du hast dein Futter gefressen! Braver Hund! Brave Tess!« Als Dessert kriegte sie dann immer noch einen Keks.

In der ersten Woche, in der sie bei uns war, bellte Tess kein einziges Mal. Dann kam der FedEx-Mann, und als sie ein paar Mal »wau, wau« machte, lobten wir sie, als ob sie etwas ungeheuer Originelles getan hätte. Howard vertritt übrigens die Theorie, dass Hunde den Postboten anbellen, weil sie fürchten, dass die Besucher andernfalls etwas mitnehmen. Den Erfolg ihres Bellens sehen sie darin, dass die Postboten stattdessen etwas *zurücklassen* müssen.

Tess kaute auch nicht auf unseren Sachen herum. Und als Toilette benutzte sie weder das Haus noch den Rasen, sondern die weit entfernte Wiese mit dem hohen Gras. Aber sie hätte sich nie Erleichterung verschafft, ehe wir sie nicht ausdrücklich darum baten. Man hatte das Gefühl, dass sie bei ihrer dritten Familie auf keinen Fall etwas falsch machen wollte. Zugleich hatten wir aber auch das Gefühl, dass sie eine Art Notfallplan hatte, falls es mit uns nicht klappen sollte.

Sie schien ihre Gefühle zurückzuhalten, damit ihr Herz nicht noch einmal gebrochen wurde.

Es wurde uns bewusst, dass wir jetzt eine gewaltige, lebenslange Verantwortung hatten: Wir mussten uns die Liebe dieses hochintelligenten, rätselhaften und schönen Geschöpfs verdienen. Es war unsere Aufgabe, die Grausamkeiten und Sorgen ihrer Vergangenheit wiedergutzumachen.

Nach der Ankunft von Chris und Tess und den Ladies bildeten Howard und ich nur noch eine Minderheit in unserem Haushalt. Das liebe Vieh war schlauer als wir – und brachte inzwischen auch mehr auf die Waage. Hatten wir uns womöglich zu viel vorgenommen?

Manche Leute betrachten ihre Tiere als Ersatz für Kinder, und etliche Psychologen erklären die liebevollen Beziehungen zwischen Menschen und Tieren als eine Art fehlgeleiteter Elternschaft. Sie erkennen besonders in der körperlichen Gestalt von Jungtieren, in runden Köpfen und weichen Zügen das »Kindchenschema«, das bei Frauen heftige Mutterinstinkte auslösen kann. Damit wird allerdings jede Freundschaft zwischen Mensch und Tier als emotionaler Kurzschluss verunglimpft – eine schreckliche Vereinfachung, die meiner Ansicht nach Mütter beleidigt, Tiere abwertet und die Komplexität der Liebe stark unterschätzt.

Unsere Tiere waren nicht unsere Kinder. Gewiss, Howard und ich hatten Chris als Ferkel zu uns genommen und selbst aufgezogen – aber er war jetzt längst alles andere als ein Baby. Schon an seinem ersten Geburtstag war er groß genug, um uns zu fressen. Was übrigens einer der Gründe war, warum wir ihm kein Fleisch gaben: Wir wollten ihn nicht auf dumme Gedanken bringen. Unsere Hühner waren auch keine Babys mehr – das bewiesen schon die achtzig Eier in der Woche. Sie waren Erwachsene, genau wie wir. Und Tess war ganz offensichtlich erwachsen. Sie war eine voll ausgeprägte, reife Persönlichkeit mit einer ganz individuellen Vergangenheit voller Rätsel.

Nein, unsere Tiere waren keine Ersatz-Babys. Wenn wir Babys gewollt hätten, wäre das kein Problem gewesen. Wir wussten durchaus, wie man Babys macht, beschlossen aber, es nicht zu tun.

Dass jemand keine Kinder haben will, können viele Leute nicht verstehen. »Bettelt Ihr Schoß denn gar nicht darum?«, fragte mich einmal eine Frau meines Alters. Nein, sagte ich, meine inneren Organe reden selten mit mir, und ich hoffe, dass das auch in Zukunft so bleibt. Genau genommen war ich noch sehr viel entschlossener, kinderfrei zu bleiben, als Howard. Als wir Mitte zwanzig waren, hatte er das Thema mal angeschnitten – einmal. Meine sensible weibliche Antwort war unzweideutig: »Vergiss es!«

Die Vorstellung, Kinder zu haben, hatte ich schon aus meinen Plänen gestrichen, als ich selbst noch ein Kind war und hörte, dass die menschliche Überbevölkerung der Erde alle anderen Arten vernichtet. Warum noch einen weiteren hungrigen Mund auf die Welt setzen, der die Ressourcen der Erde aufzehrte? Ich war ungefähr sieben Jahre alt, als ich beschloss, keine

Kinder zu kriegen, und habe meine Entscheidung von damals keine Sekunde bereut.

Ich konnte mich nie beim Anblick von Babys in Begeisterungsstürme versetzen wie manche anderen Mädchen. Wahrscheinlich hätte ich sie attraktiver gefunden, wenn sie ein Fell gehabt hätten wie andere Säugetiere. Tiermütter, deren Nachwuchs nackt auf die Welt kommt, verstecken ihre Babys klugerweise in Löchern oder tragen sie im Beutel mit sich herum, bis die lieben Kleinen ein hübsches Fellchen haben und öffentlich vorgezeigt werden können. Natürlich hasste ich Babys nicht. Aber nachdem ich meine Entscheidung getroffen hatte, war ich nicht mehr daran interessiert, eins zu machen. Ich war glücklich verheiratet, zufrieden mit meiner Arbeit und von Freunden der verschiedensten Arten umgeben. Kinder hatten in meiner Welt nichts zu suchen.

Bis zu dem Tag, als zwei blonde kleine Mädchen über die Gartenmauer geklettert kamen, weil sie unbedingt dieses schwarz-weiß gefleckte Schwein sehen wollten.

Als sie in den kalten, leeren Räumen des Nachbarhauses standen, hatten die beiden kleinen Mädchen und ihre Mutter nur einen Wunsch: Sie wollten wieder nach Hause. Aber das ging nicht.

Die drei waren immer noch geschockt von der Scheidung. Lilla Cabot hatte drei Jahre und drei Rechtsanwälte gebraucht, um ihre Ehe mit dem Vater der Mädchen zu Ende zu bringen. Das Schlimmste daran war, dass Kate (zehn) und Jane (sieben) jetzt aus dem

Cottage ausziehen mussten, in dem sie ihr ganzes bisheriges Leben verbracht hatten.

Die beiden Mädchen hatten das kleine, schindelgedeckte Haus tief in den Wäldern von Hancock geliebt. Es lag in einem Naturschutzgebiet und war von mehreren Quadratkilometern geschützter Wälder umgeben. Die Mädchen kannten den Gesang der Vögel und das Trommeln der Spechte. Sie wussten, wie man Frösche fängt und wo man Salamander findet. Das Haus war im Besitz der Familie gewesen, seit es Lillas Ur-Ur-Großvater gebaut hatte. Jetzt allerdings musste es verkauft werden.

Damals steckten New Hampshire und ganz Amerika im Griff einer Rezession. Das Geld war knapp, aber die örtlichen Immobilien waren trotzdem heiß begehrt. Das Haus in den Wäldern wurde noch am Tag der Scheidung verkauft, nachdem es kaum drei Stunden lang auf dem Markt war.

Aber jetzt mussten Lilla und ihre Töchter eine neue Bleibe finden – und das ziemlich schnell. Das einzige Haus in Hancock, das vermietet wurde und in das sie sofort hätten einziehen können, war das neben uns. Kate und Jane hassten es augenblicklich. Sie waren noch nie zuvor in einem leeren Haus gewesen. Sie fanden es schrecklich unheimlich. Es war Oktober, und jetzt schon wurde es spürbar, dass die Wände nicht isoliert waren. »Es war so ganz und gar nicht einladend«, erinnert sich Kate. »Es war eins von diesen dunklen, heruntergekommenen Häusern, die drinnen kälter als draußen sind.«

Aber sie hatten keine andere Wahl. Im Januar würden zwei andere Mädchen in *ihrem* Haus einziehen und sich mit ihren Puppen und ihrem Spielzeug dort breitmachen. Traurig dachten Kate und Jane an ihre Stofftiere: den großen schwarz-weißen Orka, den heulenden Polarwolf und den schwarzen Panther. Sie hatten das Gefühl, verraten worden zu sein, und die leeren, kalten Räume waren eine Verkörperung ihrer Gefühle.

Traurig gingen sie wieder nach draußen. Der Garten hinter dem Haus war stark überwuchert. Und dann sah Kate ein schwarz-weiß geflecktes Tier auf dem Nachbargrundstück.

»Dürfen wir mal nachsehen?«, baten die Mädchen. Kate und ihre Schwester liebten Tiere, und als sie die Scheune sahen, dachten sie, da drüben wäre ein Pony. Schon rannten sie zur Gartenmauer, Kate vorneweg, Jane hinterher.

Kate sprang über die Mauer, und Christopher hob den Kopf.

»*Wow!*«, rief Kate. »Das ist ja noch besser! Das ist kein Pony, das ist ein *Schwein!*«

Christopher, Tess und ich hoben die Köpfe und sahen den beiden hübschen blonden Mädchen entgegen, die auf uns zurannten. Christophers Rüssel kräuselte sich, um ihren Geruch einzufangen. Dann grunzte er zufrieden. »Kommt her!«, rief ich. »Darf ich euch Christopher Hogwood vorstellen? Und das hier ist Tess …«

Ich fragte die Mädchen nicht, wie sie hießen, und mich selbst stellte ich auch nicht erst vor. Wir kamen direkt zur Sache.

»Natürlich könnt ihr ihn streicheln! Hier, krault ihn doch mal hinter den Ohren!«

»Die Haut ist ja so weich da!«

»Hat der viele Haare!«

»Ich dachte immer, Schweine wären rosa …«

»Passt mal auf!«, sagte ich, denn ich wusste, jetzt kam etwas Spannendes für die Zuschauer. »Wenn man ihn hier am Bauch krault, direkt unter den Brustwarzen … Ja, richtig! Vorsicht, zurücktreten! Jetzt kippt er gleich um …«

Christopher kriegte einen verträumten Gesichtsausdruck um die Augen, dann ging er in die Knie und ließ sich mit einem dumpfen Schlag auf die Seite fallen.

»Wow!«, riefen die Mädchen begeistert.

»Umm!«, sagte Christopher, *»Ummm – ummm – mmmh …«*

»Er will, dass wir ihn weiter kraulen«, erklärte ich. Aber das hatten die Mädchen auch so begriffen. Sie kraulten und streichelten den Schweinebauch, dass es nur so eine Art hatte, und Christopher grunzte im Rhythmus der Streicheleinheiten. *»Wow«*, sagte ich, »Christopher mag euch wirklich sehr!«

Lilla, die erwachsene Version ihrer blonden Töchter, trat jetzt ebenfalls auf die Szene. Sie kam über die Mauer und fand ihre Mädchen beim Schweinekitzeln: umrundet von acht neugierigen schwarzen Hühnern und bewacht von einem misstrauischen schwarz-weißen Collie.

»Als ich Christopher sah«, erinnert sich Lilla, »verflog die Wolke von Sorge und Angst, die unsere kleine

Familie umgab. Als ich dieses glückliche Schwein sah, wusste ich augenblicklich: *Alles wird gut!*«

Bald beugten sich vier blonde Köpfe über das Schwein und acht Hände kraulten einträchtig Christophers Bauch. Und im Rhythmus seines wohligen Grunzens wiederholten wir unser Mantra: »Gutes Schwein! Braves Schwein! Gu-hu-hutes Schwein, braves Schwein …«

Kapitel 6

Das Schweinebad

»Okay, ich mach jetzt die Tür auf! Alles klar?«

Kate und Jane standen neben der Scheune, etwas bergauf. Eine Richtung, die Christopher wahrscheinlich nicht einschlagen würde.

»Alles klar!«

Die Mädchen wussten, was jetzt kommen würde. In Christophers zweitem Jahr hatten wir das Manöver längst perfektioniert. Seit der Schnee geschmolzen war, fand der sogenannte Schweinelauf an jedem halbwegs sonnigen Tag statt. Inzwischen war es ein richtiges Ritual. Seine erfolgreiche Durchführung hing davon ab, dass alle Beteiligten ihre Aufgabe mit größter Präzision absolvierten.

Erster Punkt: Futter bereitstellen. Ich trug den Eimer mit Essensabfällen, und eines der Mädchen stand mit einem besonderen Leckerbissen bereit – einem Blaubeer-Muffin oder einem Bagel –, um Christopher gegebenenfalls wieder auf Kurs zu bringen, falls er von der vorgeschriebenen Richtung abweichen sollte.

Zweiter Punkt: Ankleiden. Christopher passte inzwischen nicht mehr in das Hundegeschirr, sondern trug zum Essen eine Spezialanfertigung, die wir ihm überstreifen mussten, sobald er aus seinem Palast kam. Es war ein komplexes Gebilde aus Riemen und Schnallen. Der Freund von Emily, der Tochter unseres Pfarrers, war Höhlensportler. Er machte uns liebenswürdigerweise mit einem Hersteller von Klettergurten bekannt, bei dem wir ein Spezialgeschirr für Christopher bestellten. Aber zu unserem Entsetzen hielt dieses schwere Ausrüstungsstück der Belastung nicht stand, sondern ging bald kaputt. Immerhin wurde es zur Grundlage für das nächste Gerät, das ein Schuhmacher aus der Nachbarschaft für uns nähte. Dieses Geschirr war allerdings so kompliziert, dass nur Kate sich auf Dauer mit den vielen Riemen und Schnallen zurechtfand, die notwendig waren, um unser Schwein dingfest zu machen.

Drittens: Collie-Patrouille. Tess wich mir aus Gründen, die ich schon genannt habe, den ganzen Tag nicht von der Seite und kam stets auch mit zum Schweineplateau, wobei sie für alle Fälle ihre Frisbee-Scheibe im Maul trug. Selbst nach einem Jahr war sie immer noch in Sorge, wir könnten sie heimlich verlassen. Der Weg zum Schweineplateau war aber nicht ungefährlich für sie. Ein Zusammenstoß mit Christopher war jederzeit möglich: Tess konzentrierte sich ganz auf mich, und unser Schwein konzentrierte sich ganz auf den Eimer in meiner Hand – da konnte sie leicht unter Christophers Hufe geraten. Aber Jane passte auf. Obwohl sie erst sieben und gar nicht sehr groß war, besaß sie große Durchsetzungskraft. Das zeigte sich nicht nur auf dem Fußballplatz, wo sie in der Mannschaft der Erstklässler spielte, sondern auch in der Beharrlichkeit, mit der sie gegebenenfalls ihre Mutter und ihre ältere Schwester aus der Tür trieb, damit sie pünktlich zu ihren Verabredungen kamen. Jane war bestens geeignet, um unseren Collie beim Schweinelauf unter Kontrolle zu halten.

Schließlich gab es noch eine vierte – unausgesprochene – Aufgabe: Lasst euch nicht über den Haufen rennen! Wir wussten alle, dass das ein ernstes Problem hätte sein können, denn im zweiten Sommer seines Lebens wog Christopher deutlich über dreihundert Pfund.

Ein dreihundert Pfund schweres Schwein in der Familie erschien mir vollkommen normal. Dass ich jetzt aber Kinder in meinem Leben hatte, war eine Riesenüberraschung für mich.

Selbst für ein kinderloses Ehepaar hatten Howard und ich wirklich sehr wenig Kontakt mit Kindern. Howards Bruder hatte zwei prächtige Söhne, aber die lebten auf Long Island, und wir sahen sie selten. Unsere Freunde hatten meist schon erwachsene oder gar keine Kinder. Unsere Schriftstellerei brachte auch keine Berührungspunkte mit Kindern. Auch die nebenamtlichen Aufgaben, die wir in der Gemeinde übernommen hatten (ich war im Ausschuss für Denkmalschutz und Gemeindehelferin, während Howard den Vorsitz im Kuratorium der Bibliothek führte), brachten uns nicht mit Kindern zusammen.

Und das war mir ganz recht. Ich war nie jemand gewesen, der »gut mit Kindern umgehen« konnte. Noch nicht einmal, als ich selbst ein Kind war.

Die Spielgefährten meiner Kindheit waren meist schon erwachsen. Unser Scotchterrier Molly und ich waren zusammen aufgewachsen, aber die anderen Haustiere – die Wellensittiche, Schildkröten, Fische und Eidechsen – waren schon erwachsen, als ich sie kennenlernte. Von jungen Menschenkindern wusste ich wenig. Als wir in Fort Hamilton wohnten, ging ich nicht mit den anderen Kindern vom Stützpunkt zur Schule. Ich wurde in einer Limousine nach Brooklyn gefahren, wo ich eine protestantische Privatschule besuchte. Im Packer Collegiate Institute gab es gewaltige Treppengeländer aus Messing, Lehrerinnen, die einen anschnauzten, wenn man beim Essen die Ellbogen auf den Tisch legte, und jeden Morgen eine Stunde Gottesdienst. Meine Klassenkameraden wohnten zu weit weg, als dass ich mit ihnen hätte spielen können, und auf dem Stützpunkt wollte niemand mit der Tochter des kommandierenden Generals spielen.

Aber das war mir egal. Ich hatte gar keine Lust, auf der Straße Kickball zu spielen, ich wollte lieber mit unserem Scotchterrier Molly spazieren gehen. Und zu Hause wollte ich nicht mit anderen Mädchen und ihren blöden Puppen spielen, sondern mit meinen Dinosauriern. Ich hatte einen batteriebetriebenen dreißig Zentimeter großen, grün-lila T-Rex namens King Zor, der über ein ganzes Dorf von Dinosauriern herrschte. Um die kleineren Brontosaurier, Ankylosaurier und Ceratopsia in Schach zu halten, konnte er Funken sprühen und kleine Pfeile spucken, wenn er auf sie zurollte. Das Dorf hieß Purplenoiseville, und die Dinosaurier waren erstaunlich treu. Meine Eltern hatten sie mir geschenkt, als wir noch in Alexandria, Virginia, wohnten. Damals war ich vier Jahre alt, und als wir von Alexandria wegzogen, ging ich davon aus, dass Purplenoiseville genauso würde zurückbleiben müssen wie Alexandria. Aber als wir ungefähr eine Woche in Hamilton waren, klingelte es eines Tages an der Tür, und als ich aufmachte, stand draußen King Zor. In den folgenden Tagen konnte ich meinen Eltern mit glühenden Wangen berichten, wie ein Dinosaurier nach dem anderen eintraf. Am Ende hatte jeder einzelne von ihnen die weite Reise von Virginia nach New York gemacht, um wieder bei mir zu sein. Wenn mich damals jemand gefragt hätte, hätte ich bestimmt gesagt, dass ich massenhaft Freunde hatte.

In der fünften Klasse, als mein Vater die Armee verließ und wir nach New Jersey zogen, hatte ich nur noch Einsen, kannte das Gesangbuch der Methodisten auswendig und las Englisch und Französisch auf Highschool-Niveau. Aber ich hatte keine Ahnung, wie man mit Kindern spielt. Ein Vierteljahrhundert später wusste ich es noch immer nicht.

Aber Christopher Hogwood sollte das ändern.

Im Januar zogen Lilla, Kate und Jane Cabot im Nachbarhaus ein, und vom ersten Tag an beherrschte ein weißer Zwanzig-Liter-Eimer, in dem früher einmal Eiskrem gewesen war, die Theke in ihrer Küche. Das war der Eimer für die Essensreste, der Mittelpunkt jeder Mahlzeit.

»Ooooh – Nudeln!«, riefen die Mädchen entzückt, wenn Lilla wieder einmal Spaghetti gemacht hatte. »Die werden Christopher schmecken!« Und dann verzehrten sie nur winzige Portionen, um unserem Schwein möglichst viel übrig zu lassen.

»Bagels! Großartig!«, riefen sie beim Frühstück und sorgten dafür, dass es ja genug Reste gab. Bei den Cabots waren angebrannte Kuchen und Kekse ein Grund zur Freude, und als im Sommer einmal eine ganze Wassermelone auf dem Boden platzte, war die Begeisterung riesig.

Als die Familie eingezogen war, hatte ich den Mädchen gesagt, sie könnten Chris jederzeit Leckereien bringen, aber sie sollten auf jeden Fall vorher bei mir vorbeischauen. Lilla dachte wahrscheinlich, ich wollte damit verhindern, dass ihre kleinen Töchter von dem Riesenschwein gebissen oder getreten wurden. Aber das war nicht der Fall. Meine Hauptsorge war die, dass irgendjemand Christopher etwas Ungenießbares geben könnte. Manche Leute wussten nicht, dass Christopher kein Fleisch fressen sollte und dass er keine Zitrusfrüchte und Zitronen mochte. Und wer noch nie Schweine gefüttert hatte, war womöglich unvorsichtig genug, irgendwelche Plastikverpackungen, Scherben oder Zahnstocher mit in das Futter zu werfen.

Gleich am Tag, an dem sie eingezogen waren, kamen Kate und Jane am Nachmittag mit Essensresten zu uns herüber. Ich war in meine monatliche Natur-Kolumne für den ›Boston Globe‹ vertieft, die sich diesmal mit der Frage beschäftigte, was Insekten im Winter tun. Unser Haus war ein praktisches Laboratorium in dieser Hinsicht: In allen Ecken und Winkeln hingen Larven und Eier, die vor meinem selten gebrauchten Staubsauger recht sicher waren. Als es an die Tür klopfte, verfiel Tess augenblicklich in Hysterie. Oft bellte sie so laut, dass wir das vorausgehende Klopfen gar nicht erst hörten. Aber in diesem Fall erkannte ich an ihrem rasenden Gebell, dass etwas wirklich Erschreckendes vor der Tür stehen musste: *Kinder.*

Kindern traute Tess überhaupt nicht. Wahrscheinlich erinnerten Kinder sie an ungehorsame Schafe. Als ich die Tür öffnete, schnappte sie den Mädchen direkt ins Gesicht. Wenn ein Collie nach etwas schnappt, dann bedeutet das nicht, dass er eigentlich beißen wollte und dabei sein Ziel verfehlt hat. Es handelt sich um eine gezielte Geste, bei der es vor allem um das Geräusch geht, das entsteht, wenn die Zähne zusammenschlagen. Das hilft den Hunden, die Herden zusammenzutreiben. Etwa so, wie man mit der Zunge schnalzt, um ein Pferd anzutreiben. Unglücklicherweise wissen die meisten Leute das nicht – die Kinder fangen an zu heulen und die Eltern schlagen Alarm.

Aber in diesem Fall kam es anders.

Die kleine Jane blieb tapfer stehen, während Kate sich hinkniete, um Tess zu tätscheln: »Hallo, Tess! Erinnerst du dich nicht?«

Tess erinnerte sich wahrscheinlich tatsächlich. Und sie erinnerte sich bestimmt auch an unsere Untermieter, was sie aber nicht hinderte, jedesmal laut zu bellen, wenn Mary oder John durch die Tür kamen, was naturgemäß häufiger vorkam.

Während das Getöse unvermindert weiterging, entschuldigte Lilla sich für die Störung und versuchte mir zu erklären, dass sie nur gekommen seien, um Christopher etwas zu fressen zu bringen.

»Tess!«, bellte ich, während ich meine Daunenjacke anzog. »Hol deinen Frisbee!«

Die Stimme von Tess veränderte sich. Sie war nicht länger hysterisch, sondern klang triumphierend. Dank ihrer Aufmerksamkeit waren wir nicht von Aliens entführt worden, sondern konnten jetzt Frisbee spielen. Obwohl sie die Scheibe im Maul hatte, konnte Tess erstaunlicherweise immer noch bellen. Ich nahm die Scheibe und warf sie in Richtung Scheune. Tess schoss die vereisten Treppenstufen hinunter und fing sie im Flug, während wir langsam hinter ihr hergingen.

Christopher hörte unsere Schritte im Schnee und fing an, uns zu rufen: »*Umpf? Umpf? Umpf!*«

»Hallo, Schweinemensch!«, rief ich. »Du hast Besuch!«

Wir kamen um die Ecke der Scheune.

»Der ist ja noch größer geworden!«

»Schau mal die Ohren an!«

»Der hat ja ein richtiges Fell!«

»Darf ich ihn füttern?«

»Darf ich ihn auch füttern?«

Die beiden Schwestern waren begeistert.

Wenn sie aus der Schule kamen, sprangen sie aus dem Bus, rannten zu Christophers Stall und schoben ihm die nicht gegessenen Pausenbrote ins Maul. »Ich weiß gar nicht, warum ich ihnen überhaupt etwas einpacke«, sagte Lilla einmal zu Howard. »Ich könnte die Brote auch gleich in den Mülleimer werfen.«

Irgendwann kamen die Mädchen auf die Idee, Christopher mit dem Löffel zu füttern. Sie waren der Ansicht, eine Zwei-Liter-Packung Vanilleeis sei zu lange in der Tiefkühltruhe gewesen, um noch von ihnen gegessen zu werden, und brachten sie dem Schwein in die Scheune. Diesmal jagte uns Christopher einen Mordsschrecken ein: Er sprang plötzlich hoch, stützte die Vorderläufe aufs Gatter, stand auf den Hinterbeinen und sperrte das Maul auf, um seinen Tribut entgegenzunehmen. In dieser Haltung war er genauso groß wie Kate und überragte Jane um fast einen Schweinskopf.

Interessanterweise schien er die Funktion des Löffels genau zu verstehen. Er ließ es zu, dass die Mädchen ihn aus seinem Maul zurückzogen, auch wenn noch nicht das letzte bisschen Eiskrem heruntergeleckt war, denn er war zuversichtlich, dass der Löffel sich gleich erneut füllen würde. Seine Hufe hingen lässig über das Gatter, und für ein Schwein schien er höchst geduldig, während er auf die nächste Portion wartete und der Speichel ihm in großen Bächen über das Kinn lief.

Also, ich fand das einen Riesenspaß.

Aber es blieb nicht beim Schweinefüttern. Schließlich mussten auch Hühner gestreichelt und Eier gesammelt werden. Die Frisbee-Scheibe musste geworfen werden, und bald brachten die beiden Mädchen viel Zeit bei uns zu. Ihre Mutter pendelte jeden Tag nach Massachusetts zum Lesley College, um Ausdruckstherapie zu studieren. Wenn Kate und Jane aus der Schule kamen, war ihr Haus kalt und leer – und einmal hatten sie sogar einen *Geist* dort. Kate und Jane kamen schreiend herübergerannt. Die Stereoanlage – sagten sie – sei »plötzlich *ohne jeden Grund* angegangen, und Janis Joplin hätte angefangen zu singen, *ganz schrecklich laut*«. Offensichtlich wurde der über hundertjährige Bau von einer Blues-Sängerin aus den Sechzigern heimgesucht.

Damals wussten die Mädchen schon, dass sie bei uns immer in Sicherheit waren. Am Nachmittag spielten wir erst mit Chris, Tess und den Hühnern, dann sammelten wir die Eier ein und setzten uns in die Küche, um Schokoladenkekse zu backen. Der alte Gasherd aus den dreißiger Jahren heizte das ganze Haus auf, und während ich auf der Arbeitsplatte Pastetenteig ausrollte, saßen die Mädchen an unserem klapprigen Klapptisch, aßen Kekse und tranken Milch. Merkwürdigerweise gab es fast immer ein paar Kekse, die angebrannt waren und Chris gebracht werden mussten.

Anfangs unterhielten wir uns auch meist über Christopher. Wir verglichen seine verschiedenen Grunzgeräusche und überlegten, was sie wohl alle bedeuten mochten. Die Mädchen identifizierten das *Komm-her*-Grunzen, das *Schneller-füttern*-Grunzen, das *Lass-mich-raus*-Grunzen, das *Weiter-streicheln*-Grunzen und zahllose andere, sogar das tiefe, ernsthafte *Mann-zu-Mann*-Grunzen, das für Howard reserviert war. Und das waren nur die Grunzer. Christopher konnte aber auch knurren, quieken und schnauben. Und sein Alarmbellen ließ einem das Blut in den Adern gefrieren. Wir überlegten, was Christopher wohl noch nie gefressen hatte und was er wohl mögen könnte. Und ich musste erzählen, wie er als kleines Ferkel gewesen war.

Ich zeigte ihnen seine Babyfotos. Sie konnten gar nicht glauben, dass er mal so klein gewesen war.

Wir erörterten auch andere Schweinerassen. Ich zeigte ihnen Bilder der Hirscheber und Fluss-Schweine, gemeinsam bewunderten wir die Borneo-Bartschweine und die hübschen Pekaris aus Südamerika. Oft redeten wir auch über andere Tiere aus aller Welt – Orkas, Wölfe, Elefanten und Affen. Wir suchten uns eine bestimmte Gattung – zum Beispiel die Marder – und jeder von uns suchte sich sein Lieblingstier dieser Gattung. Vielfraße waren echt cool, aber Frettchen auch. Otter waren ganz großartig. Wir lasen laut aus ›Walker's Mammals of the World‹ vor und studierten die Bilder, während unsere Kakadus von Kopf zu Kopf flogen und an den Seiten herumpickten.

Der Kuchenduft lockte meist auch Howard aus seinem Arbeitszimmer im oberen Stockwerk. Er arbeitete an einem Buch über den Flugpionier Harry Atwood aus New Hampshire, der damit berühmt wurde, dass er 1911 auf dem Rasen hinter dem Weißen Haus landete. Präsident Taft watschelte zwar zu ihm hinaus, um ihm einen Orden zu geben, war aber doch zu gewichtig, um die Einladung zum Fliegen anzunehmen. Wenn Howard ein paar Kekse mit uns gegessen hatte, ging er oft ins Nachbarhaus und brachte den Kachelofen in Gang, damit das Haus nicht so kalt war, wenn Lilla nach Haus kam.

Bald nannten wir das Nachbargebäude nur noch

das Puppenhaus, weil es so niedlich und klein war. Es hatte einen Bretterzaun, und im Sommer blühten im Garten die Rosen. Seit die drei Lillas dort wohnten (die Töchter waren exakte Kopien ihrer hübschen, schlanken Mama), rochen die Räume im Inneren ständig nach Schaumbad. Das Haus war ein weibliches Universum, erfüllt vom Blütenduft der Shampoos und exotischer Cremes. Überall lagen die Schals, Handschuhe und Haarspangen der Mädchen, am Kühlschrank klebten selbstgemalte Bilder und in den Fenstern hingen Kristalle und Glasbilder. Manchmal besuchten wir sie und aßen Pizza bei ihnen. Jane sprang auf und tanzte vor dem Herd, bis ihr richtig heiß war, dann lutschte sie einen Eiswürfel, um sich wieder abzukühlen. Kate rannte die Treppen rauf und runter und zeigte uns ihre Gedichte, Zeichnungen und Stofftiere.

An einem Sonntag im März gingen wir auf eine Expedition. Seit sie Christophers Baby-Bilder gesehen hatten, wollten Kate und Jane unbedingt George und Mary besuchen, und jetzt, wo der Schnee des Winters dahinschmolz und der Schlamm des Frühjahrs die Wege bedeckte, war ich sicher, das wir dort kleine Ferkel vorfinden würden.

Es war eine fröhliche Fahrt. Kate und Jane kicherten und plapperten nonstop auf dem Rücksitz. Als wir an der Cemetery Cove am See vorbeikamen, riefen die Mädchen: »*Jack rabbit!*« und hielten so lange den Atem an, bis sie ein weißes Pferd sahen. Warum? Das wussten sie selbst nicht. Howard konnte es freilich erklären. »Weil sie sieben und zehn sind!«, sagte er.

Als wir ankamen, gingen wir schnurstracks zu den Ställen. Die Ferkel waren alle bei ihren Müttern. Dieses Jahr gab es keine Verschläge für Kümmerer. Vor lauter Eifer, die kleinen Schweinchen zu streicheln, beugten sich die Mädchen über die Gatter, bis sie wie Akrobaten mit den Beinen in der Luft strampelten. Kate wollte unbedingt ein Ferkel im Arm halten. Howard und ich wären sofort in die Ställe gegangen, aber wir wollten auch nicht das geringste Risiko eingehen, dass eins der Mädchen von den großen Säuen verletzt wurde. Sie sollten sich lieber an die Kaninchen und Küken halten, sagten wir.

Die Tiere hielten bereitwillig still, wenn sie gestreichelt wurden. Aber Kate war trotzdem enttäuscht. Sie hatte sich so darauf gefreut, ein Ferkel im Arm zu halten.

Wir wollten schon wieder gehen, als George plötzlich auftauchte. Er sah aus wie die Karikatur eines Mannes, der zu spät zum Feuerlöschen erscheint: Er hielt einen Eimer in der schwieligen Hand und rannte wie ein Besessener über den Hof. Eins seiner Pferde sei ausgebrochen, rief er uns zu.

»Dann reden wir lieber später«, sagten Howard und ich.

Aber Kate fing an zu jammern. »Wir wollten doch so gern ein Ferkel halten ...«

George blieb sofort stehen. Er stellte den Eimer ab, öffnete das Gatter eines Verschlags und nahm zwei kleine rosa Ferkel heraus. Das eine gab er Kate und das andere Jane. Dann rannte er ins Haus und kam mit einem großen Glas Ahornsirup zurück. Der war für Howard und mich. Schließlich setzte er die Ferkel zurück in den Stall, nahm seinen Eimer und setzte seine Jagd nach dem weggelaufenen Pferd fort.

Der Besuch bei George und Mary bildete den Abschluss eines harten Winters. Bei uns schlief Christopher in seinem Bett aus Heu, die Hennen hockten mit aufgeplusterten Federn in ihren Nistkästen, während Tess, Howard und ich uns ins Bett kuschelten. Im oberen Stockwerk hatten wir so viele Eisblumen am Fenster, dass wir nur kleine Gucklöcher hineinschmelzen konnten, wenn wir hinaussehen wollten. In manchen Nächten heulte der Wind so laut, dass man die Balken seufzen hörte. Aber im Nachbarhaus war es viel schlimmer. Das obere Stockwerk war nicht isoliert, und in den Schlafzimmern stand Kate und Jane der Atemfrost vor dem Mund. Eines Morgens fand Jane auf ihrer Bettdecke Schnee vor, weil ein Dachfenster nicht richtig schloss. Um sich vor dem Ins-Bett-gehen ordentlich aufzuwärmen, duschten die Mädchen abends heiß, ehe sie unter die Decken krochen. Die feuchten Handtücher waren morgens gefroren.

Der Winter war auch in anderer Hinsicht schwierig für die Mädchen gewesen. Kate war ebenso wie ich auf einer Privatschule gewesen und musste jetzt in eine öffentliche Schule wechseln. Der Übergang fiel ihr schwer, besonders weil sie an Legasthenie litt. Und die ganze Familie hatte Ärger mit dem Vater der Mädchen.

Aber sie fanden eine Möglichkeit, damit fertig zu werden. Ich wusste es damals nicht, aber Kate und Jane machten dasselbe wie ich, wenn ich Probleme hatte: Sie weinten sich heimlich bei Christopher aus. Bei diesen Anlässen verlangte er verblüffenderweise kein Futter. Er grunzte leise, wenn wir ihm unsere privaten Sorgen anvertrauten und dabei seine Ohren kraulten. In seiner gewaltigen Gegenwart erschienen unsere Probleme irgendwie kleiner.

Das alte Haus war leider tatsächlich so kalt, wie alle befürchtet hatten. Aber dank Chris war der Umzug für die Mädchen nicht ganz so bitter.

Die Hühner bemerkten zuerst, dass sich etwas verändert hatte. Irgendwann in diesem Winter stellten wir fest, dass sie begonnen hatten, über die Mauer aufs Nachbargrundstück zu springen. Nach Ansicht der Ladies bildeten wir jetzt alle eine große Familie.

»Okay!«, sagte ich, wenn alle auf ihren Plätzen waren. In dieser Phase des Schweinelaufs grunzte Christopher schon erwartungsvoll in seinem Verschlag und rüttelte mit der Schnauze am Gatter.

Ich zog den Riegel zurück, ließ das Tor aufschwingen und rief: »Los geht's!«

Christopher kam schnaubend und bockend aus seinem Verschlag. Die Hühner stoben gackernd davon, und ich rannte mit dem Futtereimer in der Hand wie eine Verrückte zum Schweineplateau. Chris rannte hinter mir her, und die Mädchen folgten, so schnell ihre Beine sie trugen.

Christopher war jung und stark – eine rasende Schweinekugel im Flug. Ich glaube, er spürte seine Kraft und Jugend im Scheinwerferlicht unserer Bewunderung ganz besonders. Er genoss es geradezu, eine Schau abzuziehen. Ein dreihundert Pfund schweres Schweinebiest mit Höchstgeschwindigkeit vorwärtsstürmen zu sehen, war »ein bisschen unheimlich«, gab Jane später zu. »Aber das machte es auch so aufregend.« Es gehörte alles zum Spiel. Schon beim Rennen konnten wir sehen, dass Chris nach uns Ausschau hielt, so als wolle er sich vergewissern, dass wir unsere Rollen auch richtig spielten.

Drei Paar stampfende Gummistiefel, sechzehn schuppige Hühnerfüße und vier donnernde Hufe stürmten auf die Ziellinie zu. Am Schweineplateau gab es für jeden eine Belohnung. Christopher kriegte sein Schweinefutter, und während er mit den höheren Mächten kommunizierte, durfte Tess endlich von ihrem »Platz!« aufstehen und mit der Frisbeescheibe herumtoben. Die Hühner bekamen auch Leckerbissen. Sie stürzten sich todesmutig auf Christophers Fressberg, holten sich kleine Häppchen heraus und rannten damit davon. Es war schon recht komisch, wie sie Spaghettifäden oder Karottenschalen unter Christophers Schnauze wegzerrten.

Dann folgte, wenn die Sonne schien und das Wetter schön war, der beste Teil des Vergnügens. Wenn Christopher sich vollgefressen hatte, wenn Tess die Zunge aus dem Maul hing, weil sie die Frisbeescheibe bis zur Erschöpfung gejagt hatte, und die Hühner so viele Leckerbissen gestohlen hatten, dass sie sich wieder den Würmern und Käfern auf der Wiese zuwandten, kam das Hauptereignis des Sommertages.

Es handelte sich um die Schweinepflege, eine Tätigkeit, die Kate und Jane zur Hochblüte brachten und die jahrelang zum Anziehungspunkt für die Kinder aus nah und fern wurde. Wir nannten sie Pig Spa, die Große Schweine-Schönheitskur.

Keiner von uns kann sich an den genauen Zeitpunkt erinnern, wann die Mädchen aus dem üblichen Schweinekitzeln und Bauchkraulen die Große Schönheitskur machten. Aber wir sind ziemlich sicher, dass die Inspiration von Christophers Schweineschwanz ausging.

Wie alles an unserem Schwein, war auch sein Schwanz ganz außergewöhnlich. Es war kein klassischer Ringelschwanz wie im Bilderbuch, aber Christopher Hogwoods hinteres Ende war doch sehr spektakulär: Das üppige weiße Haar an der Schwanzspitze war über zwanzig Zentimeter lang und fiel in eleganten Locken bis auf den Boden.

Zumindest bis zum Herbst war Christophers Hinterteil elegant. Aber die kalte Jahreszeit setzt einem Schweineschwanz ziemlich zu. Es gibt viele Tage im Winter, an denen man einen Schweinestall einfach nicht richtig ausmisten kann. Bei Tiefschnee kann man nicht mit der Schubkarre zum Misthaufen fahren. Gelegentlich benutzten wir einen alten Schlitten, den wir beim Sperrmüll entdeckt hatten. Aber an manchen Tagen ist einfach alles gefroren, was man eventuell wegbringen möchte. Und wenn es dann wieder warm wird, wird so ein Schweineschwanz ständig in aufgeweichtes Futter und matschige Jauche getaucht. Im Frühjahr war Christophers herrlicher Schwanz eine richtige Sauerei: verfilzt, schmutzig und mit zahllosen unaussprechlichen Dingen verklebt.

Höchste Zeit für eine Schönheitskur, fanden die beiden Mädchen. Die pappige Lockenpracht musste geputzt werden.

Die meisten Tiere ziehen es vor, dass sich die Menschen nicht um ihren Schwanz kümmern. Tess zum Beispiel hasste es, wenn man ihren Schwanz bürsten wollte. Sobald sie mich mit der roten Bürste sah, klemmte sie den Schwanz zwischen die Beine und setzte sich drauf. Dass man sich Pferden nicht von hinten nähern soll, weil sie schnell nervös werden und ausschlagen können, hatte ich schon als kleines Mädchen gelernt, als mein Vater mit mir Ponyreiten ging. Auch wenn man eine Schlange am Schwanz fasst (die ja in gewisser Weise ein einziger langer Schwanz ist) wird sich das Tier ziemlich misstrauisch umdrehen und dann empört wegrutschen.

Wie würde ein dreihundert Pfund schweres Schwein darauf reagieren, dass ihm zwei kleine Mädchen den Schwanz kämmen wollten?

Christopher fand es absolut großartig.

Aus dem Puppenhaus unserer Nachbarinnen kamen die perfekten Anti-Filz-Geräte: Eine dicke lila Plastikbürste (die weißen Köpfchen auf den Borsten sollten ursprünglich verhindern, dass man sich die Kopfhaut zerschrammte) und ein dunkelblauer Kamm mit weit auseinanderstehenden Zähnen. Christopher genoss es besonders, wenn die Pflege sich auch auf seine strammen Hinterbacken erstreckte. Oft streckte er einem eins seiner Hinterbeine entgegen, um zu zeigen, wo genau sich die Punkte befanden, die besonderer Pflege bedurften.

Gelegentlich blieb der Kamm stecken. Es ziepte, und Christopher wedelte ärgerlich mit dem Schwanz. Wenn man trotzdem weitermachte, hob er den Kopf vom Boden und knurrte. Aber das war schnell wieder vergessen, wenn man ihn am Bauch kraulte oder sein Ohr streichelte, um ihn zu beruhigen. »Gutes Schwein, braves Schwein, gutes Schwein.« Er schloss die Augen und sein ganzer Körper zitterte vor Zufriedenheit.

Aber das Kämmen war nur der Anfang. Der Schwanz, oder besser: die Haare, mussten geflochten werden, bestimmten die Mädchen. Und sobald es warm genug wurde, kam Christopher auch um ein Bad nicht herum. Wir lernten rasch, dass der entscheidende Punkt die Temperatur war. Mit dem Gartenschlauch wäre es einfach gewesen, aber das kam nicht in Betracht: Das Wasser kam aus dem Brunnen und war Christopher viel zu kalt. Als wir es einmal versuchten, sprang er auf und quiekte, als ob wir ihn abstechen wollten. Nein, der Gartenschlauch war tabu. Stattdessen mussten schwere Eimer mit warmem Wasser aus der Küche herbeigeschleppt werden. Erst zum Abseifen. Und dann noch einmal zum Abspülen. Leider bestand er darauf, während der Waschung zu liegen. Die ästhetische Wirkung war daher stark eingeschränkt: Die eine Seite erstrahlte in rosiger Schönheit und Sauberkeit, die andere lag im Schlamm. Und wenn wir ihn dazu brachten, dass er aufstand, um sich auf die andere Seite zu legen, wurde die eben gesäuberte Seite wieder spotzdreckig.

Kamm und Bürste wurden bald durch weitere Schönheitsmittel ergänzt. In der *Blue-Seal*-Futtermittelhandlung kaufte ich eine Büchse mit einer duftenden Mischung aus Kakaobutter und anderen Ingredienzien mit dem vielverheißenden Namen *The Hoofmaker,* die versprach, edlen Pferden einen schlanken Fuß zu machen. Wir putzten Christophers Hufe damit, bis sie blitzten und blinkten. Wir kauften Wurzelbürsten in drei verschiedenen Härtegraden, um die verschiedene Empfindlichkeit von Christophers Haut zu berücksichtigen. Sein Hinterteil und seinen Rücken konnte man tüchtig schrubben, aber je näher man zum Kopf kam, desto entschiedener verlangte er eine weichere Bürste.

Schweinehaut ist der Haut des Menschen so ähnlich, dass sie oft für vorübergehende Hauttransplantationen benutzt wird, zum Beispiel bei schweren Verbrennungen. Die Schweinehaut schützt den Körper einige Tage oder Wochen lang, bis genügend eigene Haut nachgewachsen ist und das Transplantat allmählich abgestoßen wird. Kein Wunder, dass Christopher dieselben Hautprobleme hatte wie wir: Sonnenbrand, Dermatitis, Ekzeme. Zum Glück reagiert Schweinehaut aber auch auf dieselben Pflegemittel wie menschliche Haut. Man muss bloß ziemliche Mengen davon erwerben. Zu einem späteren Zeitpunkt in Christophers Leben musste Howard einmal eine *Gallone* Lebertran bestellen, um Christophers Schwarte weich und elastisch zu halten. (Wo kriegt man so viel Lebertran? Bei *www.codliveroil.com*) Einen Teil davon trank er – ich meine Christopher – und es schien ihm sogar gut zu schmecken, aber die Wirkung war noch besser, wenn man ihm das Zeug direkt in die Haut rieb. Am Ende, als Christopher schon so alt war, dass er an einigen Stellen eine Schweineglatze kriegte, verschrieb ihm der Tierarzt eine antiseptische Seife. Diese Behandlung ergänzten wir durch eine Feuchtigkeitscreme mit Aloe und Vitamin E.

Manche Leute mögen solche Pflegemaßnahmen für übertrieben halten. Aber in Wirklichkeit war es so, dass Christopher zwar bei all dem Bürsten, Baden, Zöpfchenflechten und Nippelstreicheln viel Spaß hatte, dass es aber vor allem den menschlichen Pflegerinnen viel Trost und Befriedigung gab, ihn zu umsorgen.

Die Sache sprach sich herum. Bald brachten Kate und Jane ihre Freundinnen zum Schweinebaden mit. Ich lud meine Kollegen an der Uni, wo ich einen Lehrauftrag hatte, ein, doch ihre Kinder mal vorbeischauen zu lassen. Die Gemeindeältesten schickten ihre Enkelkinder vorbei. Sogar die Enkelkinder der Amidons aus Iowa kamen vorbei, um Christopher zu bestaunen, obwohl es in Iowa wahrlich Schweine genug gibt. Alle kleinen Besucher waren begeistert.

Aber das Kind, das Christopher neben Kate und Jane am meisten liebte, war Kelly Felgar.

Kellys Mutter hatte auf dem Postamt, wo bei uns stets die interessantesten Unterhaltungen stattfinden, von Chris gehört. »Kelly würde Christopher so gern kennenlernen«, sagte sie mir am Telefon. »Sie liebt Schweine!«

Ich kannte die Felgars aus der Kirche, aber ich hatte keine Ahnung, dass ihre strahlende zwölfjährige Tochter eine Schweineliebhaberin war. Alles, was ich von Kelly wusste, war, dass sie Krebs hatte.

Die Felgars waren aus Athens in Georgia gekommen, als Kellys Vater Geschäftsführer in unserem Krankenhaus wurde. Kelly war damals acht, und als sie unsere kleine Schule an der Hauptstraße sah, sagte sie: »Das ist doch keine Schule, das ist doch ein Haus!« Erst als sie die *Friendly Farm* kennenlernte, eine bescheidene örtliche Sehenswürdigkeit mit dem Motto: »Tiere anschauen, füttern und streicheln!«, begann sie sich mit unserer kleinen Stadt anzufreunden. Der Anblick einer Muttersau, an deren Zitzen acht kleine Ferkelchen nuckelten, begeisterte sie. Sie liebte Babys, und dass sie gesäugt wurden, machte sie glücklich. Ihre Mutter, Amy Ferguson, war ein führendes Mitglied in der La Leche League. Außerdem erinnerte sie die Szene an das kleine schwarz-weiße Schwein namens Miss Piggy, mit dem sie und ihr Bruder auf dem Bauernhof ihrer Großmutter gespielt hatten.

Bald nach ihrem Besuch auf der Friendly Farm fing Kelly an, Schweine zu sammeln: eine Knochenschnitzerei mit mehreren kleinen Schweinen, ein großer holzgeschnitzter Eber. Plastik- und Bronzeschweine. Schlafende und säugende Schweine. Eine Schweineballerina auf Zehenspitzen (im Prinzip stehen Schweine immer auf Zehenspitzen) im rosa Tutu. Sogar im Bett hatte Kelly ein braunes Plüsch-Schwein, das quiekte, wenn man es drückte.

Aber das Sammeln von Schweinen war nur eins ihrer Hobbys. Kelly sang im Kirchenchor, sie gewann Preise beim Eiskunstlaufen und tanzte. Aber nachdem die Diagnose gestellt und der Gehirntumor operiert worden war, musste sie noch eine Strahlentherapie machen und war oft viel zu schwach, um diese Dinge zu tun. Deshalb freute sie sich an den Spielzeugschweinen in ihrem Zimmer. Howard und ich lernten ihre Sammlung kennen, als sie im Foyer der städtischen Bibliothek ausgestellt wurde. Dort gab es nämlich eine Vitrine, in der die Bürger abwechselnd ihre persönlichen Schätze ausstellen durften.

Das nächste Mal sahen wir die Sammlung bei Kellys Beerdigung ein Jahr später.

Aber an jenem sonnigen Frühlingstag, als sie und ihre Mutter zum ersten Mal bei uns vor der Tür standen, hatte Kelly das Gefühl, das glücklichste Kind auf der Erde zu sein. Sie war immer sehr optimistisch und sagte ihrer Mutter oft, sie sei sehr froh, dass sie nur Krebs und nicht Diabetes, Mukoviszidose oder Morbus Crohn hätte. Sie hatte Kinder kennengelernt, die an diesen Krankheiten litten, und fand, im Vergleich sei sie doch »gut dran«. Und an diesem Tag war sie besonders glücklich, weil sie ein berühmtes Schwein treffen würde.

Als Kelly und ihre Mutter eintrafen, hatte ich Chris bereits auf dem Schweineplateau angebunden. Zusammen mit Tess und ihrer Frisbee-Scheibe näherten wir uns, und Kelly staunte gewaltig.

»Der ist ja so groß! Das größte Schwein, das ich je gesehen habe!«

»Möchtest du ihn streicheln?« Ich hätte nicht zu fragen brauchen.

In den nächsten zwei Jahren kamen Kelly und ihre Mutter immer wieder zu Besuch und waren jedes Mal begeistert. Ihre Eltern ließen ein Foto von Chris vergrößern, das Kelly sich an die Zimmertür klebte. Das sei »ihr Freund Christopher«, erklärte sie den Leuten. »Der wohnt ganz in der Nähe.«

Auch ihren Freundinnen erzählte sie gern von Christopher. Wie groß er sei und dass er sich auf die Seite legte, wenn man ihn am Bauch kraulte. »Nein!«, sagten sie ungläubig. *»Doch!«*, sagte sie. Sie erzählte ihnen, wie er sich aufrichtete, wenn sie in die Scheune kam, damit sie ihm Bananenschalen, Äpfel und Gebäck ins Maul werfen konnte. Sie erzählte ihnen, wie seine Borsten sich anfühlten und was für ein spezielles, sanftes Grunzen er ausstieß, wenn sie ihn besuchte. Alle waren beeindruckt.

Aber im Gegensatz zu Kate und Jane wollte Kelly nie ihre Freundinnen mitbringen. »Sie wollte Christopher für sich allein haben«, sagte ihre Mutter mir später. Die Momente, die sie mit Chris verbrachte, standen außerhalb ihres Alltags. Kelly trug eine Strickmütze, weil ihr die Haare ausgefallen waren; ihr Krebs hatte sich auf das Rückenmark ausgedehnt, und sie hatte oft schreckliche Schmerzen. Aber wenn sie Christopher Hogwood besuchte, war ihre Krankheit weit weg. Dann gab es nur ein fröhliches, strahlendes junges Mädchen und das Glück eines riesigen Schweins.

»Also, was meint ihr?«, sagte ich eines schönen Sommertags zu Kate und Jane, als wir das Schwein schrubbten. »Soll ich zuerst über Vampir-Fledermäuse oder zuerst über Haifische schreiben?«

Wie immer arbeitete ich an zwei Storys gleichzeitig. Die eine beschäftigte sich mit einer Fledermaus in Costa Rica, die mich gebissen hatte, als ich sie aus einem Fangnetz befreite. Ich wollte einen Bericht für ›Animals‹ darüber schreiben, dass die Fledermäuse sich insofern sozial verhalten, als sie ihre Blutmahlzeiten mit hungrigen Artgenossen teilen. Der andere Artikel beschäftigte sich damit, dass manche Arten von Haien inzwischen von der Ausrottung bedroht sind. Was sollte ich zuerst fertig schreiben?

»Vampire«, riefen die Mädchen einstimmig, und Christopher grunzte, als ob er das Votum bestätigen wolle. Er hielt uns ein Hinterbein entgegen, damit wir ihm die Keulen abbürsteten.

Es war einer dieser herrlichen, goldenen Tage Anfang September, wenn die Grillen zirpen, das klare Spätsommerlicht über dem Land liegt und auf den Wiesen die Goldrute leuchtet. Die Hennen scharrten nach Käfern und Körnern und unterhielten sich leise, während uns Tess vom Rand der Wiese her beobachtete, wo das hohe Gras anfing.

Wir gossen eine weitere Tasse warme Seifenlauge über den Rücken von Chris. »Ich werde auch Biologin, wenn ich mal groß bin«, sagte Jane.

»Wirklich?«

»Oder Künstlerin«, sagte sie. »Oder ich reise und schreibe.« Sie machte eine Pause. »Wie du.«

»Wenn *ich* einmal groß bin«, erklärte Kate, »gründe ich ein Tierschutzgebiet.« Sie hatte sich offenbar schon sehr detailliert mit der Sache beschäftigt. »Alle Tiere, die sonst niemand will, können zu mir kommen und bei mir wohnen. Es wird genauso wie hier mit Chris und Tess, aber ich hätte auch Elefanten. Und Wölfe. Und Pferde. Und Kinder, die von zu Hause weggelaufen sind, kein Zuhause haben oder sonst irgendwelche Probleme, können die Tiere versorgen.«

»Ömmh, ömmh, ömmh!«, sagte Christopher. Das Wasser war etwas zu kalt geworden, fand er.

Da musste ich an Kelly denken, die jetzt für immer vierzehn sein würde. Ich war so froh, sie gekannt zu haben und mich an sie erinnern zu dürfen. Und ich war froh, dass jetzt Kate und Jane bei mir waren. Ich war dankbar, dass sie eine Zukunft hatten und eines Tages zwischen vielen Träumen würden wählen können.

Genau wie sie liebte ich es, mir Dinge vorzustellen: Meine ungeduldige Fantasie wanderte über die Kontinente und blätterte in den ungeschriebenen Büchern von morgen.

Aber an jenem Tag hatte ich es nicht eilig.

Kapitel 7

Räuber

Howard war im oberen Stockwerk bei Harry Atwood, der gerade 1913 mit einem Flugboot über den Erie-See brauste. Ich glitt im unteren Stockwerk mit Hammerhaien, die sich am Magnetfeld der Erde orientieren, durch den Pazifik.

Aber unsere Arbeit wurde jäh durch einen Schreckensschrei unterbrochen. Die Hennen gackerten verzweifelt.

Nicht jedes Gackern verlangte Beachtung. Manchmal hatte bloß eine der anderen einen Regenwurm weggeschnappt, manchmal gab es einen Streit um die Nistplätze, manchmal protestierte jemand gegen einen ungerechtfertigten Schnabelhieb. Aber gelegentlich signalisierte das Gackern auch einen Ausbruch des Schweins. Wenn er Hunger hatte, machte sich Christopher gern über das Körnerfutter der Hühner her. Das konnte man an seinen Hufspuren deutlich erkennen, die er im Schnee oder Schlamm hinterließ.

War er wieder mal ausgebrochen? Erst vor einigen

Wochen hatten ihn Lilla und die Mädchen am frühen Morgen dabei erwischt, wie er in ihrem Garten herumwühlte und tellergroße Rasenstücke in der Gegend herumschleuderte. Statt in die Schule zu fahren, hatte Jane ihn mit ihrem Marmeladebrot zurück in die Scheune zu locken versucht. Das Brot – und ihren Apfel – hatte Christopher zwar gerne gefressen, war dann aber die Route 137 hinunter verschwunden. Bis er endlich wieder eingefangen war, hatte sogar der Straßenwärter noch eingreifen müssen, und so wusste bald die ganze Stadt, dass unser Schwein mal wieder ausgebrochen war.

Das wollten wir nicht so bald wieder erleben.

Howard sprang auf, sah aus dem Badezimmerfenster hinunter und hoffte innig, *kein* schwarz-weiß geflecktes Schwein über die Straße zockeln zu sehen. Stattdessen sah er eine Henne über die Straße rennen. Ein ungewöhnlicher Vorgang, und er fragte sich: »Warum ist die Henne über die Straße gerannt?«

Dann sah er etwas langes Rotes hinter der Henne herjagen. Ein Fuchs! Im nächsten Augenblick hatte der Räuber die Henne in seinen Fängen.

»He! He!«, rief Howard vom Fenster herunter. »Lass das Huhn fallen!«

Was der Fuchs auch tatsächlich tat.

Howard, Tess und ich stürmten hinaus. Wir folgten einer Spur von Federn und Daunen quer durch das hohe Gras auf der Wiese der Nachbarn. Am Ende lag die reglose, schwanzlose Henne. Howard bückte sich, um die Leiche aufzuheben, da sprang sie auf und lief gackernd davon.

Aber wo waren die anderen? Schon gefressen? Oder versteckten sie sich irgendwo ängstlich und blutend im Gras? Wir fanden nur vier.

Wir baten Tess, uns zu helfen. Als eine der Nachbarskatzen ein Eichhörnchen erwischt hatte und mit der Pfote auf den Boden drückte, brauchten wir bloß zu sagen: »Tess, jag mal die Katze weg!«, und schon rettete sie dem kleinen Nager das Leben. Aber diesmal war unsere kluge Tess, die uns sonst die Wünsche von den Augen ablas, selber ratlos. Sie rannte bellend herum und schien sich bloß über den unerwarteten Ausflug zu freuen. Christopher wusste wahrscheinlich, was vorgefallen war, erzählte uns aber nichts.

Wir hatten schon vor zwei Wochen auf einer Party gehört, dass eine Füchsin hinter der Autowerkstatt an der Route 137 ihren Bau hatte. Als sich die niedlichen Jungfüchse zeigten, hatten die rauen Burschen von der Tankstelle, die fast alle ›Guns and Ammo‹ lasen und im Herbst gar nicht schnell genug in die Wälder kamen, um ihre Hirsche zu schießen, angefangen, die lieben Kleinen mit Essensresten zu füttern. Das Ergebnis: Die Füchse verloren jegliche Scheu vor den Menschen und jagten im hellen Tageslicht in den Gärten. Dem einen Nachbarn stahlen sie ein Huhn, dann fraßen sie einem anderen eine Ente weg.

Die Mädchen hielten einen Gedenkgottesdienst für unsere verschwundenen Hühner ab. Ich schlug vor, wir sollten einen Schutzbund der Fuchsopfer gründen. Auf jeden Fall ließen wir in diesem Frühjahr die Ladies nicht mehr aus der Scheune, wenn wir sie nicht bewachen konnten.

Trotzdem schlug der Fuchs noch einmal zu. Howard und ich waren bei der Arbeit im Garten, Christopher war auf dem Schweineplateau und Tess an unserer Seite, aber der Räuber ließ sich nicht abschrecken. Wir schrien und liefen hinter ihm her, aber der orangefarbene Bandit ließ seine Beute nicht fallen. Mit einer zappelnden schwarzen Henne im Maul verschwand er im Wald. Wir haben sie niemals wiedergesehen.

Aber das blieben nicht die einzigen Sorgen. In einer Frühlingsnacht grub jemand ein Loch in die Erde neben der Scheune, drang in den Hühnerstall ein und tötete eine der Hennen. Der Räuber war nicht in der Lage, sein Opfer durch den schmalen Ausgang zurück ins Freie zu ziehen, so dass ich das Blutbad am nächsten Morgen entdeckte. Am Abend stellten wir eine Havahart-Falle auf, mit ein paar Hühnerlebern als Köder, und am nächsten Morgen war der Täter gefasst.

Es handelte sich um ein Stinktier, das mit königlicher Gelassenheit in der Falle saß. Seine Haltung beruhte auf der Gewissheit, dass die Drüsen unter seinem Schwanz genug Moschus enthielten, um notfalls das Pentagon auszuräuchern. Stinktiere können ihre Duftstoffe bis zu acht Meter weit spritzen, und bis zu drei Metern können sie dich zielgenau ins Gesicht treffen. Zwei schlauchförmige Nippel neben dem After versprühen eine in ihrer Zusammensetzung noch nicht ganz erforschte Stinkflüssigkeit, die zunächst in Tropfenform austritt und sich dann im »Zielgebiet« in einen feuchten Nebel verwandelt. Besonders Augen und Schleimhäute werden so stark gereizt, dass zeitweilige Blindheit eintreten kann. Zum Glück sind Skunks nicht sehr »schießwütig«. Ich kenne einen New Yorker Tierforscher, der einem jungen Skunk eine Maus wegzunehmen versuchte, die dieser gerade verzehrte. Das Stinktier ging zwar in Drohhaltung, aber der Forscher blieb unbesprüht. Ein anderer Naturforscher erzählte mir, dass er wilde Skunks regelmäßig am Schwanz packe.

Kate war leider schon in der Schule, aber als ich Lilla von meinem Fang erzählte, erlaubte sie Jane, den Schulbus fahren zu lassen, und wir machten uns daran, den gefangenen Skunk auszusetzen. Howard setzte sich ans Steuer des Subaru, Jane und ich redeten beruhigend auf das Stinktier ein, das im Kofferraum transportiert wurde. Im Naturschutzgebiet am Harris Center stellten wir die Falle auf den Boden, und der ertappte Einbrecher wartete geduldig darauf, dass ich die Klappe aufmachte. Dann trat der Skunk gelassen heraus, plusterte seinen prachtvollen Schwanz auf und stolzierte würdevoll in den Wald, ganz wie eine Dame im Pelzmantel, die einer Luxuslimousine entsteigt. Jane hatte in der Schule mächtig was zu erzählen.

Das Stinktier kam nicht mehr zurück, aber dafür kamen andere Räuber. Zweimal wurden die Hühner von Hunden aus der Nachbarschaft angefallen. Ein Falke stieß aus dem Himmel herunter und tötete eine der Hennen. Ein anderes Mal war es ein Nerz. Zu diesem Ergebnis kamen wir jedenfalls, als wir den Tathergang rekonstruierten. Der Räuber hatte der Henne den Hals durchgebissen und sehr charakteristische Spuren im Schnee hinterlassen. Die Spuren führten zum Moose

Brook, wo der Nerz unters Eis geschlüpft und weggeschwommen war.

Wir erwogen verschiedene Möglichkeiten, um unsere Ladies zu schützen. Gretchen ließ ihre Hühner nicht frei herumlaufen, sondern hatte ein großes Gehege gebaut. Aber so ein Drahtzaun bot keine absolute Sicherheit. Einmal stellte Gretchen fest, dass ihr etliche Vögel fehlten, ohne dass sie ein Loch im Zaun oder einen Tunnel darunter fand. Nur ein paar Federn, die im Maschennetz hingen, legten Zeugnis davon ab, was passiert war: Ein Waschbär war in das Gehege geklettert, hatte einzelne Vögel gepackt und durch den Zaun herausgezogen. Er musste seine Beute dabei praktisch zu Hackfleisch püriert haben.

Wir waren der Ansicht, dass es für unsere Hühner besser war, wenn sie tagsüber frei herumlaufen konnten. Auf diese Weise konnten sie wenigstens ihren beträchtlichen Verstand einsetzen und hatten eine Chance zu entkommen. Nachts, wenn die meisten Räuber unterwegs sind, schlossen wir sie immer ein. In einem Sommer zogen zwei der Hennen es allerdings vor, sich nachts auf Christopher Hogwood zur Ruhe zu setzen, der in seinem Stall schlief. Vielleicht hatten sie das Gefühl, dass sie dort sicherer waren. Vielleicht mochten sie aber auch nur seine Gesellschaft.

Manchmal blieb ich noch eine Weile bei ihnen, wenn ich die Hennen am Abend einsperrte, und genoss ihre friedliche Ruhe. Howard erwischte mich sogar dabei, dass ich mit ihnen sprach: »Ja, ihr seid meine Schönen«, flüsterte ich, wenn sie sich auf die Sitzstangen setzten. Ich streichelte ihr schwarzes Gefieder und küsste ihre tiefroten Kämme. »Ich liebe euch, meine Ladies.«

Dass wir ihnen keine absolute Sicherheit geben konnten, mussten wir hinnehmen. Wir waren nun einmal in eine Gegend gezogen, in der es noch wilde Natur gab, und gerade das liebten wir ja an dieser kleinen Stadt in den Wäldern.

Die Beziehungen zwischen Menschen und Raubtieren waren immer ziemlich gespannt. Raubtiere sind immer die ersten, die unsere Art vorsätzlich ausrottet. Der Mensch glaubt nun einmal, er müsste alles kontrollieren, und wenn er merkt, dass das nicht der Fall ist, wird er wütend. Sobald wir feststellen, das andere Geschöpfe einen ähnlichen Geschmack wie wir haben und unser Vieh töten (das wir eigentlich schlachten wollten), dann beschimpfen wir sie als Räuber und Schädlinge. In den Stadtgeschichten der kleinen Gemeinden hier in Neuengland kann man nachlesen, welche grausamen Schlachten gegen Wölfe, Berglöwen, Luchse und Bären geschlagen wurden.

Der letzte Wolf, den es in Hancock gab, war ein verkrüppeltes Weibchen, das auf einem Bein lahmte. Es hatte sich zum Mount Monadnock zurückgezogen und wurde monatelang von wütenden Jägern aus der Umgebung verfolgt, bis es im Winter 1820 angeschossen und zu Tode geprügelt wurde. Berglöwen, von denen es in New Hampshire wahrscheinlich nie viele gab, wurden 1850 ausgerottet. Die Schwarzbären verschwanden gegen Ende des 19. Jahrhunderts, obwohl für ihren Abschuss bis zum Jahre 1957 noch Prämien ausgelobt wurden. Die Luchse waren auch fast ausgestorben, obwohl bis 1972 noch Abschussprämien gezahlt wurden. Erst in den letzten Jahrzehnten erholen sich unsere Wälder von einem Jahrhundert rücksichtsloser, unregulierter Jagd und zerstörerischer, unökonomischer Landwirtschaft, und ganz allmählich kehren auch Raubtiere zurück nach New Hampshire.

In der übrigen Welt sieht es nicht besser aus. Raubtiere sind die meistverfolgten Geschöpfe der Erde. Das Thema faszinierte mich, und eines Tages beschloss ich, ein Buch über die größten, schönsten und gefährlichsten Räuber von allen zu schreiben: die Tiger.

Meine Feldforschung wollte ich in einem zehntausend Quadratkilometer großen Mangrovensumpf am Golf von Bengalen machen, der zwischen Bangladesch und Indien liegt und Sundarbans heißt. Hier soll es heute noch mehr Tiger als irgendwo sonst auf der Welt geben. Aus Gründen, die bisher nicht geklärt sind, werden regelmäßig auch Menschen von ihnen gefressen. Sie schwimmen hinter deinem Boot her, klettern an Bord und fressen dich auf. In Sundarbans werden alljährlich dreihundert Menschen von Tigern getötet. Trotzdem wollen die Menschen die Tiger nicht ausrotten. Ganz im Gegenteil: Sie verehren die Tiger. Und ich wollte wissen, warum.

»*Menschenfressende Tiger?*«, sagte Howard, als ich ihm von meiner Buchidee erzählte. Er fand das gar nicht gut. »Wirklich großartig! Warum bleibst du nicht lieber zu Hause und lässt dich einfach von deinem Schwein fressen?«

Wir hatten uns gelegentlich gefragt, ob Chris uns wohl fressen würde, und waren zu dem Ergebnis gekommen, dass man das nicht ausschließen könnte. Wenn wir zum Beispiel tot umfallen würden in seinem Stall und er gerade sehr hungrig wäre. Aber wir nahmen ihm das nicht weiter übel. Er hätte uns danach bestimmt sehr vermisst.

Auch meine Mutter äußerte gewisse Bedenken. In ihren wöchentlichen Briefen und unseren Telefongesprächen schlug sie vor, ich solle lieber »nach Hause« kommen (d.h. nach Virginia) – natürlich ohne Howard, versteht sich. Statt über diese »bösen alten Tiger in diesem elenden Drecksland« zu schreiben, könnte ich mich doch mit den Eichhörnchen in ihrem Garten befassen. Mein Vater hatte die Eichhörnchen sehr geliebt und ihnen immer Rosinen und Erdnüsse hingestellt. Meine Mutter hielt sie dagegen für essbare Ratten. Sie war in Arkansas aufgewachsen, wo Eichhörnchen als Jagdbeute gelten und gern mal gegrillt werden. Ich verbuchte ihre Besorgnis unter »sozialem Dünkel«. Es wäre ihr einfach sehr peinlich gewesen, wenn ich von einem Tiger verputzt worden wäre. Dass ich einen Juden geheiratet hatte, war ihrer Ansicht nach schlimm genug.

Howards Ängste waren dagegen ziemlich real. Allerdings kam ich gar nicht auf die Idee, dass er sich Sorgen *um mich* machen könnte. Er musste doch wissen, dass ich unverwüstlich war. Ich war überzeugt, dass er sich bloß deshalb aufregte, weil ich so lange wegbleiben wollte und er dann einige Zentner schwarzweiß gefleckter Probleme am Bein hätte.

Schon wenn ich mal nach Keene oder Boston fuhr, fing die sonst so wohlerzogene Tess an, sich in Hühnerkacke zu wälzen, aufs Bett zu kotzen oder in meinem Arbeitszimmer stinkende Häufchen zu hinterlassen. Und was war, wenn den Hennen oder dem Kakadu etwas passierte, während ich in Bangladesh war? Aber das bei weitem größte Katastrophenpotenzial ging natürlich von Christopher aus.

Unser Schwein wurde immer beeindruckender, und zwar nicht nur wegen seines Gewichts. Als er zwei Jahre alt war, sah man zum ersten Mal seine Hauer. Als er drei war, ragten sie schon ziemlich deutlich hervor. Die unteren Eckzähne waren kurz und sehr scharf. Sie standen seitlich aus seinem Maul vor. Die oberen krümmten sich über die Oberlippe wie bei einem Warzenschwein. Ich fand, dass er sehr freundlich damit aussah – so, als ob er permanent lächelte. Die Eltern der Kleinkinder, die uns besuchten, waren allerdings nicht immer ganz dieser Ansicht.

Die Cabots und ich bewunderten Christophers wachsende Hauer. Beim Schweinebad waren wir stets in Versuchung, sie mal so richtig zu putzen, konnten uns letztlich aber doch nicht dazu entschließen. Was im Rückblick wahrscheinlich ganz gut war.

Es war das erste warme und sonnige Wochenende im Mai. Christopher war auf dem Schweineplateau, wühlte mit der Schnauze in der weichen Erde und wedelte mit seinem Wunderschwanz, um die ersten Kriebelmücken zu vertreiben. Howard war unterwegs, um eine Besorgung zu machen. Ich hatte eingekauft und das Haus geputzt und freute mich auf den Besuch unserer Freundin Beth. Es war so ein Tag, an dem man denkt, es könnte nichts schiefgehen.

Howard und ich kannten Beth Bishop seit Jahren, aber Tess kannte sie schon viel länger. Denn Beth war freiwillige Helferin in Evelyns Tierheim. Sie war eine sehr entschiedene Tierschützerin. In den vergangenen fünfzehn Jahren hat sie nicht weniger als acht große, schwarze Neufundländer adoptiert, von denen einige schon ziemlich alt waren. Diese mächtigen, bernhardinergroßen, sabbernden Hunde schienen merkwürdige Begleiter für diese hochattraktive Platin-Blondine, deren Make-up immer perfekt war. Sie war sechsundvierzig, sah aber aus wie sechsundzwanzig. Nicht nur wenn sie Shorts trug, war die Schlange an ihrer Supermarktkasse immer die längste.

Nach Feierabend fuhr Beth regelmäßig zu Evelyn, um die zahlreichen geretteten Tiere zu pflegen, die dort Zuflucht gefunden hatten: Einen dreibeinigen Pyrenäenhund. Einen Dackel mit gebrochenem Rücken. Eine Katze, die in eine Schlagfalle geraten war. Eine hinkende weiße Chinagans. Einen blinden Pekinesen. In Evelyns Blockhütte gab es einen ganzen Raum für junge Hunde und im Unterstock ein Katzenzimmer. Die Pferde grasten auf der anderen Seite der Straße.

Beth erinnerte sich noch gut an den Tag, an dem Tess ihren schrecklichen Unfall hatte, und die langen Monate ihrer Genesung. Den »Wunderhund« nannte sie Tess. Sie freute sich sehr, als sie hörte, dass Tess adoptiert worden war. Und als wir uns schließlich begegneten, sagte sie: »Ach, Sie gehören zu Tess!« Seitdem waren wir Freunde.

Bei ihrer Schwäche für große Tiere war es nicht weiter erstaunlich, dass sie auch Christopher innig liebte. Sie nannte ihn einen »Neufundländer der Schweinewelt«, und wenn sie zu Besuch kam, brachte sie ihm immer etwas Leckeres mit: angefaulte Melonen, verwelkten Salat oder Brot, das der Supermarkt wegwerfen wollte. So auch an diesem schönen Tag im Mai. Wir hatten ihm gerade sein Futter hingeschüttet und waren zurückgetreten, um Chris beim Fressen zuzusehen.

Aber dann streckte Beth die Hand aus und wollte ihm den Kopf tätscheln, als ob er tatsächlich ein großer Hund wäre. Er dachte wohl, dass sie ihm das Futter wieder wegnehmen wollte, und stieß sie mit dem Kopf zur Seite. Es war keine aggressive Bewegung. Er knurrte nicht einmal. Er schaute nicht einmal böse (Schweine haben sehr ausdrucksvolle Augen und einer unserer Freunde behauptete, Christopher hätte Augen wie der Polizeichef in *Casablanca*). Beth sagte nichts, aber ich bemerkte einen roten Schnitt an ihrem linken Oberschenkel, ungefähr zehn Zentimeter unter dem Saum ihrer Shorts. Der Schnitt war so tief, dass man das gelbe Unterhautfett auf dem Muskel sah.

Christopher hatte sie mit der Spitze seines unteren Eckzahns erwischt. Der Zahn war so scharf, dass sie den Schnitt gar nicht gespürt hatte. Keiner von beiden ahnte auch nur, was passiert war.

Aber jetzt begann die Wunde zu bluten.

»Oh, Beth«, sagte ich so ruhig wie möglich. »Ich

glaube, Chris hat dich gerade mit seinem Eckzahn getroffen.«

Beth schaute ihr Bein an. Wegen der Lage der Verletzung auf der Innenseite des Schenkels konnte sie nicht sehen, wie schlimm es war. »Ach, das macht nichts«, sagte sie. Sie war es gewohnt, dass hundertfünfzig Pfund schwere Neufundländer an ihr hochsprangen und sie gelegentlich mit ihren Krallen kratzten. »Meinst du, ich brauche ein Pflaster?«

Sie würde weit mehr als ein Pflaster brauchen.

»Der Schnitt scheint ziemlich tief zu sein«, sagte ich vorsichtig. »Ich glaube, wir sollten lieber mal im Krankenhaus vorbeifahren, damit die sich die Sache ansehen.«

Jetzt geriet Beth in Panik. »Bloß keine Spritze!«, rief sie. »Ich hasse Spritzen! Und nähen lass ich das auch nicht! Versprich mir, dass es nicht genäht werden muss!«

Der Mann in der Notaufnahme warf einen Blick auf die Verletzung, zog eine riesige Spritze heraus und verpasste ihr eine Injektion, die weitaus schmerzhafter war als die Verletzung. Dann wurde sie mit vier Stichen genäht. Als »Ursache der Verletzung« trug er auf dem Krankenblatt ein: »Zusammenstoß mit einem Schwein«.

Beth fuhr nach Hause, setzte sich auf die Couch und legte Fleetwood Mac's ›Tusk‹ auf.

Ich war ziemlich entsetzt über den Unfall, aber Beth war überhaupt nicht wütend. Am nächsten Tag allerdings konnte sie nicht zur Arbeit gehen (wir bestanden darauf, ihr den Lohnausfall zu bezahlen), trotzdem kam sie herübergehumpelt, um Chris erneut zu besuchen. Wie immer waren Beth und Chris entzückt, sich zu sehen. Es hatte sich nichts zwischen ihnen geändert.

»Ich brauchte weder eine Therapie gegen Schweinephobie noch sonst irgendwas«, sagte Beth. »Es war gar kein negatives Erlebnis. Es hat mein Leben bloß ein bisschen spannender gemacht.«

Als sie am nächsten Tag wieder zur Arbeit ging, trug sie wieder Shorts – und einen dicken Verband. Diesmal war die Schlange an ihrer Kasse nicht nur die längste, sondern auch bei weitem die langsamste. Jeder wollte die Geschichte von ihrem Schweine-Unfall hören. »Christopher hat mich nicht angegriffen«, erzählte sie jedem einzelnen Kunden. »Es war ein Versehen. Sein Eckzahn steht so heraus. Dafür kann er ja nichts.«

Aber es sollte noch schlimmer kommen: Die Wunde entzündete sich. Beth musste mehrmals zur Nachbehandlung ins Krankenhaus. Die Krankenblätter wurden immer dramatischer. Aus dem »Schweinezusammenstoß« wurde alsbald ein »Schweinebiss«, und bei ihrem letzten Besuch stand in der entsprechenden Rubrik: »Von einem Schwein aufgespießt«.

Eins war jedenfalls klar: Wegen Christophers Hauern mussten wir etwas unternehmen, und zwar schnell.

Er wollte niemandem wehtun. Er war eine milde Seele. Er war ungeheuer geduldig mit Kindern. Besonders bei schüchternen Kindern schienen seine Bewegungen behutsamer zu werden und sein Grunzen schien leiser zu sein, wie die Eltern voller Bewunderung feststellten. Er benahm sich hervorragend, wenn jemand im Rollstuhl daherkam, was nicht für alle Tiere gilt. Manche Hunde behandeln Rollstuhlfahrer ähnlich wie Fahrradfahrer: Sie bellen und beißen.

Ein großer Eber wie Christopher hätte einen Rollstuhl leicht umstoßen oder die Reifen durchbeißen können. Darüber machten wir uns große Sorgen, als die Tochter von Liz uns besuchte. Stephanie musste seit einer Rückgratverletzung, die sie als junges Mädchen erlitten hatte, im Rollstuhl sitzen. Auch ihr Ehemann Bob ist an seinen Rollstuhl gefesselt, und auch er kämpft entschieden für die Rechte Behinderter. Als sie das erste Mal zu Besuch kamen, sahen sie wie im Safaripark von ihrem Auto aus zu, wie wir Chris vorbeirennen ließen, als ob er ein Warzenschwein wäre. Aber die nächste Begegnung fand schon im Freien statt, wobei Stephanies Bruder bereitstand, um notfalls einzugreifen. Chris schnupperte an den Reifen des Rollstuhls, versuchte aber nicht, in den Gummi zu beißen. Stephanie, Bob und Christopher kamen sehr gut miteinander aus, und wir wussten jetzt, dass er sich auch bei anderen Besuchern im Rollstuhl mustergültig verhalten würde.

Aber trotzdem. Da sich Christopher der Gefährlichkeit seiner Eckzähne gar nicht bewusst war, mussten wir etwas unternehmen. Was hätten wir tun sollen, wenn er bei einem seiner Ausflüge in die Stadt mit jemandem aneinandergeriet? Was, wenn womöglich ein Kind verletzt wurde?

Alle zwanzig Wildschweinarten haben Hauer, sowohl die Keiler als auch die Bachen, und wissen sie gut zu gebrauchen, wenn auch mit bewundernswerter Zurückhaltung. Die spektakulären oberen Eckzähne sind nicht allzu gefährlich. Warzenschweine und Hirscheber benutzen sie bei ihren frontalen Kopf-an-Kopf-Duellen, bei denen der Verlierer am Ende kniet und quiekt, während der Sieger sich lässig abwendet. Die meisten Konflikte lösen Schweine recht friedlich. Pekaris zum Beispiel streiten sich zwar oft, kämpfen aber so gut wie nie. Meist enden die Auseinandersetzungen damit, dass sich die Tiere am Hinterteil beriechen, wo starke Duftdrüsen sitzen. Der berauschende Schweineduft genügt offenbar, um jeglichen Ärger zu dämpfen. »Wenn sie den Geruch ihres Widersachers einatmen«, schreibt der Biologe Lyall Watson, »hören beide auf zu kämpfen.« In seinem Buch ›The Whole Hog‹ beschreibt Watson, wie »sich ihre Augen halb schließen und ein verträumter Gesichtsausdruck ihre Rüssel erfasst«.

Bei den europäischen Wildschweinen kommt es dagegen in der Brunftzeit durchaus zu Verletzungen durch die Hauer. Sie stoßen seitlich aneinander, versuchen einander zu unterlaufen, stemmen ihre Schultern gegeneinander und versuchen sich gegenseitig umzuwerfen. Zum Glück sind die Schultern der Keiler durch eine dicke Schwarte gepanzert, so dass etwaige Stöße mit den Eckzähnen wie mit einem Schild abgewehrt werden können.

Aber Schweine sind äußerst emotional, und das macht die Entwicklung einer Auseinandersetzung recht unberechenbar. Schweine können sehr liebevoll und sensibel sein. Aber genau wie Menschen können sie auch schmollen, unter irrationalen Ängsten und Wutausbrüchen leiden. Der Verhaltensforscher Iwan Pawlow arbeitete eine Zeitlang mit Schweinen, gab es dann aber auf. »Alle Schweine«, erklärte er, »sind hysterisch.«

Angesichts ihrer Hauer und ihrer gewaltigen Masse, ihrer Allesfresser-Diät und ihrer manchmal furchteinflößenden Stimmen vergisst man leicht, dass Schweine eigentlich bloß harmlose Huftiere sind. Aber die Hufe sprechen eine deutliche Sprache. Sie sind das Erbe eines typischen Beutetiers, das stets auf der Flucht ist. Jahrtausende des Weglaufens haben die harten Zehenspitzen der Pferde und Antilopen, der Ziegen, Schweine und Giraffen geformt. In ihren Genen erinnern sich die Schweine sehr gut daran. Eine Evolution von vierzig Millionen Jahren sagt den Schweinen: Jemand versucht dich zu fressen. Und vierzigtausend Jahre Stallgeschichte sagen: Es wird dich ganz bestimmt jemand fressen. Ist es da noch ein Wunder, dass Schweine hysterisch sind?

Trotzdem konnten Howard und ich nicht die Verantwortung für ein Drei-Zentner-Schwein übernehmen, das mit rasiermesserscharfen Hauern bewaffnet in Hancock herumwanderte. Im Interesse der Gemeinde gab es nur eine Lösung: Die Hauer mussten gestutzt werden.

Ich wusste, dass es Christopher nicht gefallen würde, aber ich musste Tom Dowling anrufen. Tom war ein Tierarzt in der Nachbarstadt. Er hatte seine Magisterarbeit über Schweine geschrieben. Kennengelernt hatten wir ihn, weil ich mich im Jahr zuvor bei der Dosierung des Wurmmittels für Christopher geirrt hatte, das in der Regel nur in Ferkelportionen geliefert wird. Ein paar Stunden, nachdem ich ihm mehrere Pakete verabreicht hatte, kriegte Christopher schreckliches Bauchweh. Ich hatte ihn offensichtlich vergiftet!

Wer, um Himmels willen, konnte ein Schwein dieser Größe verarzten? Auf Empfehlung einer befreundeten Pferdebesitzerin ließ ich Tom kommen. Als der schlaksige Tierarzt sein Gehege betrat, versuchte Chris aufzustehen, um seinen Besucher angemessen zu begrüßen. Fachmännisch zog Tom ihm ein Lasso über die Schnauze und zu meiner Verblüffung erstarrte Christopher augenblicklich zur Salzsäule. Ein bekannter Reflex bei Schweinen, von dem ich allerdings noch nichts gewusst hatte. Nach dieser einleitenden Maßnahme gelang es Tom, unserem Schwein so viel aufgelöste Kohletabletten einzuflößen, dass der gereizte Magen sich wieder beruhigte.

Christopher schlug zwar nicht um sich, aber er verstand sein Missfallen doch auszudrücken. Das Protestgeschrei von Schweinen kann sehr durchdringend sein. Im ›Journal of the American Veterinary Medical Association‹ gibt es einen ganzen Artikel über Fälle von Gehörverlust bei Schweineärzten. *»Rie! Rie! Rie-e-e-e-e!«*, kreischte Chris, während ihm dicke Strahlen flüssiger Kohle aus Nase und Maul spritzten. Als der Ausbruch vorbei war, sah Tom aus wie ein Schornsteinfeger. Aber Christopher war wieder gesund.

So wandte ich mich auch diesmal an den bewährten

Tierarzt. Da ihn Christopher nur einmal gesehen hatte und diese Begegnung schon über ein Jahr zurücklag, hoffte ich, dass er ihn nicht gleich wiedererkennen würde. Aber leider hatte Christopher ein sehr gutes Gedächtnis. Wo sich der Gemüsegarten der Familie Amidon befindet, hat er nie vergessen, und dass er zwischen seinen verschiedenen Besuchern unterscheiden konnte, war nur allzu offensichtlich.

Eigentlich war das gar nicht so überraschend. Wissenschaftliche Untersuchungen haben gezeigt, dass Schweine sich in künstlichen Labyrinthen besser orientieren können als Hunde und Menschen nicht nur am Geruch, sondern auch am Aussehen erkennen. Sie können Menschen auch auf einige Entfernung unterscheiden, selbst wenn sie gleich gekleidet sind.

Dass Christopher seine Besucher unterscheiden konnte, ließ sich schon daran erkennen, dass er sie unterschiedlich begrüßte. Wenn Kate und Jane kamen, grunzte er leise und sanft. Howard wurde mit einem tiefen, männlichen Grunzen begrüßt, und unser Freund Ray wurde stets mit einem lauten, langen Grunzen begrüßt, das uneingeschränkte Begeisterung ausdrückte. Ray ist der Chef einer Software-Firma und konnte Chris nur selten besuchen. Dennoch zeigte Chris stets ungewöhnliche Begeisterung, wenn er kam. Ich kann mir das nur so erklären, dass die beiden einfach viel gemeinsam hatten: Sie waren beide klug, stark und lustig. Aber was Chris vielleicht am besten gefiel, war die Tatsache, dass Ray ungefähr vierhundert Pfund wog. Vielleicht hat Chris gedacht, er hätte endlich jemanden von seinen Leuten getroffen.

Aber würde unser Schwein sich an Tom erinnern? Kaum hatte Chris den Tierarzt erblickt, da fing er auch schon an, hysterisch zu quieken. Und hörte nicht damit auf, bis Tom ihm die scharfen Hauer mit einer Knochensäge so weit gestutzt hatte, dass sie nur noch als stumpfe, harmlose Stummel aus seinem Maul ragten. Die Operation sei vollkommen schmerzlos, versicherte Tom.

Vielleicht hätte ich mir über die Zähne der Tiger in Sundarbans mehr Sorgen machen sollen als über die Hauer unseres Hausschweins. Aber ich hatte eigentlich gar keine Angst, gefressen zu werden. Meine Ängste betrafen alle nur Hancock. Ich hatte Sorge, es könnte etwas passieren, während ich weg war. Ich hätte es nie zugegeben, aber das Schwerste bei meinen Reisen war immer das Weggehen von zu Hause.

Ich hatte zwar Heimweh, aber ansonsten hielt ich mich für unverwundbar. Die Sorgen, die Howard und meine Mutter sich machten, konnte ich gar nicht verstehen. Zum Sterben hatte ich zu viel Glück, aber wenn ich schon sterben musste, erschien es mir völlig akzeptabel, von einem Tiger gefressen zu werden. Wenn es ein halbwegs erfahrener Tiger war, tat es wahrscheinlich nicht einmal weh. Tiger pirschen sich lautlos an und töten fast immer von hinten. Ein geübter Tiger senkt seiner Beute die Reißzähne in die Nackenwirbel und durchtrennt das Rückenmark wie mit der Schere. Es heißt, in Sundarbans werden Leute oft so schnell von den Tigern getötet, dass sie nicht einmal schreien können.

Ich hatte durchaus Gelegenheit, das am eigenen Leib zu erleben. Gleich bei meiner ersten Exkursion blieb mein Boot in einer Gegend im Schlamm stecken, wo es nicht wenige Tiger im Wald gab. Unser Bootsmann, Girindra Nath Mridha, gab mir eine Machete und meinem Fotografen eine Axt. Während der endlosen Minuten, in denen Girindra und sein Sohn sich abmühten, unser Boot wieder flottzumachen, standen wir Rücken an Rücken an Deck, um gegen einen etwaigen Tigerangriff gewappnet zu sein.

Später kam es noch dicker. Wir tuckerten einen breiten Fluss hinunter und bogen in einen schmalen Seitenarm ein. Girindra hatte Sorge, wir könnten stecken bleiben, und wendete, als das Wasser zu seicht wurde. Dabei entdeckten wir Tigerspuren, die kaum zwei Minuten alt waren. Aber der Tiger hatte keineswegs bloß den Seitenarm überquert: Auf der anderen Seite waren keine Spuren im Schlamm. Der Tiger war schon am Fluss aus dem Wald gekommen und war dann hinter unserem Boot hergeschwommen.

Bei alledem wurde Girindra, ein zierlicher Mann in meinem Alter, nie böse. Obwohl sein Onkel vor seinen Augen von einem Tiger getötet worden war, hatte er zwar Angst vor den großen Katzen, hasste sie aber nicht. Ebenso wie seine Stammesgenossen hätte Girindra einen Tiger nur in unmittelbar Notwehr verletzt. Einheimische Wilderer gibt es nicht in Sundarbans. Einen Tiger zu jagen, um ihn zu töten, war völlig undenkbar.

Welches geheime Wissen hatten diese Menschen über die Raubtiere?

Um für das Buch zu recherchieren, reiste ich immer wieder nach Sundarbans. Zuerst wohnte ich in der Touristenunterkunft auf der anderen Seite des Flusses, dann zog ich in Girindras Dorf um. Ich lebte zusammen mit seiner wunderschönen Frau Namita, seiner Mutter Ma Bisaka und seinen acht Kindern in dem glatten, strohgedeckten Lehmhaus, das sie von Hand gebaut hatten. Sie halfen mir bereitwillig bei meinem Buch. Bei Tage fuhren wir die schmalen Kanäle und Seitenarme des Flusses hinauf und hinunter, um an den schlammigen Ufern nach Tigerspuren zu suchen. Am Abend versammelten sich die Nachbarn – Fischer, Honigsammler, Witwen – in seinem Haus, rauchten nach Nelken duftende Bidis, kauten Betelnüsse und erzählten mir beim Licht der Kerosinlampe ihre Geschichten von Tigern und Krokodilen, Göttern und Geistern. Wenn sie gegangen waren, lag ich oft noch lange wach. Ich dachte an Christophers Ohren, an Howards Lachen oder daran, wie sich Tess auf unser Bett legte, um sich hingebungsvoll kraulen zu lassen. Mein Zuhause erschien mir dann wie ein halb vergessener Traum, und die Erinnerungen packten mich an der Kehle mit einem überraschenden Schluchzer.

Wenn ich wieder nach Hause kam, erschien mir Sundarbans wie ein Traum. Aber welches war der Traum, und was war real? Girindras Briefe machten es deutlich: Beide Welten waren real. Wir schrieben uns regelmäßig und tun es heute noch. Die Lehrerin in der Dorfschule übersetzt meine Briefe in Bengali und seine ins Englische. »*Amar chotto bon*«, beginnen seine Briefe gewöhnlich, »meine kleine Schwester«. Als Hindu glaubt Girindra an Wiedergeburt, und er ist fest überzeugt, dass er und ich in einem früheren Leben Geschwister gewesen sein müssen. Girindras acht Kinder nennen mich *pishima* – Vaterschwester.

»Nimm zuerst meine Liebe«, schrieb Girindra gewöhnlich. »Ich bete, dass es dir gut geht durch den Segen der Göttin.« Ich betete sogar noch mehr für ihn, schließlich liegt sein Dorf am Rand eines Naturschutzgebiets mit fünfhundert menschenfressenden Tigern. »Ich danke dir für deine langen, kostbaren Briefe. Ich warte wie ein hungriger Vogel auf sie …« Das galt auch für mich. Pat, die Postbeamtin, wusste, wie sehnsüchtig ich auf die Briefe Girindras wartete. Wir schrieben uns ungefähr alle zwei Wochen, aber die Briefe brauchten meist einen Monat oder noch länger.

Die blauen Luftpostbriefe waren meist ziemlich zerknittert und trugen bis zu vierzehn verschiedene Stempel. Aber jeder Brief war ein gesegnetes Zeichen, dass Girindras Familie weiterhin überlebt hatte. Voller Dankbarkeit schrieb ich einfache, aber detailreiche Briefe zurück, in denen ich das Leben in unserem Dorf auf der anderen Seite der Welt beschrieb. Ich schickte auch Fotos: unser Postamt und unsere Kirche im Schnee, ein Foto meines Vaters in Uniform, Howard und ich in Parkas und Schneeschuhen. Ich schickte Fotos von Kate, Jane und Lilla, Ed und Pat. Und natürlich schickte ich Fotos von unseren Tieren. »Dein sehr großes Hogwood-Schwein ist ein erstaunlicher Anblick«, schrieb Girindra. »In Sundarbans gibt es keine so großen Schweine. Wie ist das möglich? Es ist ein Wunder für uns.«

Aber für mich war das Wunder Girindras Welt, wo der Tod in den Fängen eines Raubtiers so alltäglich war wie das Wetter. »Der schwere Regen ist geflohen«, schrieb er im einen Absatz und im nächsten: »Die Fischerfamilien werden von einem großen Krokodil heimgesucht. Fünf Männer und eine Frau sind in den letzten sechs Wochen gefressen worden.« Dennoch gab es in Sundarbans nie eine Truppe von Jägern, die einen menschenfressenden Tiger oder ein Krokodil so verfolgt hätten wie die wackeren Bürger von New Hampshire die letzte, verkrüppelte Wölfin. Dieser Unterschied war es, der mich faszinierte und mich immer wieder nach Sundarbans fliegen ließ.

Die Antwort fand ich im Mythos vom Tigergott. Dieser Mythos wird jeden Januar am Tag des Gottes Daskin Ray in einem langen, poetischen Lied neu erzählt. Daskin Ray ist der Herrscher von Sundarbans, er ist gleichzeitig ein Gott und ein Tiger. Die Krokodile und Haie sind seine Boten. Die Reichtümer von Sundarbans – die Fische, die Bäume, der Honig – gehören seit eh und je Daskin Ray, und nur aus Großzügigkeit teilt er sie mit den Menschen. Aber nur, wenn die Menschen verstehen, dass der Wald ihm gehört, und sowohl ihm als auch dem Land den nötigen Respekt erweisen. Bis zum heutigen Tag, sagen sie, kann der Gott jeden Augenblick in einen Tiger fahren, und wenn man ihn ärgert, dann greift er an.

Die Geschichte zeigt ein hochentwickeltes Verständnis der Umwelt. Der Tiger beschützt den Wald. Die Furcht vor dem Tiger hält die Holzfäller davon ab, zu viele Bäume zu fällen. Die Mangrovenwälder beschützen die Küste, ihre Stämme und Blätter bremsen die Winde und Stürme. Ihre Wurzeln bilden einen natürlichen Schutz für die Fischbrut, und die Fische ernähren die Menschen. Die Leute haben begriffen, dass Sundarbans ohne die Tiger nicht unversehrt und gesund bleiben würde.

Dass gelegentlich Menschen von den Tigern gefressen werden, ist keine Missachtung des Lebens. Nein, das Leben ist eine wichtige Sache in Sundarbans, und die Menschen erkennen in allem das Wirken der Götter. Auch die Aufgabe des Tigers im großen Ganzen des Lebens – sein *dharma* – ist ihnen heilig. Sie sehen die heilige Göttin, die in den Kühen wohnt. Sie wissen, dass der große Gott Vischnu einmal als Eber zur Welt kam. Und so erkennen sie auch in den Fängen des Tigers die vollendete Schönheit des Göttlichen.

In einem seiner Bücher schreibt Howard über das jüdische Prinzip des *tikkun olam.* Der Begriff stammt aus der Kabbala und leitet sich aus der Legende her, dass Gott bei der Erschaffung der Welt das Licht der Schöpferkraft aus den Händen fiel und in tausend Stücke zersprang. Unsere Aufgabe ist es, sagen die Mystiker, das zerstreute Licht zu sammeln und die Welt so wieder zusammenzufügen.

Aber worin besteht Ganzheit? Woran erkennen wir sie? Woran merken wir, dass sie fehlt?

Ich weiß, wie Ganzheit sich anfühlt. Ich habe sie an milden Sommerabenden gespürt, wenn ich unser Schwein in seinen Verschlag und die Hühner in ihren Stall sperrte. Ich spürte sie, wenn Tess sich auf unserem Bett wälzte und ich ihren weißen Bauch streichelte. Und ich spürte sie, wenn ich in der Scheune saß und dem friedlichen Gackern der Hühner und dem leisen Grunzen von Christopher zuhörte. Wenn mich die Ruhe wie Mondlicht umgab und mich ein tiefer Friede erfüllte.

Ganzheit spüren wir auch, wenn wir dankbar sein dürfen. Dankbar dafür, dass wir sicher und glücklich zusammen sein dürfen. Und daher muss ich auch den Füchsen und Wieseln, den Tigern und Krokodilen dankbar sein. Denn der Friede eines Bauernhofs beruht auf den Gefahren des Dschungels. Die Geborgenheit in der Heimat ist das Ergebnis der Unbehaustheit auf Reisen. Sie erscheinen wie Gegensätze, aber eigentlich sind sie Zwillinge – die beiden Hälften eines Ganzen.

Kapitel 8

Der Ruhm

Der Fotograf war aus New York gekommen, und seine Referenzen waren höchst eindrucksvoll: Er hatte früher für Time-Life gearbeitet. Bruce Curtis war als Reporter in Vietnam gewesen und drei Mal verwundet worden. Er hatte von den Studentenprotesten berichtet, vom Jom-Kippur-Krieg und von der Hungersnot in Biafra.

Und jetzt kam er mit seiner Kameraausrüstung im Kofferraum nach Hancock, um von Christopher Fotos zu schießen.

Er hatte von seiner Freundin, die eine alte Bekannte von Howard war, von unserem Schwein gehört. Er war jetzt kein Kriegsberichterstatter mehr, sondern musste sich mit freiberuflicher Arbeit durchschlagen. Er dachte, ein großes scheckiges Schwein wäre vielleicht ein gutes Motiv für Glückwunschpostkarten.

Die Ausstattungsstücke, die er mitgebracht hatte, zeigten, wie er sich das gedacht hatte: Eine Geburtstagskarte sollte ein Schwein mit Partyhut und Geschenkpäckchen zeigen. Zur Geburt eines Kindes wollte er Christopher mit rosa oder hellblauem Jäckchen ausstaffieren und hatte zwei Schilder mit der Aufschrift IT'S A BOY!, IT'S A GIRL! vorbereitet. Eine Einladungskarte sollte mit einem Foto geschmückt werden, das Christopher mit einer übergroßen Sonnenbrille zeigte. Und schließlich wollte er das Schwein noch im Schaumbad mit Duschhaube fotografieren.

Wir begrüßten ihn mit gemischten Gefühlen. Aber schließlich war er ein Freund einer Freundin und wir wollten Christopher auch nicht die Gelegenheit nehmen, sich von einem berühmten Fotografen porträtieren zu lassen.

Howard hielt sich bedeckt, aber innerlich zweifelte er, dass Christopher mitspielen würde. Er zog sich ins obere Stockwerk an seinen Schreibtisch zurück. Kate und Jane waren irgendwo anders auf der Suche nach Abenteuern. Damit blieb es mir allein überlassen, dem Fotografen unser Schwein vor die Linse zu treiben.

Am Anfang war Bruce noch sehr optimistisch. Es war ein herrlicher Julitag. Das Licht war strahlend und hell. Unsere Scheune hatte »genau die richtige Farbe«. Aber als er zum Schweineplateau kam und Christopher an seinem Halteseil sah, erschrak der Fotograf doch ein bisschen.

»Der ist viel größer, als ich gedacht habe«, sagte er nüchtern.

»Er ist auch größer, als wir gedacht haben«, bestätigte ich.

Bruce studierte den Anblick mit dem Auge des Fotografen. »Was ist das für ein Nylongurt, den er trägt?«

Er fürchtete, dass die zusammengestoppelten alten Riemen und Schnallen auf den Fotos nicht sehr attraktiv aussehen würden.

»Das ist alles, was zwischen uns und vier Zentnern freilaufendem Schwein steht.«

»Heißt das, Sie können ihn anders nicht kontrollieren?«

»Nein«, sagte ich ehrlicherweise. »Wenn hier irgendjemand was kontrolliert, dann ist er es.«

Als er das Unternehmen geplant hatte, war Bruce offenbar der Hoffnung gewesen, Christopher sei so etwas wie ein dressiertes Hündchen. Aber so war es natürlich nicht.

Christopher hasste die Party-Hüte. Das dünne Gummiband, mit dem sie auf dem Kopf befestigt werden sollten, zerriss augenblicklich, als wir versuchten, es über Christophers gewaltigen Schädel zu streifen. Wir versuchten, ihm die Hüte zwischen die Ohren zu klemmen, aber das kitzelte. Kate, unsere Modekönigin von der Junior Highschool, hätte ihn vielleicht dazu bringen können, die albernen Hüte zu tragen, aber ohne sie war es aussichtslos. Christopher schüttelte sie rücksichtslos ab, und wenn sie auf dem Boden lagen, packte er sie mit dem Maul und zerfetzte sie endgültig. Wir hatten eine Party-Packung mit zwölf bunten, spitzen Hüten. Innerhalb von fünf Minuten waren elf davon ruiniert.

Das Hütchen musste natürlich schon auf dem Kopf sitzen, ehe wir Christopher den Geburtstagskuchen hinstellen konnten, denn der würde bestimmt nur zwei Sekunden lang überleben. Ich schlug vor, als Erstes die Geschenkpäckchen aufzubauen, aber Christopher stieß den Stapel sofort um. (Das hatte er bei unserem Feuerholz schon trainiert.) Und dann packte er die »Geschenke« aus. Er hielt die Päckchen mit einem Huf fest und riss das Papier mit den Zähnen ab.

Daraufhin beschlossen wir, die Sache mit den Päckchen ganz wegzulassen. Wir würden uns auf den Kuchen und den Hut konzentrieren. Sobald der Kuchen serviert war, hatten wir eine Sekunde lang eine Chance für das Foto. Bruce baute die Kamera unmittelbar außer Christophers Reichweite auf. Ich legte ein paar Bagel auf den Boden, um ihn zu beschäftigen, während ich den letzten Hut und den Kuchen herbeischaffte. Ich setzte dem Schwein den Hut auf, stellte den Kuchen hin und sprang aus dem Bild. Der Hut fiel herunter. Christopher steckte seinen Rüssel in den Zuckerguss, genau dort, wo das Wort HAPPY stand, und verschlang schmatzend den Kuchen.

Er genoss seine Rolle als Fotomodell. Bloß die Requisiten und das Fotografiertwerden gingen ihm auf die Nerven.

Als die Baby-Karten geknipst werden sollten, streifte er jedes Stück rosa und blau von sich ab, das ihm Bruce mitgebracht hatte. Dass er seine Vorderfüße durch die Ärmel eines Pullovers steckte, kam gar nicht in Frage – aber das gute Stück war sowieso viel zu klein. Die Schilder mit der Aufschrift IT'S A BOY!, IT'S A GIRL! riss er um und zerkaute sie zu Papierbrei.

Ein rotes Halstuch war das Einzige, was Monsieur Hogwood zu tragen bereit war. Bruce benutzte es, um die hässlichen Gurte damit zu verdecken. Das Halstuch nahm Christopher also in Kauf, und die große Sonnenbrille ließ er sich erstaunlicherweise auch noch gefallen. Sie klemmte auf seiner breiten Schnauze, und die dunklen Gläser verdeckten die munteren Schweinsäuglein. Fast eine Minute lang stolzierte er mit der Sonnenbrille herum. Bruce konnte mehrere Schnappschüsse machen, ehe die Brille herabfiel.

Schließlich – als die Requisiten alle kaputt waren und der Kuchen seinen Aufenthaltsort in Christophers Magen erreicht hatte – traten Bruce und ich zum letzten Gefecht an: dem Schaumbad. Dafür würden wir den Gurt abmachen müssen, erklärte Bruce. Chris müsse nackt baden. Wir schlugen eine Menge Schaum in einer Badewanne voll warmem Wasser, dann löste ich die Riemen des Halsgurts.

Aber jetzt reichte es Christopher Hogwood. Würdevoll setzte er sich in Trab und trottete zu einem der Nachbarn, wo er die süßen Trauben am Haus riechen konnte.

Bruce hatte den ganzen Tag hart gearbeitet, und wir dachten, es wäre eine einzige Pleite gewesen. Aber ganz so schlimm war es nicht. Der Schnappschuss mit der Sonnenbrille war ziemlich nett. Bruce schickte uns einen Abzug und gab uns die Erlaubnis, das Bild in jeder Form zu benutzen. Das brachte uns auf eine Idee.

Seit Jahren hatten wir Weihnachtskarten von unseren Freunden erhalten, die elegante Häuser und rosige Kinder zeigten und Berichte über die sportlichen und akademischen Erfolge der Nachkommenschaft enthielten. Die alljährliche Weihnachtskarte, schrieb die

New York Times vor einigen Jahren, ist nun einmal »die Anzeigetafel für Reichtum, Zeugungsfähigkeit und Familienstand«. Unser Problem war, dass wir weder eine feste Anstellung noch Kinder oder gar Geld hatten. Was hätten wir vorzeigen können? Nun, die Antwort lag vor uns: Von jetzt an würden wir Weihnachtskarten mit unserem Schwein schicken!

Das waren wir unseren Freunden schon schuldig. Schließlich war Christophers Gedeihen das Ergebnis einer großen gemeinsamen Anstrengung. Christopher herrschte inzwischen über ein kleines Weltreich von Bio-Abfällen. Abgesehen von den Nachbarsmädchen, der Postbeamtin und dem Pfarrer gehörten auch zwei weltweit anerkannte Antilopen-Experten zu den regelmäßigen Futterspendern. Dr. Richard Estes und seine Frau Runi (die er während einer Pause in der Wildebeest-Brunft geheiratet hatte) sammelten ihre Gemüseabfälle die ganze Woche im Kühlschrank für unser Schwein. Wenn ich samstags an ihrem Haus vorbeifuhr, nahm ich die Spenden mit (wobei ich oft genug erst zu Hause feststellte, dass die liebenswürdigen Estes mir aus Versehen ein Hühnchen oder gefrorene Shrimps in die Hand gedrückt hatten). Cindy Dechert, die gegenüber von ihren Eltern, den Amidons wohnte, brachte Christopher Mangold mit, ein altmodisches Blattgemüse, das sie frisch im Garten geschnitten hatte. Barry Estabrook, der Herausgeber meiner ersten Kolumnen-Sammlung, schickte eine Ladung altbackenes Brot aus einer Bäckerei in Vermont. Im Spätsommer war Christophers Trog bis zum Rand mit Hancocks überschüssigen Zucchini gefüllt; wenn der erste Frost kam, brachten ihm die Gärtner die grünen Tomaten, die noch am Stock hingen; nach Halloween häuften sich in unserer Schubkarre die Kürbisse.

Die eindrucksvollsten Luxus-Abfälle seiner Karriere aber erhielt Chris aus dem *Wide World Cheese Shop.* Während Howard und ich es uns kaum je leisten konnten, mal essen zu gehen, wurde unser Schwein regelmäßig mit Leckerbissen aus einem der besten Restaurants unserer Gegend versorgt.

Rote Salatblätter, Havarti-Käse, Pumpernickel und französisches Brot. Die erste und die letzte Scheibe von jeder Tomate. Und die köstlichsten Suppen. »Wenn sie ein bisschen anbrennt, ist es Cajoun-Küche«, sagte uns der Besitzer des Restaurants, Harlow Richardson. »Und wenn sie noch mehr anbrennt, ist sie für Christopher.« Gesammelt wurden all diese Leckerbissen in grünen Zwanzig-Liter-Eimern, die unter Harlows Arbeitsplatte in der Küche bereitstanden. Von dort wanderten sie auf die Ladefläche von Harlows Pick-up. In einer ländlichen Gegend, wo es nicht mal einen Pizza-Service gab, war Christopher Hogwood der Einzige, dem das Essen direkt aus der Küche nach Hause geliefert wurde. Es gab sogar musikalische Begleitung dazu; denn Harlow hatte fast immer ein Lied auf den Lippen, wenn er bei uns auf den Hof fuhr. Mal waren es ›Die Piraten von Penzance‹, mal ›Mikado‹ oder ›Orpheus in der Unterwelt‹. Christopher wurde ein echter Opernliebhaber.

Anderen waren wir für ihre Dienste als Schutzengel und Leibwächter verpflichtet. Es war schon gar nicht mehr zu zählen, wie oft Ed unser Schwein wieder sicher nach Hause gebracht und Mike ihn von der gefährliche Durchfahrtsstraße geholt hatte. Und als wir zu Thanksgiving nach Long Island gefahren waren, stand bei unserer Rückkehr die Freiwillige Feuerwehr vor dem Haus. Ein Spritzenwagen war nicht dabei, aber Chris war wieder mal ausgebrochen und die gesamte Nachbarschaft hatte ihn gemeinschaftlich eingefangen. Es muss eine Riesengaudi gewesen sein.

Am Anfang verschickten wir hundert Karten mit Christophers Konterfei. Prompt erhielten wir Beschwerden von Leuten, die keine gekriegt hatten, und mussten eilig zum Fotohändler, um weitere Abzüge machen zu lassen.

Bruce war sich dessen vielleicht nicht bewusst, aber seine Fotos standen in einer jahrtausendealten Tradition der Schweineabbildung. Das älteste bekannte Bild eines Schweins ist die Zeichnung eines springenden Ebers, die vor vierzigtausend Jahren in einer Höhle in Altamira im Norden von Spanien gemalt wurde. Die ersten Bilder von Hausschweinen finden sich als Opfergaben in den Grabkammern der chinesischen Zhou-Dynastie aus dem neunten Jahrhundert vor Christus. Seitdem haben die Tapferkeit und Fruchtbarkeit der Schweine, die nicht nur unsere Körper, sondern auch unsere Seelen ernähren, Künstler in aller Welt inspiriert. Es gibt Jade-Schweine aus China und ägyptische Ebenholz-Schweine, Schweine aus Elfenbein und aus den Hörnern von Nashörnern. Terrakotta- und Porzellanschweine. In den vatikanischen Museen gibt es ein lebensgroßes Schwein aus weißem

Marmor, und im Louvre findet sich ein assyrischer Fries, auf dem eine Muttersau mit ihren Jungen zu sehen ist.

Als wir unsere ersten Schweine-Weihnachtskarten verschickten, war Christopher gerade mal fünf Jahre alt, und wir verfolgten keine besonderen Pläne damit. Aber Christopher war nun einmal unter einem glücklichen Stern geboren. Er besaß jene gravitätische Würde, die jede wahrhaft große Persönlichkeit auszeichnet. Bei einem Lebendgewicht von mittlerweile fünf Zentnern war das nahezu unvermeidlich, und so war es nicht weiter erstaunlich, dass er allmählich berühmt wurde.

Angefangen hatte es mit einem Schreiben der Firma Blanchard & Blanchard Ltd. aus Norwich, Vermont:

»Dear Mr Hogwood, wir wissen, dass Sie ein wahrer Gourmet sind und echte Spezialitäten zu schätzen wissen …«

Na schön, auch Tess hatte Massendrucksachen erhalten, in denen es hieß: »Als Manager einer aufstrebenden Firma ist Ihnen sicher bewusst …« Aber das Schreiben an Chris hatte doch eine andere Qualität. Woher wussten die Leute von Blanchard & Blanchard so gut Bescheid?

Dann kam der Polizeibericht im ›Monadnock Ledger‹.

HANCOCK – *Christopher (5), das Hausschwein einer ortsansässigen Schriftstellerin, das am Donnerstag in Boston im Fernsehen auftrat, verließ gestern ohne Erlaubnis seiner Besitzerin sein Gehege. Die Polizei, die von*

Anwohnern der Old Antrim Road alarmiert worden war, konnte das Tier dort allerdings nicht arretieren. Es wurde erst im Laufe des Nachmittags von seiner Besitzerin nach Hause zurückgebracht. Polizeichef Ed Coughlan erklärte: »Die Publicity war wohl zu viel für unseren Christopher.«

Das ›Peterborough Transcript‹ wusste zu melden:

Ein Schnappschuss mit Christopher Hogwood, dem Fünf-Zentner-Schwein von Sy Montgomery und Howard Mansfield aus Hancock war einer der Preise bei der diesjährigen Versteigerung zugunsten des Mariposa Museums in Peterborough. Der Meistbietende – Jim Jenkins aus Antrim – wurde zum Schweinehirten auf Lebenszeit ernannt.

Und im ›Keene Sentinel‹ hieß es:

HANCOCK – *Da niemand sonst als Vorsitzender der Bürgerversammlung kandidierte, wurde Thomas Ward mit 69 Stimmen gewählt. Jeweils drei Stimmen erhielten Stadtrat Neal Cass und Christopher Hogwood.*

Gelegentlich beschuldigte mich Howard, dass ich zu ehrgeizig sei und Christophers Karriere mit allen Mitteln voranzutreiben versuchte. Das war nicht ganz richtig. Wenn die örtliche Presse ein Foto von mir wollte, weil mal wieder ein neues Buch erschien, sorgte ich zwar regelmäßig dafür, dass Christopher mit ins Bild kam. Ich war ja sehr stolz auf mein Schwein. Aber ich wusste auch, dass man neben einem Fünf-Zentner-Schwein auf jeden Fall zierlich und damenhaft aussieht.

Unsere Fotos erschienen in den örtlichen Wochenblättchen, später auch im ›Keene Sentinel‹ und schließlich traten wir auch im Fernsehen auf. Die erste Frage des Reporters war ziemlich persönlich. »Furzt er viel?«, fragte der junge Mann.

»Eher selten«, sagte ich etwas schüchtern.

In meiner zweiten Kolumnensammlung war ein längerer Artikel über Matsch – New Hampshires wichtigstes Naturprodukt in den Monaten März und April. Bei den Fernsehaufnahmen zu diesem Thema stahl mir Christopher ohne Zweifel die Show. Während meiner lichtvollen Ausführungen konzentrierte sich die Kamera ausschließlich auf ihn, was insofern nicht ganz abwegig war, als er zweifellos der größere Experte auf diesem Gebiet war. Er steckte seinen Rüssel tief in den Schlamm, hob dann voller Andacht die Schnauze und grunzte ins Mikrofon, als ob er sagen wollte: »Sooooo muss man das machen!«

Als die Sendung ausgestrahlt wurde, war George gerade bei Gretchen, um eins ihrer Ponys frisch zu beschlagen. »He, George«, rief Gretchen. »Du wirst es nicht glauben! Im Fernsehen ist Christopher Hogwood!« George rannte eilig ins Haus und sah staunend zu, was aus dem Kümmerer geworden war, den er uns geschenkt hatte. »Herrje!«, sagte er schließlich kopfschüttelnd. »Das Schwein hat ganz schön Karriere gemacht!«

Christophers Bild erschien im ›Boston Globe‹, und

das hatte überhaupt nichts mit meiner Kolumne zu tun. Das Bild war nur ihm gewidmet. Der Fotograf war ein entfernter Bekannter, der in Massachusetts eine Pflegestation für verletzte Eulen unterhielt. Als er zufällig in unserer Gegend war, kam er vorbei, um uns zu besuchen. Als Nächstes erschien dann das Riesenfoto von Christopher in der Sonntagszeitung. Er stand auf den Hinterbeinen, stützte die Vorderläufe aufs Gatter und wartete auf einen Bagel.

Howards bester Freund von der Uni und seine Frau sorgten dafür, dass Christophers Bild auch in die ›Washington Post‹ kam, nachdem ihre Kinder sich beim Großen Schweinebad königlich amüsiert hatten, und Liz Thomas schummelte seinen Namen in eine Kolumne für ›USA Today‹.

Auch im New Hampshire Public Radio wurde Christopher oft erwähnt. »Das war Haydns Symphonie No. 84 in Es-Dur, dirigiert von Christopher Hogwood«, sagte der Sprecher zum Beispiel, und unsere Nachbarn sagten: »Heute morgen war euer Schwein mal wieder im Radio.«

Was aber vor allem zu Christophers überregionaler Bekanntheit beitrug, waren Howards literarische Anstrengungen. Das ›Yankee‹-Magazin veröffentlichte zahlreiche seiner Aufsätze über Neuengland, seine historischen Baudenkmäler, seine Wahrzeichen und seine Idole. Christopher gehörte in eine der beiden letztgenannten Kategorien. »Das ist das wahre Schweineleben« betitelte die Redaktion einen von Howards Artikeln. »Jede Menge Futter, Besucher und Publicity, was braucht ein Schwein mehr?«

»Unser Schwein ist ein Zen-Fresser«, erklärte Howard. »Es liebt sein Futter. Es ist, was es frisst. Ohne Reue. Keine verklemmten Gespräche über Zucker, Fett oder Diätpläne. Ein Schwein bringt die alten Zeiten wieder zurück, als jedes Essen noch gut war.«

Dass so viele Leute Christopher Essensabfälle brachten, fand Howard verständlich: »Die Welt steht auf dem Kopf, und das Gemüse rollt unserem Schwein nur so in die Schnauze. Es ist so bequem ... In den vergangenen fünf Jahren hat Christopher Hogwood eine größere Anhängerschaft gewonnen als die meisten Kongressabgeordneten ... Für jemanden, der die meiste Zeit in seinem Stall zubringt oder im Garten in der Sonne liegt, ist er ausgezeichnet vernetzt.«

Als Ergebnis dieses Artikels erweiterte sich Christophers Einzugsbereich natürlich noch mehr. Eines Abends, als wir gerade zu einer Einladung fahren wollten, hielt ein Wagen mit kalifornischen Nummernschildern vor unserem Haus. »Wohnt hier Christopher Hogwood?«, fragte der Fahrer. »Meine Frau und ich haben im ›Yankee‹ einen Artikel über ihn gelesen. Dürfen wir vielleicht ein Foto von ihm machen?«

Wir brachten die Westküsten-Paparazzi zu Christophers Stall und sie packten die Kameras aus. Als wir wegfuhren, machten sie immer noch Fotos.

Je größer Christophers Fan-Club und Lebendgewicht, desto länger wurde unsere Adressenliste. Immer mehr Leute wollten ein Foto von Christopher. Die meisten von ihnen hatten mal einen Hund bellen oder einen

Papagei im Hintergrund krächzen hören, wenn sie uns anriefen, und da ich unseren Hühnerbestand alle zwei, drei Jahre durch neue Küken ergänzte, die unter einer Infrarotlampe in meinem Arbeitszimmer aufwuchsen, war ihnen auch das unverkennbare Piepsen der gelben Federbällchen vertraut. »Rufen Sie aus dem Zoo an?«, fragten meine Gesprächspartner oft. Na ja, nicht direkt … aber am Ende erzählten wir den meisten doch von unserer Tierfamilie und Christopher. Dann schickten wir ihnen ein Foto. Und die Leute fanden es einfach prima, ein glückliches Schwein mit rosa Sonnenbrille zu sehen. Und dann fragten sie unweigerlich, wann die nächste Karte eintreffen würde.

Christophers Weihnachtskarten wurden zur Tradition. Im einen Jahr trug er einen Elfenhut, in einem anderen trank er ein *Schlitz*. Daraufhin beschuldigten einige Freunde uns der Tierquälerei. Wir waren uns nicht ganz sicher, ob sie der Ansicht waren, dass Schweine keinen Alkohol trinken sollten, oder ob sie einfach kein *Schlitz* mochten.

In einem Jahr fiel Janes Geburtstag genau in die Zeit, als die Perseiden vorbeizogen, und wir lagen abends alle im Garten und zählten die Sternschnuppen. Zwischen den Meteoriten fragten wir uns, was für ein Christopher-Foto wir dieses Jahr machen sollten. Wie konnten wir das vom letzten Jahr noch übertreffen?

Leider war das auch der Sommer, in dem Lilla uns sagte, dass sie und die Mädchen bald ausziehen würden. Die Scheidung und ihre Folgen hatten Lillas Ersparnisse aufgezehrt. Als Mutter mit zwei unmündigen Kindern musste sie jetzt ihre eigene Mutter um Hilfe bitten. Aber die lebte in Connecticut. Die Familie würde umziehen müssen.

Am Tag vor dem Umzug veranstalteten wir eine stundenlange Schönheitskur für Christopher. Lilla war im Haus und packte. Howard saß betrübt im oberen Stockwerk und versuchte vergeblich zu schreiben. Kate, Jane und ich saßen in der Sonne und schrubbten das Schwein. »Ich will Christopher morgen wieder Zöpfchen flechten!«, erklärte Kate.

Connecticut sei doch gar nicht weit weg, sagte ich. Wir könnten sie ja besuchen. Und jeden Sommer könnten die Mädchen ein paar Wochen nach Hancock zurückkommen.

Aber morgen würde es keine Schweine-Schönheitskur geben. Das liebe alte Haus nebenan würde leer stehen. Es war alles so schrecklich. Wir drei umarmten uns schluchzend über Christophers Rücken und Bauch. Und während er leise grunzte, fielen heiße Tränen auf seine schwarz-weißen Borsten.

Kapitel 9

Das Paradies finden

»Da fährt Janes Bus.« Jeden Morgen, wenn ich die Eier servierte, die uns die Hennen geschenkt hatten, saß Howard an unserem wackligen Klapptisch am Fenster und sah sehnsüchtig hinter dem gelben Schulbus her. Aber Jane saß jetzt nicht mehr drin.

Das Puppenhaus stand leer, und wir fanden, dass es traurig und einsam aussah.

Wir vermissten die Mädchen entsetzlich und machten uns häufig Gedanken darüber, wer jetzt wohl dort einziehen würde. Was, wenn es nun Leute mit aggressiven Hunden waren, die frei herumliefen? Oder Kinder, die Tiere quälten? Wären unsere Hühner vor ihnen sicher? Würden sie womöglich Schweine nicht mögen? Christophers gewaltiger Misthaufen erhob sich direkt an der Natursteinmauer zwischen den beiden Grundstücken. Wenn die neuen Nachbarn nun keinen Schweinemist mochten?

Es dauerte ziemlich lange, bis wir sie kennenlernten. Der Eigentümer des Hauses kam für eine Zeitlang zurück und zog wieder ein, denn er hatte seinen Job als Einkäufer einer Sportartikelfirma verloren, aber das war nur ein Intermezzo. Die Bank ließ das Grundstück als Sicherheit für ihre Forderungen beschlagnahmen. New Hampshire war erneut von einer Rezession betroffen, und diesmal war auch der Immobilienmarkt schwach. Im Falle unseres Nachbarhauses stand der Makler vor einer besonderen Herausforderung. Das allerdings erfuhren wir erst, als einer von unseren Freunden, der Software-Spezialist Ray Cote, uns von einem Treffen der Handelskammer erzählte, wo der Immobilienmakler sein Leid geklagt hatte.

»Da kam ein Ehepaar aus New Jersey«, erzählte der Mann. »Sie suchten ein stilles Plätzchen in ländlicher Umgebung, und da habe ich ihnen das alte Haus da gezeigt. Wir haben es gründlich angesehen, und es schien ihnen gut zu gefallen. Sie waren sehr zufrieden damit. Dann gingen wir nach draußen, und da war dieser blühende Garten. Sie waren ganz enthusiastisch. Es sah alles so aus, als ob sie das Haus *wirklich* kaufen wollten. Der Mann machte gerade den Mund auf und schien etwas sagen zu wollen – da hörten wir diesen gellenden Schrei.

Wir haben in den Nachbargarten geschaut, und da sahen wir diese dürre kleine Frau mit riesigen Gummistiefeln. Sie rannte, so schnell sie nur konnte. Sie trug einen Eimer, der offensichtlich sehr schwer war, und rannte wie wahnsinnig. Warum bloß? Wir fragten uns natürlich, wer hinter ihr her war.

Und was wir sahen, war der Kopf eines riesigen schwarz-weißen Schweins! Das Vieh kam irgendwo aus dem Nichts und rannte laut grunzend hinter ihr her. Grunz, grunz, grunz! Und die Frau *fliegt* geradezu in die Scheune! Und das Schwein hinterher! Und dann knallt die Tür zu. Und der Rest war Schweigen.«

»Was haben Sie dem Ehepaar denn gesagt?«, fragte unser Freund Ray.

»Ich habe mich zu ihnen umgedreht und gesagt: ›Eine nette, ländliche Nachbarschaft.‹ Leider hab ich nie wieder von ihnen gehört.«

Howard und mir gefiel die Geschichte. Wir fanden, dass Christopher uns allen einen Gefallen getan hatte. Jemand, der nicht in der Nachbarschaft eines Schweins leben wollte, war es nicht wert, in unserer Gemeinde zu wohnen.

Trotzdem blieb das Nachbarhaus einsam. Lilla und die Mädchen – das war einfach zu schön gewesen. Es gab keinen Tag, an dem wir nicht an sie dachten. Zum Glück hielten sie ihr Versprechen und kamen uns alle paar Monate einmal besuchen. Einmal überraschten sie Howard zu seinem Geburtstag, und im nächsten Jahr kamen sie überraschend zu meinem. Und sie kamen im Sommer. Und wir besuchten sie auch in Connecticut, wo sie in einem Haus aus den siebziger Jahren wohnten mit Veranda und Schiebetüren.

Ihre neue Heimat war eine andere Welt, erzählten die Mädchen. Zwei Eltern hatte so gut wie niemand, viele von den Kindern nahmen Prozac, und Psychotherapie machten alle. An der High School gab es ein paar populäre Sportskanonen und ihre Freundinnen, ein paar ganz Ausgeflippte und jede Menge Hochstapler, die sich für alles mögliche ausgaben. Jeans und Sweatshirts wie in New Hampshire waren verpönt, für die Schule musste man sich ordentlich aufdonnern. Als wir mal über Nacht bei ihnen blieben, erschien Kate zum Frühstück in Netzstrümpfen – das war ihre übliche Schulbekleidung. Howards buschige Augenbrauen stießen fast an die Decke, und seinem Mund entglitten die Worte, die ich so oft von meinem Vater gehört hatte: »*So willst du zur Schule gehen?*« Ich hätte nie gedacht, dass mein lieber Ehemann so etwas sagen könnte.

Kate und Jane waren keine kleinen Mädchen mehr. Dennoch waren sie immer noch Teil von Hancock und unserer Familie. Die aufgeweckten Kinder, die sich am Schweinekitzeln gefreut hatten und an unserem Küchentisch von Abenteuern mit Orkas, Wölfen, Ottern geträumt hatten, waren noch immer in ihnen lebendig. Jane wurde an einer privaten Schule mit einem eigenen Zoo aufgenommen, wo sie sich besonders mit der Pflege der Emus beschäftigte. Kunst und Biologie waren ihre Lieblingsfächer. Kate, die immer unter Dyslexie gelitten hatte, las und schrieb jetzt begeistert. Ihre Aufsätze über das Leben in der Natur, Tier- und Umweltschutz beeindruckten ihre Lehrer. Es war klar, dass beide Mädchen ihren Weg machen und ihr Glück finden würden. Sie wussten ja, wie das Glück aussah: Es sah aus wie ein schwarz-weiß geflecktes, schlafendes Schwein.

Und sie kehrten auch immer wieder zu Christopher zurück. Anfangs fragten wir uns, ob er seine alten Freundinnen wohl wiedererkennen würde. Aber selbst wenn zwischen den Besuchen viele Monate vergingen, wusste Christopher immer, wer vor ihm stand, wenn Kate und Jane kamen. Noch ehe ihn ihre Hände berührten, stieß er jene zärtlichen Grunztöne aus, die ausschließlich für sie reserviert waren.

Auch bei uns im Haus herrschte viel Wechsel. Seit wir das Haus gekauft hatten, waren zahlreiche reizende Untermieter bei uns eingezogen, aber leider gingen sie auch nach einiger Zeit alle wieder, und für uns war das jedes Mal eine Krise. Wir brauchten die Mieteinkünfte, aber wegen des engen Zusammenlebens wäre es eine Katastrophe gewesen, wenn die Mitbewohner mal nicht zu uns gepasst hätten.

Zum Glück diente Christopher immer als Lackmus-Test für die Untermieter. Ein Besuch in der Scheune stellte sicher, dass sich nur echte Schweinefreunde bewarben. Mary Pat und John hatten Christopher als Familienmitglied betrachtet, obwohl er Mary beinahe ihr Hochzeitskleid ruiniert hätte. Sie hatte das schneeweiße, viktorianische Spitzenkleid ohne jede Umhüllung vom Schneider nach Hause gebracht und ging gerade über den Hof, als Chris auf sie zustürzte, um sie mit seinem schlammigen Maul zu begrüßen. Sie hatte es gerade noch geschafft, sich mit dem Kleid ins Haus zu retten. Aber nach ihrer Eheschließung zogen John und Mary irgendwann aus. Es folgte ein anderes Paar. Der Mann war Künstler, und sie arbeitete im Krankenhaus in Keene. Aus der dortigen Cafeteria bezog Christopher denn auch bald regelmäßige, allerdings etwas eintönige Essensabfälle. Dann kam ein

Schriftsteller und Jazzmusiker, der im Toadstool Bookshop in Peterborough arbeitete. Er richtete eine kleine Hobbybrauerei bei sich ein und überließ dem dankbaren Hogwood die Abfälle. Als Nächstes folgte ein Mann in unserem Alter mit einem weißen Hirtenhund. Die beiden waren Überlebende einer besonders hässlichen Scheidung. Eines Tages fand er eine unwillkommene Überraschung auf seiner Schwelle: einen Plastiksack voller Essensabfälle. Der beigelegte Zettel besagte: FÜR CHRIS. Da der Name unseres Untermieters ebenfalls Christopher war, hatten wir etwas Mühe, ihm zu erklären, dass es sich nicht um eine besonders infame Beleidigung seiner Exehefrau, sondern um Futter für unser Schwein handelte.

Jetzt verließ uns auch dieser Mieter, und der Grund war immer derselbe. Wir versicherten all unseren Mietern, wir würden ihnen nie kündigen, und wir erhöhten auch nie die Miete. Aber sie verließen uns trotzdem, weil ihnen unweigerlich etwas Wunderbares passierte, wenn sie bei uns wohnten. Es war, als ob sich für die Menschen, die bei uns wohnten, über kurz oder lang ihre schönsten Wünsche erfüllten.

Mary Pat und John bezogen ein eigenes Haus, weil Mary schwanger geworden war, während sie bei uns wohnten. Beim nächsten Paar war es dasselbe. Der bierbrauende Buchhändler zog nach New York, um als Lyriker, Essayist und Musiker sein Glück zu machen. Und unser Scheidungsopfer mit dem weißen Hirtenhund traf die Frau seines Lebens, als sie zwei Kilometer von unserem Haus entfernt mit ihrem Pferd die Straße überquerte.

Und dann kam an einem grauen Novembertag Selinda Chiquoine, um sich die Wohnung in der anderen Haushälfte anzusehen.

Selinda und ihr Mann hatten scheinbar die ideale Ehe geführt. Sie waren gerade mal ein Jahr jünger als wir. Sie hatten gutbezahlte Jobs, zahlreiche Interessen und ein schönes neues Haus mit Garten in der übernächsten Stadt. Ken verdiente gutes Geld als Computerwissenschaftler, und Selinda arbeitete als technische Redakteurin bei einem Computer-Magazin.

Selinda war eigentlich Geologin. Den Sommer vor ihrem Examen hatte sie in der Brooks Range in Alaska verbracht, dreißig Meilen nördlich des Polarkreises, wo sie eine Zink- und Blei-Lagerstätte erforschte. Mit fünfundfünfzig anderen Geologen, von denen nur vier Frauen waren, hatte sie monatelang in einem Zelt mit Bretterboden und Kerosinöfen gehaust. Täglich flogen sie mit dem Hubschrauber hinaus, um das Gelände zu vermessen, Gesteinsproben zu sammeln und den Winkel der Bohrlöcher zu berechnen. Als sie ihren Freund vom College heiratete, war es aus mit der Geologie. Aber Selinda, eine zierliche, vergnügte Brünette mit der unermüdlichen Energie eines Eichhörnchens, hatte bald eine neue Leidenschaft – die Gärtnerei. Als sie nach Sharon zogen, zwanzig Autominuten von Hancock entfernt, baute ihr Ken ein zehn Meter langes Gewächshaus, damit sie Blumen züchten konnte – das ganze Jahr über.

Aber irgendwann hatte Selinda doch das Gefühl, dass sie in einem langweiligen Hausfrauendasein gestrandet war. Ihr Job gefiel ihr nicht *wirklich*. Sie fühlte sich eingesperrt, sie wollte mehr draußen sein. Und mit Ken kam sie auch nicht mehr aus. Wenn sie miteinander redeten, redeten sie immer über Computer. Sie begannen zu streiten, und das brachte auch nichts. Selinda liebte Ken, aber sie wusste nicht, wie sie die Ehe retten sollte. Die einzige Lösung schien darin zu bestehen, dass sie von ihm wegzog.

Bedauerlicherweise hatte sie nicht viele Möglichkeiten. Sie hatte nur wenig Geld. In den meisten Mietwohnungen waren Hunde unerwünscht, aber sie wollte unbedingt mit ihren beiden Hunden und ihrer Katze Tigger zusammen sein können. Rebe war ein drei Jahre alter schwarzer Labrador-Setter-Mischling und Louie war ein vier Jahre alter weißer Labrador-Hirtenhund-Mischling. Als sie von der Wohnung in unserem Haus hörte, war Selinda begeistert und ängstlich zugleich. Sie wollte ihre Chance nicht verderben.

Besondere Sorge machte ihr Tess. Sie wusste intuitiv, wie wichtig es war, dass sie von Tess akzeptiert wurde, weil wir unser Urteil nach dem von Tess richten würden. Tess bellte natürlich hysterisch, als Selinda vor unserer Tür stand. Aber nachdem sie einmal die Frisbee-Scheibe geworfen hatte, wurde Selinda friedlich beschnuppert und akzeptiert.

Selinda wusste nicht, dass sie auch unserem Schwein vorgestellt werden würde, dessen Urteil wir ähnlich hoch schätzten. Als Nächstes gingen wir also zur Scheune. Aber auch Christopher gab seine Einwilligung.

Dass Tess und Chris sie mochten, genügte uns völlig.

Also zeigten wir Selinda den Teil des Hauses, den wir vermieten konnten: das große Wohnzimmer mit dem Kamin im unteren Stockwerk, die sonnige Wohnküche, die früher mal ein Wintergarten gewesen war, die altmodische, von den früheren Eigentümern rosa gestrichene Badewanne und das dachbodenähnliche Schlafzimmer, in dem man glauben konnte, man läge in einem Baumhaus. Auch im Außenbereich gab es eine besondere Attraktion: den Misthaufen. Andere Vermieter hätten ihn vielleicht gar nicht erwähnt, aber ich wusste, wie man eine Gärtnerin überzeugt. Ein Haufen Schweinemist war der ideale Beschleuniger für den Kompost.

Selinda war entzückt. Unser altes Bauernhaus mit den weißen Schindeln gefiel ihr. Die Wohnung mit den großen Südfenstern, durch die das Sonnenlicht hell hereinströmte, gefiel ihr. Und den Misthaufen fand sie höchst eindrucksvoll.

Die Leute haben uns oft gefragt, warum wir keinen richtigen Garten hätten. Zum einen interessierte Howard sich überhaupt nicht dafür. Ich liebte die Stauden, Büsche und Bäume auf unserem Grundstück, den gewaltigen Flieder am Eingang, den großen Silberahorn und seinen gefiederten Nachbarn, die Tamaraklärche, den Sommerphlox und die Herzlilien, die Blüten der Quitten und Holzapfelbäume, die Forsythien und die großen gelben Jerusalem-Artischocken neben der Scheune, aber auf einen richtigen, gepflegten Blumengarten legte ich keinen Wert. Auch Gemüse habe ich nie gepflanzt. Farmer Hogwood hingegen brachte ganz unwillkürlich alljährlich eine Kürbiszucht hervor. Jedes Frühjahr schlängelten sich grüne Ranken aus dem Komposthaufen, das Ergebnis der üppigen Kürbismahlzeiten zu Halloween. Viele der Arten vermischten sich bei der Blüte, und wenn der erste Frost kam, konnten wir alle möglichen verrückten Halloween-Kugeln vor dem Haus ausstellen und im Verlauf des Winters an Chris verfüttern. Aber trotz der kurzen Wachstumsperiode in New Hampshire schien ich nie genug Zeit am Stück zu haben, um einen Garten von der Aussaat zur Reife zu bringen. Auch in diesem Jahr plante ich eine neue Reise.

Denn während Selinda in diesem Winter von einem Garten träumte, träumte ich schon wieder vom Urwald. Ich wollte zum Amazonas. Ich hatte diesen großen Regenwald schon immer besuchen wollen. Mein Vater war mehrfach dort gewesen, sowohl während seiner Zeit bei der Armee als auch danach. In den achtziger Jahren war er eine Woche lang in einem Boot in Peru unterwegs, mit einem zahmen Kapuzineräffchen und einem roten Ara an Bord. Meine Mutter war nach Iquitos geflogen, um ihn dort abzuholen und mit ihm nach Brasilien weiterzureisen. Wo genau sie gewesen waren, wusste ich nicht, aber ich wusste, was meinem Vater am besten gefallen hatte. Noch heute besitze ich ein Foto von dieser Südamerika-Reise, auf dem mein Vater ein junges Dreizehen-Faultier auf dem Arm hat, dessen haarige Hände und Krallen sich an seinen Hüften festhalten. Meine Mutter war natürlich höchst besorgt, dass es ihn kratzen, beißen oder zumindest vollpinkeln könnte, aber mein Vater strahlt so zufrieden, als ob die Begegnung mit diesem ungewöhnlichen Geschöpf der absolute Höhepunkt seiner Reise gewesen wäre.

Für mich war der Amazonas das letzte Paradies. Der Fluss durchzieht einen Urwald, der so groß ist wie die Vorderseite des Mondes. Es gibt dort zehnmal so viele Fischarten wie im Kongo, elektrische Aale, die so lang wie ein Luxusautomobil werden, und fünftausend verschiedene Arten von Orchideen. Die Vielfalt blendet und die Größe überwältigt. Ich hatte immer gewusst, dass ich einmal dorthin reisen würde, aber ich brauchte einen ungewöhnlichen Führer, der mir den Weg zeigte.

Kurioserweise hatte ich diesen Führer in Sundarbans kennengelernt. Eines Tages teilten sich die lehmigen Wellen, und in einem Seitenarm des Ganges erhoben sich vor mir die rosa Rückenflossen von drei Flussdelphinen. Ich sah sie immer nur kurz, aber vergessen hab ich sie nie. Sie verfolgten mich bis in meine Träume, und schließlich erfuhr ich, warum.

Bei einer Konferenz über Meeressäugetiere in Florida begegnete ich einem Mann, der die Delphine des Amazonas erforschte, *Inia geoffrensis*. Er erklärte mir, dass die Fluss-Delphine Gestaltwandler sind, die sich auch in Menschen verwandeln können. Sie tauchen zum Beispiel dort auf, wo getanzt wird, und verführen Männer und Frauen. Damit man sie nicht an den Löchern zum Luftholen erkennt, tragen sie dabei Hüte. Man muss sich vor ihnen hüten, sagen die Uferbewohner, sonst bringen einen die Delphine in ihre verzauberte Stadt tief unter dem Wasser, wo es so schön ist, dass man nie wieder fortgehen will. Diese Stadt nennen die Brasilianer *Encante.*

Jetzt wusste ich, wovon mein nächstes Buch handeln würde: Ich würde den rosa Delphinen folgen. Ich würde ihnen ins Paradies folgen. Den Amazonas hinauf nach Encante.

Ich wollte ihnen nach Hause folgen, zum Mutterschoß der Erde, ins Wasser, zur Quelle von Sehnsucht und Schönheit, zum Ursprung des Lebens. Mit dieser Geschichte wollte ich zeigen, dass Tiere uns verändern können, dass sie uns nach Hause ins Paradies führen können. Dass wir noch immer von vorne anfangen können.

Eines Abends saßen wir beim Essen, als Selinda an die Tür klopfte. Seit sie eingezogen war, hatten wir uns regelmäßig besucht. Wir hatten Kuchen und Kekse zusammen gebacken und waren mit den heißen Blechen von einer Wohnung zur anderen gerannt. Wir kochten Marmelade, aßen zusammen und machten im Winter gelegentlich lange Ski-Wanderungen mit den drei Hunden. Neben den beiden größeren und viel lauteren Hunden wirkte Tess besonders elegant und zurückhaltend. Howard hatte sie *Numskull* und *Knucklehead* getauft, weil sie solche Rabauken waren. Sie hatten Tess ihre Frisbee-Scheibe gestohlen, sie verjagten die wilden Truthühner, die von den Nachbarn mit Körnern angelockt worden waren, und einmal fraßen sie einen ganzen Topf mit Karamell leer, den eine Nachbarin zum Abkühlen vor die Tür gestellt hatte.

Aber diesmal hatte Selinda ein anderes Problem.

»Ich wollte fragen, ob Howard mir helfen könnte, eine Pflanze ins Haus zu tragen.«

Sie hatte ihre Wohnung in eine Mischung zwischen einem Gewächshaus und einem Blumenladen verwandelt und mit einer schönen botanischen Bibliothek und etlichen antiken Möbelstücken bereichert, die noch von ihrer Großmutter stammten. Sie hatte einen grünen Daumen, und ich persönlich nannte sie die Pflanzengöttin. Ins untere Stockwerk hatte sie mehr als hundert blättrige Freunde gesperrt, die sich am Sonnenlicht labten: Orchideen, Rotklee, Bromeliazeen, Jasmin, Begonien, Lilien vom Amazonas, einen Jadebaum und mindestens dreißig afrikanische Veilchen. Topfpflanzen hingen von den Deckenbalken herunter, drängten sich auf den Fensterbrettern und füllten den Boden. Außerdem hatte sie immer einen frischen Schnittblumenstrauß in der Wohnung; denn ihr vereinsamter Ehemann schickte jede Woche ein neues Bouquet. Und manchmal kaufte Selinda sich auch selbst welche im Blumenladen. Natürlich war sie ständig auf der Suche nach neuen Pflanzen und schien ihre botanische Sammlung fast wöchentlich zu erweitern.

»Ach, lass nur, ich helf dir schnell«, sagte ich, damit Howard ungestört weiteressen konnte.

Aber Selinda ließ sich nicht beirren. »Ich fürchte, diesmal muss Howard mir helfen.«

Howard war gar nicht entzückt. Aber es war tiefster Winter, und wenn die Pflanze nicht bald aus dem Auto geholt wurde, würde sie wahrscheinlich erfrieren. Er zog den Parka und seine Stiefel an und trottete mit

Selinda nach draußen, um ihre neueste Errungenschaft anzusehen. Zu seinem Entsetzen fand er in ihrem Pick-up einen anderthalb Meter hohen, auf der Seite liegenden Baum vor. Der Topf hatte einen Durchmesser von sechzig Zentimetern und enthielt mindestens siebzig Pfund Erde. »Den müsste Christopher auf dem Schlitten ziehen!«, sagte mein Mann. »Der wäre das richtige Zugschwein.« Aber daran war natürlich nicht zu denken. Christopher hätte bloß die ganze Erde herausgewühlt und außerdem lief er nicht gerne im Schnee. Wenn man ihn im Winter herausließ, machte er zwar mit seiner Schnauze ein paar tiefe Furchen im Schnee, aber dann liefen seine Beine rot an und er rannte lieber wieder zurück in den warmen Stall.

Mit vereinten Kräften gelang es Selinda und Howard, den Baum auf den Schubkarren zu packen und zum Haus hochzuziehen. Howard wuchtete das Trumm auf die Treppe und dann über die Schwelle. Er kämpfte sich durch das bereits vorhandene Grün auf dem Boden und stellte den Topf schließlich in der Küche an Selindas Ostfenster ab.

Der neueste photosynthetische Hausgenosse war ein Tropengeschöpf. Er gehöre zur selben Familie wie die Banane, erklärte Selinda. Eigentlich waren aber nur die ledrigen, blau-grünen Blätter geformt wie Bananen. Blüten hatte er bislang noch keine. Aber es war die Hoffnung auf ebendiese Blüten gewesen, was Selinda veranlasst hatte, die teure Pflanze an diesem trüben Wintertag zu kaufen, an dem sie etwas deprimiert gewesen war. Eines Tages, so hatte man ihr versprochen, würde der Baum Blüten tragen: unzählige gelb-rote Blüten, deren Blätter sich wie die Flügel eines imaginären Vogels ausbreiten würden, mit einer blauen Zunge als Schnabel. Die noch nicht vorhandenen Blüten gaben dem Baum seinen Namen: Es war ein Paradiesvogelbaum.

Das Paradies. Das Wort ist Himmel und Erde zugleich. Es weckt eine Sehnsucht. Es zupft an unseren geheimsten Wünschen und scheucht sie dann gleich wieder weg. Die Wörterbücher besagen, das Paradies sei nicht von dieser Welt. Erst im Leben nach dem Tod könnten wir es erreichen, es sei verloren gegangen, womöglich nur eine Idee in den Köpfen der frommen Männer, die unsere religiösen Schriften verfassten. Das Paradies, heißt es, sei die Erinnerung an eine Vollkommenheit, die wir verloren haben, aber noch immer erstreben, oder das Versprechen künftiger Freuden. Das Paradies ist das, was wir uns wünschen, aber *per definitionem* nicht haben können.

Seit den Kindergottesdiensten meiner Jugend hatte der Garten Eden mich fasziniert. Meine Lehrer waren aufrechte Methodisten, und es irritierte sie einigermaßen, dass ich mich weit mehr für den Garten Eden interessierte als für den Himmel. Wenn man schön brav ist, kommt man nach seinem Tod in den Himmel, erklärten sie, aber den Garten Eden zu finden, ist hoffnungslos. Der Himmel schien mir allerdings ziemlich langweilig. Von Pflanzen und Tieren war nie die Rede, während der Garten Eden voll davon war. Außerdem konnten die Tiere dort sprechen (die Schlange konnte es jedenfalls), und wir konnten sie auch verstehen. »In meines Vaters Haus sind viele Wohnungen«, hatte Jesus gesagt, aber ich wollte lieber in einem hohlen Baum wohnen. Der Garten Eden war schön leer, aber wenn ich hörte, wer alles in den Himmel wollte, dann musste es dort grauenhaft überfüllt sein. Und bis ich so weit war, dass ich dort hinkam (was meine Lehrer allerdings nicht glaubten), war es sicher noch schlimmer. Zu ihrem Entsetzen weigerte ich mich auch noch hartnäckig, der Schlange die Schuld an Adam und Evas Vertreibung zu geben. In diesem Punkt glaubte ich übrigens, Gott auf meiner Seite zu haben. Schließlich hatte er nur die Menschen aus dem Paradies vertrieben, nicht aber die Tiere.

Seit wir von dort vertrieben wurden, haben wir uns nach dem Garten Eden gesehnt. Es ist ein Zeugnis unserer Blindheit, dass wir ihn nicht finden können. »Der Himmel«, schreibt Thoreau, »liegt unter unseren Füßen.« Himmel, Eden, Paradies, Encante – man kann es nennen, wie man will. Es liegt so nahe wie ein Garten und kann so groß sein wie der Amazonas. In Brasilien braucht man vielleicht die Delphine als Führer ins Paradies. Aber in Hancock brauchte man nur ein glückliches Schwein, um den Himmel zu finden.

Eines Tages fand Selinda einen fremden Wagen in unserer Einfahrt, als sie von der Arbeit aus Peterborough kam, und als sie aus ihrem Pick-up stieg, hörte sie einen wunderbaren Tenor aus der Scheune. Sie näherte sich leise und entdeckte Harlow vor Christophers Stall. Er füllte gerade den Trog mit vertrockneten Bagels, Havarti-Käse und Kartoffelcremesuppe und sang dazu eine Arie aus der Operette ›The Gondoliers‹.

Wenn sie mit ihren Hunden im Garten spielte oder ein paar Scheite vom Brennholzstapel im Hof holte, kam Selinda jedes Mal in der Nähe der Scheune vorbei. Chris hörte ihre Schritte und rief sie: *»Oooink, oooink!«* Wenn sie dann nicht kam, begannen sich Christophers Rufe zu steigern: *»Oink! Oinkk! Oinkkk!«*

Wenn sie dann immer noch nicht kam, fing er an, mit dem Rüssel das Gatter zum Klappern zu bringen wie ein ungeduldiger Gast im Restaurant, der mit dem Besteck auf den Tisch schlägt, um den Kellner auf sich aufmerksam zu machen.

»Okay, okay! Ich komm ja schon!« Selinda lernte rasch, dass es besser war, das Haus nicht ohne einen Apfel oder eine Karotte für Chris zu verlassen. Und wenn keine greifbar waren, fuhr sie stets brav zum Futterhändler und besorgte Schweine-Pellets, um Chris damit das Maul zu stopfen. Außer Orangenschalen und Zwiebeln warf sie nichts mehr auf den Komposthaufen. Ihre Bio-Abfälle landeten alle bei Chris. Aber sie hatte auch etwas davon. Als der Winter im Matsch versank und die Märzgesänge der heimgekehrten Vögel vom glockenhellen Quaken der Frühlingsfrösche abgelöst wurde, wartete Selinda sehnsüchtig darauf, ihren Garten bepflanzen zu können.

Der Garten bedeutete Selinda alles. In jeder freien Minute dachte sie an ihren Garten. Sie malte ihn sich im Kopf aus und auf Papier. Vom Schlafzimmer im ersten Stock sah sie auf den Bereich hinunter, den sie bald umgraben wollte. Obwohl sie immer noch bei ihrem Computer-Magazin arbeitete, war der Garten doch das, »was ich eigentlich tun wollte«.

Was sie plante, waren vorwiegend einjährige Pflanzen, denn sie wusste, dass sie nicht für immer in unserem Haus wohnen würde – obwohl sie uns natürlich herzlich willkommen war. Der Anbau würde absolut biologisch sein, keine Pestizide, keine Unkrautvertilger und nur Christophers Lieferungen als Dünger. Der Garten sollte uns den ganzen Sommer über ernähren, aber auch die Seele sollte nicht darben. »Es soll ein schöner Garten werden«, sagte Selinda. Außer dem Gemüse sollte er Blumen und duftende Kräuter enthalten. Noch vor dem ersten Spatenstich war der Garten schon »mein Refugium«, »meine Welt«.

Das Gelände war schon früher ein Garten gewesen. Die Untermieter der Vorbesitzer hatten Gemüse dort angepflanzt. Aber nach ihrem Auszug hatten sich die Gräser, Goldruten und Gänseblümchen das Fleckchen Erde zurückerobert. Zwischen dem Rasen hinter unserem Haus und dem Waldrand am Moose Brook erstreckte sich nichts außer einer großen Wiese, die wir auch im Sommer nicht abmähten.

Als die letzte Frostgefahr endlich gebannt war, begann Selinda ihr Feld zu bestellen. Während die wilden Erdbeeren blühten und die Bobolinks riefen, zog sie in einer Wolke von blutgierigen schwarzen Kriebelmücken den schweren Rototiller über den Boden. Sie brauchte drei volle Tage, um ihr Feld zu bestellen. Es hatte die gewaltige Größe von dreißig mal fünfzig Fuß. Wir boten unsere Hilfe an, aber es war eine Arbeit, die eine Frau am besten allein machte. Genauer gesagt: eine Frau und ein Schwein. Christopher übernahm die Rolle des Aufsehers. Mit aufgestellten Ohren und hoch erhobenem Rüssel beobachtete er die Arbeiten von seinem Plateau aus. Die Düfte, die der aufgebrochenen Erde entströmten, müssen ihm wie eine ganze Symphonie der Gerüche erschienen sein. Gelegentlich grunzte er und bestellte etwas zu essen. Meist konnte ihn Selinda nicht hören, weil der Motor des Rototillers einen höllischen Lärm machte, aber sie wusste, dass er da war, und es war schön, bei der Arbeit Gesellschaft zu haben. Wenn sie eine Pause einlegte, brachte sie ihm regelmäßig ein paar saftige Kräuter und kraulte ihn an den Ohren.

Dann kam die Zeit des Säens und Pflanzens. In der Mitte hatte sie ein rundes Blumenbeet für weiße Narzissen, Phlox, Ringelblumen und spätblühende Dahlien abgesteckt. Dieser Mittelkreis war von einem kleinen Weg umgeben, der durch mulchbedeckte Pappstreifen vor Unkraut geschützt wurde. Die übrigen Beete wurden durch strahlenförmig nach außen führende Wege begrenzt. In der einen Ecke blühten Schwertlilien, in einer anderen wuchsen Sonnenblumen empor. Dazwischen war reichlich Platz für Salat und Gemüse: Rucola, Mangold, Paprika, Sellerie, Spinat, Bohnen, Zucchini, Mohrrüben, Gurken und drei verschiedene Sorten Tomaten: Oregon Spring als Brotbelag, Kirschtomaten zum Naschen und Eier-Tomaten zum Einkochen. Selinda pflanzte außerdem reichlich Kräuter: Frühlingszwiebeln, Petersilien, Dill und dreizehn verschiedene Sorten Basilikum. Außerdem pflanzte sie Kürbisse. Die waren ausschließlich für Chris.

Den ganzen Sommer über lieferte Selindas Garten sein Bestes. Schon vor dem Nationalfeiertag am 4. Juli gab es große Schüsseln mit würzigem Rucola und mildem Kopfsalat. Ende Juli kam unser Abendessen, das wir unter dem großen Silberahorn verzehrten, oft direkt aus dem Garten: gedünsteter Mangold mit roten Paprika, grüne Bohnen mit Dill. Im August fragten wir uns, was wir mit den vielen Zucchini machen sollten. In einem Methodisten-Kochbuch fand ich sogar ein Rezept für einen Zucchini-Schokoladen-Kuchen. Der Kuchen war schmackhaft, lag uns aber im Magen wie Blei. Als der Herbst sich näherte, machte Selinda zahllose Gläser mit Pesto, um das viele Basilikum zu verbrauchen. Das Schicksal der Kürbisse hingegen stand von Anfang an fest.

Das Erstaunlichste an Selindas Garten war vielleicht, dass ihn Christopher nie betrat. Unsere Hühner hatten keine Skrupel, Insekten und Schnecken darin zu jagen, was den Pflanzen sehr guttat und bei Bio-Gärtnern inzwischen eine anerkannte Methode der Schädlingsbekämpfung ist. Selindas Hunde folgten ihr gelegentlich in den Garten und zertrampelten ihre Pflanzen. Sogar Tess fegte ein oder zwei Mal durch den Salat, als die Frisbee-Scheibe sich in die Beete verirrte. Und gelegentlich fanden wir auch die Hufspuren der Weißwedelhirsche, die sich am Gemüse gütlich getan hatten. Unser Schwein dagegen verschonte ihn völlig. Ein Rätsel.

Selinda hatte einen Streifen hohes Gras um ihren

Garten stehen lassen. Damit versuchte sie Ungeziefer fernzuhalten. Das bedeutete unter anderem, dass man die Beete aus der Schweineperspektive nicht sehen konnte. Aber den Gemüsegarten der Amidons konnte Christopher auch nicht sehen, und das hinderte ihn keineswegs an Übergriffen. Unser Schwein konnte reifes Gemüse mit Sicherheit meilenweit riechen. Der Geruchssinn der Tiere wird erst jetzt genauer erforscht, aber dass ihre Leistungen ganz außerordentlich sind, steht außer Frage. Eine meiner Bekannten, die Zoologin Lynn Rogers, zum Beispiel ist fest überzeugt, dass Bären den Geruch reifer Haselnüsse aus einer Entfernung von vierzig Meilen wahrnehmen können. Und der Geruchssinn der Schweine ist legendär. Sie können Nahrung auch unter der Erde erschnüffeln, und ihre Fähigkeit, Trüffeln zu finden, haben sich schon die alten Babylonier zu Nutze gemacht. Noch heute werden Trüffelschweine im Perigord eingesetzt, wo sie die »schwarzen Diamanten« für ihre Besitzer aufspüren. Wie es scheint, erzeugen die Pilze ein Steroid, das chemisch dem Testosteron der liebestollen Eber ähnelt und für die brünstigen Sauen von unwiderstehlichem Reiz ist.

Christophers Weg von der Scheune zum Schweineplateau führte ihn praktisch direkt an Selindas Garten vorbei. Natürlich lockte ich ihn immer mit einem Eimer voll saftiger Essensreste, trotzdem bleibt es ein Rätsel, warum er Selindas Garten nie anrührte. Die Beete umzugraben und zu verwüsten hätte ihn kaum zehn Minuten gekostet. Aber er tat es nicht und Selinda machte sich auch gar keine Sorgen deswegen.

Christopher war ihr Gartenkumpel. Etwas anderes als freundliche Unterstützung konnte sie sich von seiner Seite nicht vorstellen.

Im Herbst erhielt Christopher seine Kürbisse und Selinda war glücklich. Und während des langen Winters, als sie einkochte, Plätzchen buk, öde Stunden bei ihrem Computer-Magazin verbrachte und lange Wanderungen mit ihren Hunden im Schnee machte, fand sie ein neues Ziel. Die Saat, die sie in das Fleckchen Erde hinter unserem Haus gesteckt hatte, war aufgegangen. Und als das nächste Frühjahr kam, wusste sie, was sie tun würde: Sie wollte sich als Landschaftsgärtnerin selbständig machen.

Einige ihrer Freunde warnten sie vor dem Risiko. Aber Howard und ich ermutigten sie. Ich habe nichts gegen ein bisschen Risiko. Viel zu viele Menschen sehen den Himmel unter unseren Füßen nicht, aber Selinda hatte ihren gefunden. Mach's doch einfach!, sagten wir. Sie kündigte bei der Computer-Zeitschrift und fing an, *fulltime* zu gärtnern.

Wie so oft führte eine Offenbarung zur nächsten. Vom ersten Tag an hatte sie allwöchentlich Blumen von Ken gekriegt. Ihr Ehemann warb beharrlich um sie. Manchmal traf ich ihn vor dem Haus: ein hochgewachsener, schlanker Mann mit blonden Haaren und einem offenen, netten Gesicht. Und er beließ es nicht bei den Blumen, sondern führte sie auch allwöchentlich zum Essen aus. Eines Tages im zweiten Frühjahr wurde Selinda bewusst, dass ihre Ehe Teil ihres Glücks war. Nachdem sie anderthalb Jahre bei uns gewohnt hatte, zog Selinda wieder bei ihrem Mann ein.

Selindas Garten wurde bald von Wildblumen, Unkraut und Gras überwuchert, aber die Narzissen in der Mitte kommen doch jedes Frühjahr wieder zum Vorschein. Und unsere Freundschaft blüht weiter. Jeden Sommer sammeln wir Blaubeeren zusammen und kochen Marmelade daraus, und zu Weihnachten backen wir Kekse – allerdings nicht bei uns, sondern bei Ken und Selinda, denn deren Küche ist größer. Außerdem erhält Howard Blumen: Selinda schickt ihm regelmäßig einige spektakuläre orange-blaue Blüten von ihrem Paradiesvogelbaum.

Nachdem Selinda ausgezogen war, stand unser Haus wieder zur Hälfte leer. Aber zumindest fand das Puppenhaus nach jahrelangem Leerstand wieder neue Bewohner.

Bobbie Coffin musste lachen, als ihr der Immobilienmakler das Haus zeigte. Niemand wusste, wo die Sickergrube war – und ob es überhaupt eine gab. Niemand wusste genau, wo das Wasser herkam. Der größte Teil des Hauses war nicht isoliert. Die Küche musste komplett überholt werden. Bobbie und ihr Ehemann Jarvis waren achtfache Großeltern, und der Gedanke, sie könnten in ihrem Alter das Haus renovieren, war absolut lächerlich. Es war zu viel Arbeit.

Aber das wussten sie, denn sie hatten es früher schon mehrfach gemacht. Sie hatten verschiedene alte Holzhäuser in der Umgebung von Buffalo und Syracuse wieder in Stand gesetzt, wo Jarvis Textilabfälle an Papierfabriken vermittelt hatte. Sie hatten die Häuser wieder hergerichtet, Hunde adoptiert, drei Söhne erzogen, den lehmigen Böden wunderschöne Blumen- und Gemüsegärten entlockt – und immer auch Hühner und Schweine gehabt.

Die Idee mit den Schweinen und Hühnern stammte ursprünglich von Jarvis, aber Bobbie hatte sich rasch überzeugen lassen. Als Jarvis zwei noch nicht entwöhnte Ferkel von einer Auktion mitgebracht hatte, dachte Bobbie: »O Gott, wie schrecklich! Ich hab noch nie Schweine gehabt!« Aber schon wenige Stunden später gab sie GubGub und Snooty ihr Fläschchen. Im nächsten Jahr ging Jarvis erneut zur Auktion und brachte drei neue Ferkel mit. Eigentümer sollte eine Genossenschaft sein, die aus ihm und drei seiner Freunde bestand. Als er die Tiere nach Hause brachte, stellte Jarvis zu seiner Bestürzung fest, dass eins der Ferkel eine dicke Schwellung unter dem Schwanz hatte. Er telefonierte mit einem Tierarzt und erfuhr, dass er einen »kaputten Eber« gekauft hatte. Das Schwein war nicht richtig kastriert worden und hatte jetzt einen Bruch. Der Arzt empfahl, das Tier einzuschläfern.

Er hatte allerdings nicht damit gerechnet, dass zu der Schweinegenossenschaft zufällig auch ein Chirurg der Kinderklinik in Buffalo zählte. »Was sagst du? Unser Ferkel hat einen Bruch?«, sagte der. »So etwas operiere ich jeden Tag!«

Tatsächlich wurde das Ferkel drei Tage später im Garten der Schweinegenossenschaft operiert. Als Operationstisch diente ein Brett, das über zwei Sägeböcke gelegt wurde. Jarvis (dessen Vater ebenfalls Arzt war) assistierte dem Kinderchirurgen, und das dritte Mitglied der Genossenschaft, der Episkopalbischof des westlichen Staates New York, sah interessiert zu. Das Schwein, genannt Benjamin, war nach einer Woche wieder gesund.

Aber diese Zeiten lagen lange zurück. Jetzt suchten Bobbie und Jarvis ein Heim für ihre alten Tage. Und da war das Puppenhaus offensichtlich höchst ungeeignet. Es musste gründlich renoviert und vor allem auch isoliert werden. Außerdem war es zu klein und unbequem. Von der Frage der Wasserversorgung und der Sickergrube mal ganz abgesehen.

Aber dann stand Bobbie vor dem niedlichen alten Haus mit seinem weißen, von Rosen überwucherten Lattenzaun. Sie stellte sich einen Gemüsegarten vor und einen Kräutergarten gleich neben der Küche …

… und sie kauften das Haus. Das einzige, was sie vermissten, waren die Hühner und Schweine, die sie gehabt hatten. Jedenfalls, bis sie entdeckten, wer nebenan in der Scheune wohnte.

Kapitel 10

Ein Fressfest

»Hallo, Christopher! Gut siehst du aus heute! Nun warte doch! Ja, ich hab dir was mitgebracht. Kannst du dich vielleicht noch *etwas* gedulden?«

Die fröhliche Stimme von Jarvis drang laut in mein Arbeitszimmer. Als Antwort ertönte ein tiefes, dankbares Grunzen. Dann hörte man, wie Christopher die grünen Äpfel aus dem Garten der Nachbarn laut krachend zerkaute. »Ja, Ladies, für euch habe ich auch was«, sagte Jarvis, während man im Hintergrund die immer lauter werdenden Forderungen der Hühner hörte. Dann hörte man schwere Schritte, das Knirschen der Schaufel im Kornkasten und das glückliche Gurren und Gackern der Hühner, als sie die Maiskörner aufpickten, die unser Nachbar ihnen hinschüttete.

Ich hörte das alles über das Babyphon.

Das war Bobbies Idee gewesen. Kaum, dass wir uns kennengelernt hatten, bot sie uns auch schon an, nach Chris und den Hühnern zu sehen, wenn Howard, Tess und ich mal nicht da wären. Sie freute sich, wenn unsere Hühner zu ihr in den Garten kamen.

Aber obwohl sie die Hühner in unserem Garten weit besser beobachten konnte als wir, machte sie sich doch ständig Sorgen, dass erneut ein Fuchs über sie herfallen könnte. Deswegen hatte sie das Babyphon eingerichtet. Ursprünglich hatte sie das Gerät für die Besuche ihrer Enkelkinder gebraucht, aber jetzt stellte sie den Sender neben das Hühner-Chalet und den Empfänger in ihre Küche. Howard fand das sehr praktisch und besorgte uns auch so ein Ding. Den Empfänger stellte ich in mein Arbeitszimmer, und von da an schrieb ich meine Bücher zur beruhigenden Begleitmusik von Hühnergackern und Schweinegrunzen.

»Was meinst du, was sie so sagen?«, fragte ich Howard beim Mittagessen. »Vielleicht haben sie alle möglichen genialen Erkenntnisse, und ich versteh sie bloß nicht!«

Kurz darauf dachte ich, ich könnte sie wirklich verstehen: »Eeeh! Eeeh! Eeeh! Iiist gleich emmzeeh Quadrat!«

Aber das war bloß Howard unten am Sender.

Manchmal musste ich das Ding abstellen. Manchmal fing Tess alarmiert an zu bellen, wenn eins der Hühner besonders laut gackerte. Aber auch wenn der Monitor stumm blieb, machte ich mir keine besonderen Sorgen um unsere Hennen. Es war mir völlig klar, dass Bobbie und Jarvis sehr genau auf sie aufpassten.

Das Wohlbefinden und die Sicherheit unserer Tiere waren ihnen sehr wichtig. Als wir einmal von einer dreitägigen Reise zurückkamen, hatte Jarvis unseren

Hühnern neue, super-gemütliche Nistkästen gebaut. Ein anderes Mal erneuerte er sämtliche Sitzstangen. Er baute einen richtigen Schlafbaum mit unterschiedlichen Stangen, damit sich jedes Huhn genau den Schlafplatz suchen konnte, der ihm am besten gefiel.

Bobbie und Jarvis waren die perfekten Großeltern – sowohl für ihre Enkel als auch für unsere Tiere. Die schlanke Bobbie hatte immer irgendwelche Leckerbissen für unsere Hennen. Wenn Bobbie oder Jarvis herüberkamen, begrüßte sie Christopher bereits, wenn er ihre Schritte an der Gartenmauer hörte. Die Besuche waren aber so häufig, dass Jarvis bald eine kleine hölzerne Brücke über die sumpfige Stelle zwischen den beiden Grundstücken baute, wo sich (wie sich im Zuge der Bauarbeiten herausstellte) auch die mysteriöse Sickergrube befand. Auch ihre Enkel besuchten die Scheune, und das Verfüttern von Essensresten wurde für eine weitere Familie zur Tradition.

Einmal brachten die Coffins unserem Schwein ein richtiges Festessen mit. Sie waren auf dem alljährlichen Picknick der Republikaner gewesen, wo es zu meiner Empörung Spanferkel gab, wie ich später erfuhr. Den gerösteten Mais und die gebackenen Kartoffeln hatten die Anhänger der Grand Old Party aber verschmäht, und Jarvis und Bobbie hatten die Überreste in gewaltige Kühlbehälter gepackt und im Kofferraum ihres Autos verstaut. Ich wusste, dass unser breitschultriger Nachbar recht stark war, aber dass er die Kühlboxen dreihundert Meter weit bis zu unserer Scheune geschleppt hatte, fand ich doch bemerkenswert. Howard und ich sind zwar Demokraten, aber man kann nicht sagen, dass die Republikaner nie etwas für uns getan hätten.

Bestechung lag Bobbie und Jarvis allerdings fern. Ihre Motive waren ganz rein. Eines Tages hängte Jarvis ein Schild an unserem Scheunentor auf. Es war ein Zitat des hl. Franziskus, des Schutzpatrons aller Tiere: »Unsere demütigen Brüder, die Tiere, nicht zu verletzen, das ist unsere erste Pflicht. Sie zu erfüllen genügt aber nicht, wir müssen ihnen auch helfen, wo sie dessen bedürfen.«

Ich liebte dieses Zitat und war Jarvis sehr dankbar dafür. Die Worten des Heiligen drückten den tiefsten Sinn dessen aus, was mich um die halbe Welt geführt und immer wieder nach Hause gebracht hat.

Zunächst war mir gar nicht bewusst, dass Jarvis das Zitat keineswegs bloß für mich aufgehängt hatte. Es galt auch für Bobbie und ihn, aber das begriff ich erst Jahre später. Unser Schwein zu füttern, war im wahrsten Sinne des Wortes *Erfüllung.* Seine Fresskarriere füllte nicht nur seinen Magen, sondern auch unsere Herzen.

Unsere Pig-o-Metrie zeigte, dass Christopher am Ende des Jahres, in dem Jarvis und Bobbie unsere Nachbarn wurden, ein Lebendgewicht von sieben Zentnern erreicht hatte.

»Hört der denn gar nicht mehr auf zu wachsen?«, fragten die Leute. Irgendwann – sicher, dachten wir. Aber wir wussten es nicht genau. Einige Tierarten wie Haie, Spinnen und Hummer wachsen ihr ganzes Leben lang. Haie können unbegrenzt wachsen, weil ihre

Skelette aus Knorpeln bestehen und weil sie in der Schwerelosigkeit des Ozeans leben. Spinnen, Hummer und andere Nichtwirbeltiere können deshalb immer weiterwachsen, weil sie ihre Außenskelette von Zeit zu Zeit abwerfen. Aber solche Geschöpfe wie Menschen und Schweine, die ihr Skelett innen tragen, müssen irgendwann aufhören zu wachsen. Bei Chris wussten wir allerdings nicht, wann dieser Zeitpunkt erreicht sein würde. Wir wussten nicht, wann er seine Schweinejugend hinter sich haben würde. Hatte er womöglich schon seine mittleren Jahre erreicht? Aber wie soll man wissen, wann die Mitte erreicht ist, wenn man das Ende nicht kennt? Wir wussten immer noch nicht, wie lange ein Schwein lebt. ›Walker's Mammals‹ sagte, die Lebensspanne für Wildschweine umfasse ungefähr zehn Jahre. Aber ich kannte ein Wildschwein in einem Streichelzoo, das beinahe zwanzig Jahre alt war. Jedes Mal, wenn ich einen Tierarzt traf, fragte ich ihn, ob er Genaueres wüsste. Die meisten waren der Ansicht, ein Schwein müsste ungefähr so lange wie ein Hund leben. Aber manche fragten sich, ob ein Schwein nicht auch so lange wie andere Huftiere leben könnte. Eine Kuh kann immerhin zwanzig Jahre alt werden und ein Pferd sogar über dreißig.

Viel zu wenige Menschen hatten Schweinen bis dahin erlaubt, lange zu leben, und deshalb kannte niemand die Antwort auf unsere Fragen. In diesem Punkt waren wir Pioniere der Wissenschaft.

Was wir mit Sicherheit wussten, war allerdings, dass Christopher bei weitem nicht das größte Schwein war, das je gelebt hatte. Der Rekordhalter war Big Bill, ein Poland-China-Schwein, das Burford Butler aus Jackson Tennessee gehört hatte. Die Poland-China-Rasse hat Hängeohren und einen schwarzen Rumpf, dazu kommen eine weiße Schnauze, ein weißer Schwanz und niedliche weiße Söckchen. Gezüchtet wurden diese Schweine wegen ihrer Fähigkeit, gewaltige Massen von Speck zu erzeugen. Als Big Bill im Jahre 1933 vermessen wurde, war er am Widerrist mehr als einen Meter fünfzig groß, fast zwei Meter achtzig lang und wog fünfundzwanzig Zentner. Sein Bauch schleifte am Boden.

Es war uns nicht sonderlich daran gelegen, dass unser Schwein mehr wiegen sollte als unser Auto. Sieben Zentner schien uns eine schöne runde Zahl zu sein. Und Christopher war mit seinen sieben Jahren auch schön und rund. Er war ungefähr einen Meter sechzig lang, und wenn er sich aufstellte, war sein Kopf ungefähr einen Meter hoch. Wir fanden das gerade richtig. Wir waren der Ansicht, dass Christophers Gewicht jetzt im Zenit stand.

Das war vor dem großen Eissturm von '98.

Ich war in Washington, als der Sturm zuschlug. Zwei Jahre zuvor, als ich in Sundarbans war, hatte mich ein Kamerateam vom ›National Geographic‹ begleitet. Und jetzt arbeitete ich an einem Projekt über Schwarzbären. Ein Freund von mir, Ben Kilham, hatte drei verwaiste Schwarzbärenjunge aufgezogen und hatte dabei eine völlig neue Methode entwickelt: Statt sie in seinem Haus aufzuziehen, hatte er bis zu zehn Stunden täglich in den Wäldern von New Hampshire mit ihnen verbracht und auf diese Weise zahlreiche intime Kenntnisse über das Leben der Tiere erlangt.

Die Chefs vom ›National Geographic‹ hatte ich unter anderem damit für das Projekt gewonnen, dass ich unseren Wellensittich dazu brachte, ihnen die Erkennungsmelodie der ›National-Geographic‹-Sendung am Telefon vorzupfeifen. Und jetzt war ich in Washington, um das Skript für die zahlreichen Filmaufnahmen zu schreiben, die wir in den vergangenen zwei Jahren gedreht hatten, während die Bären heranwuchsen. Am Abend des 8. Januar machten wir im Haus des Produzenten in Georgetown, wo ich zu Gast war, den Fernseher an und stellten zu unserer Überraschung fest, dass New Hampshire Gegenstand eines dramatischen Wetterberichts war.

Die Kamera zeigte eine gefrorene Landschaft. Nackte Äste glitzerten wie gläserne Figurinen, Nadelbäume waren unter dem Eis zusammengesunken und Buchenstämme in halber Höhe abgebrochen wie Streichhölzer. Überall sah man gesplitterte Bäume, umgestürzte Telefonmasten und zerrissene Stromleitungen.

New Hampshire war das Opfer eines lähmenden Eissturms geworden. Die Hälfte des Staates war ohne Stromversorgung, und es wurde erwartet, dass die Stromausfälle in einigen Gebieten wochenlang anhalten könnten.

Ich griff sofort zum Telefon und war sehr froh, als Howard sich meldete.

Bei uns, sagte er, sei der Strom nur ein paar Stunden lang ausgefallen. Aber auf der anderen Seite der Stadt war der Schaden viel größer. Überall roch man das Kiefernharz. Die ganze Nacht hindurch hörten die Leute, wie Bäume umstürzten. Alle dreißig Sekunden krachte es, als wäre eine Granate in der Luft explodiert. Wenn man in die Wälder zu gehen versuchte, watete man durch Berge von Eisbrocken. Howard nannte es den »Reich-und-arm«-Sturm. Während sich bei uns die Schäden in Grenzen hielten, mussten die Leute auf der anderen Seite der Stadt bei Verwandten und Freunden Unterschlupf suchen oder sich bei Kerzenlicht um die Holzöfen drängen. Noch tagelang gab es dort keinen Strom.

Es dauerte nicht lange, bis sich die Folgen des Stromausfalls auch bei uns zeigten. Denn alsbald fand der leichtverderbliche Inhalt etlicher wohlgefüllter Tiefkühltruhen und Kühlschränke den Weg zu Christophers Stall.

Das Futter wurde ihm eimerweise gebracht. Mary Garland zum Beispiel brachte eine ganze Mülltonne voll, die sie und Howard nur mit größter Mühe aus dem Kofferraum ihres Autos herauswuchten und auf dem Rasen auskippen konnten. Es war ein gewaltiges Festmahl. Mary ist eine ehemalige Innenarchitektin von unfehlbarem Geschmack, die vor allem für ihre Partys in letzter Minute berühmt ist, die sie scheinbar aus dem Handgelenk improvisiert. Auf der Suche nach einem Weinglas machte ich mal einen Küchenschrank bei ihr auf und fand nicht weniger als vier Flaschen feinsten Balsamico-Essig – und das zu einer Zeit, als noch kein Mensch wusste, was Balsamico überhaupt war. Man kann sich vorstellen, was ihre

Tiefkühltruhe und ihr Kühlschrank für Delikatessen enthielten.

Und jetzt gehörten sie alle Chris.

Natürlich erhielt unser Schwein auch in dieser Zeit seine üblichen Bananenschalen und Selleriestrünke. Aber jetzt kamen weichgewordene Eiskrem, selbstgesammelte Blaubeeren, Brie und Camembert, Lasagne, Eclairs, Crême fraiche und Schokoladenkuchen dazu.

Christopher war endgültig im Schweineparadies angekommen: Sein Trog quoll über vor Leckereien. Wir hatten ihm natürlich immer schon beschafft, was wir konnten. Aber wir kriegten eigentlich nur selten einen ganzen Eimer Gemüseabfälle am Tag zusammen und mussten daher Getreide zufüttern. Aber jetzt kriegte er zum ersten Mal mehr, als er fressen konnte. Und das wusste er auch.

Für uns allerdings entstand ein neues Problem. Denn als ich aus Washington zurückkam, fand ich eine Situation vor, die ich bis dahin für undenkbar gehalten hätte: Unser Schwein war mäklig geworden.

Nahrungsmittel, die einst hoch geschätzt waren, wurden jetzt abgelehnt. Einen Salatkopf schob Chris mit dem Rüssel weg, als wäre er ein überflüssiges Spielzeug. Pilzstängel, Sellerie und Broccolistrünke ignorierte er einfach. Monatelang ging das so. Als der Sommer kam, mochte er keinen gewöhnlichen Futtermais mehr. Seinen Mais verspeiste er nur noch gedünstet und frisch gebuttert.

Zum Glück hatten wir Fiddleheads Café. Ein Jahr nachdem Harlow seinen *Wide World Cheese Shop* verkauft hatte, eröffnete ein junges Ehepaar direkt bei uns auf der Hauptstraße dieses Gourmet-Restaurant mit angeschlossenem Catering-Service. Liebenswürdigerweise gaben sie ihren Angestellten die Anweisung, die Küchenabfälle nach Christophers Diätplan (rein vegetarisch, aber keine Zitrus- oder Zwiebelgewächse) vorzusortieren. So konnten wir täglich einen Eimer mit Abfällen abholen. Wenn wir den Deckel abhoben, stieg der Duft von Vinaigrette, selbstgemachter Pasta, Reissalat, spanischen Oliven und geräuchertem Gouda heraus. Montags war Fiddleheads geschlossen, so dass wir am Sonntagabend auch das übriggebliebene Gebäck für unser Schwein mitnehmen durften: Blaubeer-, Bananen- und Mohn-Muffins, Zimtrollen, Blätterteighörnchen mit Kirsch-, Zitronenkrem- und Käse-Füllung. Oft genug gingen wir zur Hochzeiten oder anderen Empfängen und stellten fest, dass dort dasselbe gereicht wurde, was auch unser Schwein fraß. Natürlich wurden die Dinge auf unterschiedliche Weise serviert: Unsere Spinatpasteten lagen auf einem hübschen Tablett, in Christophers Abfalleimer schwammen sie vielleicht eher im Pfannkuchenteig – mit Erdbeerhälften oder Artischocken-Sauce dazu. Am Ende fand sich trotzdem oft etwas im Eimer, was Christopher nicht fressen wollte.

Manchmal brachte uns eine wohlmeinende Seele einen Eimer grünen Lauch oder ein paar welke Salatköpfe. Wir bedankten uns freundlich und warfen das Grünzeug auf den Kompost. Früher oder später fanden es die Hühner dort und diskutierten den Vorgang. Ich verfolgte die Auseinandersetzungen über das Babyphon.

Aber Christopher hatte seine Wünsche geäußert, und wir mussten uns anpassen. Das waren nun mal unser Privileg und unsere Berufung. Dafür wurden wir aber mit einem Ergebnis belohnt, das philosophisch höchst erbaulich war. Howard und ich waren zwar ziemlich glücklich – aber wir hätten doch gern noch mehr Leser gehabt. Tess war auch glücklich – aber sie hätte gern noch viel mehr mit dem Frisbee gespielt. Nur Christopher war ganz zufrieden. Er war jetzt ein Geschöpf, dessen Wünsche vollkommen erfüllt worden waren.

»Es gibt wohl keine Perspektive, aus der ein wirklich wohlgenährtes Schwein nicht erfreulich aussieht«, schrieb G.K. Chesterton 1920 in ›The Uses of Diversity‹. »Ich habe nie verstanden, warum sie keine Schmusetiere sein sollen. Schließlich sind es sehr schöne Tiere. Wer das nicht glauben kann, betrachtet sie nicht mit seinen eigenen Augen, sondern durch die Brille irgendwelcher anderer Leute.

Ganz egal, von wo aus man es betrachtet – sei es ein Autobus, ein Denkmal oder ein Luftschiff – ein Schwein wird nie etwas anderes als schön sein. Es besitzt eine subtile, üppige, universelle Schönheit, und nur gedankenlose Menschen können behaupten, es sei nicht in Form. In Wirklichkeit ist Fett ein Wert an sich.«

Wenn jemand fett ist, so Chesterton, verschafft er dem Betrachter eine starke Befriedigung: Die Beleibtheit ist geradezu ein Beweis der Befriedigung, sie ist fleischgewordene Lust.

In der westlichen Welt bewundern wir sportliche, schlanke Figuren. Fett wird als Ergebnis von Gier und Trägheit getadelt. Aber andere Kulturen sehen das anders.

Im Gegensatz zu Chesterton hatte ich die Schönheit der Fettleibigkeit auch nie erkannt. Das änderte sich erst, als ich zu den rosa Delphinen Brasiliens kam. In Manaus – jener tausend Meilen vom Meer entfernten Stadt, wo sich der tanningefärbte Rio Negro und der milchige Rio Solimoes zum Amazonas vereinigen – wird die Wohlgenährtheit gefeiert. Manaus liebt die Fülle des Fleisches. Die Bewohner sind zwar nicht dicker als Amerikaner, aber sie zeigen ihre Beleibtheit. Die Frauen tragen enge Hosen und Tops, die oft bis zum Bersten gefüllt sind. Es stört sie gar nicht, wenn sie ein paar Knöpfe offen lassen müssen. Und auf dem Fischmarkt lassen die alten Männer ihre nackten Bäuche über die Hosen hängen, als wären sie der Schaum auf dem Bier. In Manaus wissen die Leute noch, dass es viel Hunger im Land gibt. Für sie ist Fett Überfluss, Fruchtbarkeit und Fülle des Lebens.

Ich glaube, Christopher hätte der Amazonas gefallen. Ich habe dort viele Schweine gesehen, die ganz gelassen mit ihren Besitzern im Boot saßen. Brasilien hat reichlich Nahrung. Sogar von den Straßenbäumen regnen Guaven, Papayas und Mangos herunter. Die Luft ist erfüllt von Musik: Aus allen Läden, Bussen und Restaurants dringen Samba, Rock und Bumba-meu-boi. Besonders in der Regenzeit, als ich das erste Mal nach Manaus kam, hatte Lebenslust alle Geschöpfe erfasst. In Indien nennt man das *rasa,* den sinnlichen Lebensgenuss des Essens, der Kunst und der Liebe.

Aber erst bei meiner letzten Reise zum Amazonas traf ich endlich die rosa Delphine. Am blauen Rio Tapajós fand ich einen verlassenen weißen Strand, und von dort aus schwamm ich jeden Tag hinaus in den Fluss. Fast verrückt vor Erwartung trieb ich im Wasser – und dann kamen sie zu mir. Wie von Zauberhand geführt erschienen sieben wilde Delphine und spielten mit mir. Ich spürte den Sog ihrer Körper im Wasser, wenn sie geschmeidig an mir vorbeiglitten, und gelegentlich hob einer den runden Kopf aus dem Wasser und schaute mich mit grauen Augen an. Umgeben von blauem Wasser und rosa Delphinen erlebte ich ein ekstatisches Glück.

Wenn die Eingeborenen hörten, dass ich mit den Delphinen schwamm, hörte ich immer wieder denselben Satz: *Cuidado com o boto* – hüte dich vor den Delphinen, denn sie entführen dich nach Encante. Ja, ich spürte diese Verlockung. Immer wieder war ich bei meiner Arbeit neuen geheimnisvollen Geschöpfen gefolgt und hatte meine Seele mit den Rätseln und Mythen fremder Orte getränkt.

»Wie können Sie nur diese gefährlichen Urwälder aufsuchen?«, wurde ich oft von den Leuten zu Hause gefragt. Für mich war das Reisen ein Glück. Es machte nichts, dass es Piranhas im Wasser gab und dass meine Haut so verbrannt war, dass sie Blasen warf. Es machte nichts, dass die Ameisen nachts in mein Bett krochen, um das Wasser in den Blasen zu trinken und meine tote Haut wegzufressen. Alle Furcht und Unbequemlichkeit waren vergessen, wenn ich mit den Delphinen zusammen sein konnte.

Aber das Reisen ist nur die Hälfte. Viel schwieriger ist es, das Erlebte auch niederzuschreiben und anderen mitzuteilen, was wir tun müssen, um die Erde zu bewahren und Tiere zu schützen. Die eigentliche Arbeit findet am Schreibtisch statt, in der Nähe meiner geliebten Tiere. Um das Paradies zu erfahren, brauchte ich die Verankerung hier zu Hause.

Hier im Schweineparadies aber gab es Probleme.

Sechs Monate nach dem Eissturm kam Christopher eines Morgens nicht mehr auf die Füße. Er schaukelte hin und her, aber es schien ihm nicht zu gelingen, sich auf die Beine zu stellen. Es beunruhigte mich. Zuerst rief ich Tom an, der Christophers Hauer gestutzt hatte, aber der behandelte jetzt nur noch Kleintiere. Dann rief ich Chuck DeVinne an, der sich um Tess kümmerte. Eigentlich wollte ich nur eine Empfehlung von ihm, aber stattdessen kam er gleich selbst.

Wie sich zeigte, hatte er eine ganze Menge Erfahrungen mit Schweinen. Schon im College hatte er Freundschaft mit dem Hausschwein eines Professors geschlossen, das frei auf dem Campus herumschweifte, später hatte er ein Praktikum auf einer Farm gemacht, wo er sich um Milchkühe und fünfzig Yorkshire-Schweine kümmern musste. Dort hatte er einen etwa sieben Jahre alten Zuchteber kennengelernt, den er allerdings nicht lange behielt, denn das Tier war zu schwer für die jüngeren Sauen.

Seitdem hatte er noch oft mit Schweinen zu tun gehabt. Aber Christopher war das älteste, das er je gesehen hatte. Und eins der größten wohl auch. Seine Diagnose stellte Chuck nach einem kurzen Blick auf den Patienten: Mit seinen sieben Zentnern war Christopher übergewichtig.

Woher wusste Chuck das so genau?

»Die Körperform«, sagte Chuck. »Das Profil. Wenn man ihn von der Seite ansieht, müsste man das Rückgrat und die Flanken viel klarer erkennen.« Christophers Figur sei dagegen »ein wenig amorph«, wie Chuck diplomatisch erklärte. Das zusätzliche Gewicht belastete seine Gelenke – und die waren eben nicht mehr die jüngsten.

Wie fett war Chris genau? Nun, er sei nicht direkt *fettleibig,* sagte Chuck zu meiner Erleichterung. Unser Schwein war immer noch besser dran als die knappe Hälfte aller erwachsenen Amerikaner, die ein Übergewicht von mehr als dreißig Prozent haben und deshalb von Herzinfarkten, Diabetes und Schlaganfällen bedroht sind. Christophers Übergewicht belief sich auf etwa fünfzehn Prozent. Er war so ein typischer Bursche mittleren Alters, dem es nicht schaden könnte, zwanzig Pfund abzunehmen.

Nur dass es bei Christopher eben gleich hundert Pfund waren.

Ach, herrje! Unser Schwein auf Diät! Zunächst war ich völlig entsetzt von der Vorstellung, Christopher sein Futter entziehen zu sollen. Wie sollte das arme Schwein auf sein Glück, seine Muse verzichten? Aber Chuck erklärte mir, dass ich gar keine andere Wahl hatte: Wenn Christopher zu dick war, konnte er gar nicht erst aufstehen, um seine Mahlzeiten überhaupt zu genießen. Es war ein schlüssiges Argument, so rund wie Christopher selbst, und ich konnte es nicht widerlegen.

Howard und ich berieten uns lange. Mussten wir eine kalorienreduzierte Diätkost für Christopher kaufen? (Nein, so etwas gibt es gar nicht.) Sollten wir ihn bei den Weight Watchers anmelden? (Das würde wohl nicht funktionieren.) Viele unserer menschlichen Freunde kannten das Diät-Dilemma aus eigener Erfahrung und boten uns ihren Rat an. Gretchen schwor auf die Atkins-Diät, aber die passte nicht zu einem vegetarischen Schwein. Liz hielt ihre Figur mit einer vorfabrizierten Diätmischung, die sie als »Schweinefutter« bezeichnete. Nun, gegen Schweinefutter hätte Chris bestimmt nichts gehabt, die Frage war nur: Wie viel?

Falls ich tatsächlich eine erfolgreiche Diät für Chris finden würde – da waren sich meine Freundinnen einig – dann musste ich sie der ganzen Welt mitteilen. »Mein Schwein hat hundert Pfund abgenommen mit dieser Diät« war eine unwiderstehliche Botschaft, fanden sie. »Wenn sogar Schweine abspecken, können Sie's auch!« Und dann müsste ich einen Diät-Ratgeber schreiben. Die amerikanischen Frauen wären begeistert.

Das Buch, fand ich schnell heraus, würde allerdings ziemlich kurz werden. Im Grunde enthielt es nur einen Satz: Friss die Hälfte!

Chris erhielt zwar weiterhin mindestens zwei Mahlzeiten täglich, aber insgesamt war es nur noch *ein* Eimer. Leckerbissen erhielt er zwar nach wie vor, und an Abwechslung fehlte es auch nicht. Aber er kriegte einfach viel weniger. Mit Ausnahme von Fiddleheads bremste ich alle Futterspender. Um ihn für die kleineren Portionen zu entschädigen, ließ ich ihn langsamer fressen. Wenn das Zeug nicht *zu* klebrig war, fütterte ich ihn mit der Hand und begleitete jeden Bissen mit einer fröhlichen Ankündigung.

»Na, was haben wir denn hier?«, fragte ich und zog einen bröckeligen gelben Klumpen aus einer klebrigen Pilzsoße.

»Oink?«, fragte Chris.

»Ein köstliches Maisbrot!«, verkündete ich.

»Ummh!«, sagte er – und ich schob ihm das Teil ins offene Maul. Während er kaute, warf ich den Frisbee für Tess und fischte nach der nächsten Delikatesse. »Wie wäre es mit einem Häppchen ... äh, Moussaka? Gemüselasagne? Sag du's mir!«

»Oink, oink, oink.«

Und so ging's dahin. Aussuchen, reinstopfen, wegfuttern. Reden, grunzen, kauen. Das Gackern der Hennen, das Bimmeln der Hundemarke, wenn Tess den Frisbee zurückbrachte, das Rezitieren der Speisekarte und die gemütlichen Fressgeräusche – ich wusste es nicht, aber Howard hörte uns über das Babyphon ganz gern zu.

Das Füttern dauerte ziemlich lange. Und es war eine ziemliche Sauerei. Aber es war auch höchst befriedigend für beide Parteien. Ich gab Chris zwar weniger zu fressen, aber dafür schien er jeden Bissen mehr zu genießen.

Und während sein Gewicht langsam sank, schienen seine Gelenke sich zu erholen. Als Chuck das nächste Mal vorbeischaute, fand er Chris ziemlich fit für sein Alter.

Ich bin sicher, dass Chris lieber mehr zu fressen gehabt hätte. Das war eine der seltenen Gelegenheiten, wo ich mal die Oberhand hatte. Bei den meisten Meinungsverschiedenheiten setzte sich Christopher durch. Und das war auch ganz gut so, denn meistens – hatte er recht.

Es war der letzte Tag des August – ein schmerzlich schöner Tag, voller Gold. Die Atmosphäre vibrierte vom Zirpen der Grillen und dem schwirrenden Flug der Libellen, und die Luft roch nach reifenden Äpfeln.

An einem Tag wie diesem musste man sich einfach im Freien aufhalten. Howard und ich waren fanatische Arbeiter, aber solche Tage erkannten wir doch. Für mich waren das Feiertage, heilige Tage, und ich empfand es als meine Pflicht, sie zu ehren. Selbst wenn wir dafür wochenlang schuften mussten, versuchten wir an solchen Tagen eine Wanderung mit Tess zu machen oder die Seetaucher an unserem Lieblingsteich zu beobachten.

Unser Freund David Carroll, ein Kriechtier-Experte, Künstler und Schriftsteller nannte das »ein Rendezvous mit der Jahreszeit«. Wenn die gefleckten Schildkröten im März aus dem Winterschlaf erwachen, wenn die Salamander in den ersten warmen Regennächten im April zu ihren Massenpaarungen aufbrechen und die Waldschildkröten in den mondhellen Juninächten ihre Nester bauen, musste David einfach dabei sein. Und ich habe ihn häufig begleitet.

Eine andere Verabredung mit der Natur war die Blaubeerernte im August. Dafür ließen Selinda und ich alles stehen und liegen. Wir verbrachten Stunden im Wald und sammelten eimerweise Beeren. Es reichte für Blaubeerpasteten, Blaubeermuffins, Blaubeerpfannkuchen und Blaubeeren zu den Frühstücksflocken. Der Rest wurde eingefroren, damit wir später Blaubeermarmelade kochen konnten, die wir zu Weihnachten an Freunde verschenkten. Howard nannte sie »Hogwoods Choice«. Denn er war fest überzeugt: »Schweine würden Hogwood wählen.« Auf die Marmeladengläser klebten wir mit einem Gummistempel ausgezeichnete Etiketten.

Aber in diesem Jahr waren uns viele herrliche Tage entglitten. Unser Leben war hektisch geworden. Und auch an diesem schönen Augusttag hockte ich in meinem Büro. Und was ich machte, war nicht einmal kreativ. Es war alles bloß Kleinkram: Telefonate, E-Mails, Korrekturlesen usw. Ich hatte das Gefühl, an den Computer gefesselt zu sein. Aber zumindest Christopher sollte sich an der Sonne freuen. Also ging ich rüber zur Scheune, um ihn zu einem Sonnenbad aufs Schweineplateau zu befördern.

Aber Christopher hatte andere Pläne.

Als ich das Gatter öffnete, trat er ganz eifrig hinaus. Aber er zeigte keinerlei Interesse an der Kanne mit Getreide, die ich schüttelte, sondern lief in die falsche Richtung – zum Haus. Hastig holte ich einen Eimer mit leckeren Essensresten, darunter Wildreis, Gouda, trockene Bagel und Nudeln in Erdnuss-Soße. Aber dafür interessierte sich Christopher auch nicht.

Was ich nicht wusste: Eins von Bobbies Enkelkindern hatte Christopher gerade einen ganzen Eimer Äpfel gebracht. Er war kein bisschen hungrig.

Und er hatte es auch nicht eilig. Er schien kein besonderes Ziel im Auge zu haben. Christopher Hogwood wollte einen Spaziergang machen. Aber das war so ähnlich, als ob ein Bulldozer in der Nachbarschaft Amok lief.

Als Erstes riss er ein Stück Rasen heraus, das ungefähr so groß wie ein Teppich war.

»Nein, Chris! Tu das nicht!«, rief ich. »Hör sofort damit auf!« Chris kapierte natürlich überhaupt nicht, warum ich mich so aufregte. Für ihn war die ganze Idee eines Rasens offensichtlich absurd. Der Mensch betrachtet den Rasen als eine schöne ebene Grünfläche, die man mäht, bewässert, düngt und manchmal vergiftet. Christopher sah das wesentlich praktischer: Gras war zum Beriechen, Fressen und Umwühlen da.

Nachdem er eine ungefähr schweinsgroße Grube ausgehoben hatte, schien er meine Beschwerden insoweit zu beherzigen, als er seine Wanderung fortsetzte. Er marschierte zum Haus, schnupperte mit seinem Rüssel daran und brachte eine Schindel zum Abspringen.

»Nein, nein, nein! Das ist ja abscheulich! Du scheußliches Vieh! Lass unser Haus stehen!«

Christopher sah mich an, als ob ich verrückt wäre, und sagte: »Humpf!« Sein Grunzen sprach Bände: »Na schön, wenn du unbedingt meckern musst. Mir wird schon noch etwas anderes einfallen.« Er machte ein paar Schritte und biss ein Brett aus der Verkleidung unserer Veranda.

»Schluss jetzt, Schweinekerl! Komm, lass uns zum Schweineplateau gehen!«

Ich hatte wirklich keine Zeit für solche Spielchen. Schon musste ich an die ganze Arbeit denken, die auf mich wartete. Telefonanrufe, E-Mails und Korrekturen. Die nächste Kolumne, ein Radiokommentar.

Aber Christopher folgte einer höheren Stimme: dem berauschenden Licht des Sonnenscheins und dem Duft der Erde und des grünen Grases an einem der letzten Tages des Sommers.

Er wanderte durch den Garten, stieß seinen Rüssel hier und da in den Rasen und hinterließ fußtiefe Löcher. Dann schlenderte er geruhsam auf die eingezäunte Weide zu, auf der sich derzeit allerdings keine Gastpferde tummelten. Mit der Nasenspitze stieß er das Gatter auf, das ich mit aller Kraft nicht mal anheben konnte, und trottete auf die große Wiese. Am anderen Ende war die Route 137. Ich musste ihn unbedingt aufhalten.

Das Getreide hatte versagt. Der Futtereimer interessierte ihn nicht. Es gab nur noch ein Mittel, um ihn zu stoppen.

Während ich neben ihm herlief, fing ich an, seinen Bauch zu kraulen und unser Mantra zu brummen: »Gutes Schwein! Braves Schwein, gutes Schwein! Gutes, gutes, gutes Schwein!« Er sank zu Boden, rollte sich voller Schweineseligkeit auf die Seite und ich legte mich neben ihn. Solange ich ihn kraulte, würde er nicht davonrennen. Ein Apfelbaum wölbte sich über uns, und so verbrachte ich diesen Nachmittag damit, dass ich mein Schwein kraulte und die Wolken, die Libellen und die Sonne anschaute, die durch die Blätter herabschien.

Manche Leute sagen, das Glück landet so federleicht auf dir wie ein Schmetterling. Das kann schon sein. Aber manchmal kommt das Glück auch schwerfällig angetrottet wie ein fettes, vollgefressenes Schwein und lässt sich plumps! neben dir fallen.

Kapitel 11

In guten wie in schlechten Zeiten

»Da draußen ist ein schwarz-weißes Schwein auf unserem Rasen. Ist das vielleicht Ihres?« Der Anruf am Sonntagmorgen klang sehr vertraut.

Aber kurz bevor das Telefon klingelte, war ich erst unten gewesen und hatte unserem Schwein sein Frühstück gebracht. Christopher brach nicht mehr so oft aus. Howard sagte, der Dicke erinnere ihn jetzt immer mehr an einen älteren Baseballmanager: »Du weißt schon, diese älteren Herren mit der birnenförmigen Figur, die immer noch diese sportlichen Trikots anziehen müssen. Wenn sie aufs Feld müssen, um mit dem Werfer zu reden, versuchen sie am Anfang noch richtig zu rennen, aber dann bleibt ihnen die Puste weg und sie gehen lieber langsam.«

Auch unser Schwein schoss jetzt nicht mehr aus seinem Verschlag wie eine schnaubende Kanonenkugel. Manchmal trabte er noch heraus. Aber in der Regel trat er bedachtsam ins Freie. Und manchmal musste man ihn fast herauslocken. Und wenn er draußen war, wanderte er nicht mehr allzu weit. Dass er ausgerechnet *diese* Anrufer besucht haben könnte, war extrem unwahrscheinlich: Bud und Sarah Wilder wohnten über eine Meile entfernt auf einer recht steilen Anhöhe.

Zum ersten Mal konnte ich im Brustton der Überzeugung erklären, dass es sich um ein anderes Schwein handeln müsse.

Und so war es tatsächlich. Howard und ich eilten zum Tatort, um unsere Hilfe anzubieten, und fanden eine muntere junge Gloucester-Old-Spot-Sau, eine sehr seltene, aber höchst verehrungswürdige westenglische Schweinerasse mit charakteristischen schweren Schlappohren. Ihr Name war Annabelle. Sie gehörte den Primianos und war vermutlich von den Apfelbäumen angelockt worden, die auf der Anhöhe standen. Im Moment fraß sie allerdings bloß den Rasen und schien darauf zu warten, dass ihre Besitzer kamen und sie mit dem Anhänger abholten.

Obwohl ich Christopher nach wie vor für das schönste aller Schweine hielt (und sogar seine großen haarigen Ohren schöner fand als die niedlichen Schlappohren), beneidete ich Annabelle doch um ihre unbekümmerte Jugend. Christopher war inzwischen ein würdiger älterer Herr. Mit seinen zehn Jahren hatte er das von ›Walker's Mammals‹ angegebene Durchschnittsalter eines Schweins bereits überschritten. Wir haben zwar nie erfahren, wie lange ein Schwein überhaupt leben kann, aber zumindest seine Geschwister hatte er jetzt alle schon um neuneinhalb Jahre überlebt.

Mit der Würde des Alters kamen leider auch die Gebrechen. Obwohl seine Diät die Belastung der Gelenke vermindert hatte, war er jetzt richtig arthritisch. Chuck empfahl eine pelletierte Gelenkmedizin mit Molasse-Geschmack, die ursprünglich für Pferde gedacht war, Glukosamin und das Schmerzmittel Phenylbutazon. Diese Medikation gaben wir Christopher zweimal täglich mit seinen Mahlzeiten. Das Schmerzmittel belastete seinen Magen, deshalb mussten wir ihm auch noch große Mengen von Säureschutzmitteln geben.

Bei seinen Besuchen in Keene kaufte Howard bis zu zwanzig Packungen von dem Zeug. »Meinst du, die Verkäuferin hätte mich auch nur *einmal* gefragt, wie es mir geht?«, beklagte er sich. Aber nein, es war ja bloß ein Discounter und Keene eine »Großstadt«.

Jeden Morgen und jeden Abend stopfte ich Christophers Medizin in ein Gebäckstück von Fiddleheads oder ich machte ihm ein Erdnussbutter-und-Drogen-Sandwich.

Christopher entwickelte auch eine Art Schweineglatze. Die kahlen Stellen traten allerdings nicht auf dem Kopf auf, sondern zwischen Schultern und Hals. Chuck nahm Proben, um zu sehen, ob es Milben oder eine Hautkrankheit wäre, aber er konnte nichts feststellen. Es handelte sich um das gleiche Hautproblem, das ältere Männer befällt.

Tatsächlich sind uns Schweine so ähnlich, dass sie oft den gleichen Gebrechen zum Opfer fallen wie wir. Als Christopher zwölf Jahre alt war, erlitt er eine vorübergehende Ischämie – einen Mini-Schlaganfall. Ich erkannte die Symptome sofort, denn ein paar Wochen zuvor war Tess dasselbe passiert.

Eines Morgens, als wir gerade aufgestanden waren, fiel sie plötzlich hin. Zuerst dachten wir, es wäre ihre Arthritis. Tess war schon vierzehn, und ihr Zusammenprall mit dem Schneepflug hatte sie auch nicht stärker gemacht. Morgens war sie oft sehr steif, stolperte oder hinkte. Aber als ich in ihre Augen sah, stellte ich fest, dass sie benommen war, fast wie betrunken. Ich rief Chuck zu Hause an, und er sagte, sie solle sofort drei Aspirin schlucken. Später brachten wir sie noch in die Praxis zu einer Blutuntersuchung. Aber am nächsten Morgen spielte sie schon wieder mit ihrem Ball.

Christopher passierte wenig später dasselbe, nur in viel größerem Maßstab. Eines Sonntagmorgens wollte er einfach nicht aufstehen. Als ich ihn schließlich auf die Beine gebracht hatte, hing sein Kopf auf die Seite. Eine Pupille war stark erweitert, die andere ganz klein, und er schwankte so stark auf den Hufen, dass ich dachte, er würde gleich wieder hinfallen. Chuck konnte ich nicht erreichen, aber Liz kam in aller Eile herüber. Wir berechneten eine angemessene Dosis Aspirin für ein Siebenzentner-Schwein und versteckten sie in Schokoladen-Muffins. Genau wie Tess schien auch Chris sich am nächsten Morgen schon wieder viel besser zu fühlen.

Obwohl sie immer älter wurden, waren unsere Tiere in relativ guter Verfassung. Tess bezauberte uns immer noch mit ihrem Witz und ihren sportlichen Kunststückchen. Sie sprang nach ihrem Frisbee und hatte mehr Energie als jedes andere Geschöpf in unserer

Umgebung. Sie wusste immer noch im Voraus, was wir gerade vorhatten. Wenn wir einen Rechen oder eine Schaufel aus dem Oberstock der Scheune holten, war sie schon vor uns da, und wenn wir Chris und die Hennen im unteren Stockwerk besuchten genauso. Immer noch versuchte sie uns jeden Wunsch von den Augen abzulesen.

Aber dann ließ Tess eines Tages die Frisbee-Scheibe im hohen Gras fallen, um einem interessanten Geruch nachzugehen. Wenn das passierte, brauchte Howard ihr normalerweise nur zu sagen, wo sie ihr Spielzeug vergessen hatte, und sie hob es anstandslos auf. Aber diesmal starrte sie ihn bloß verständnislos an. Da begriffen wir, dass Tess taub war – und das vielleicht schon seit Monaten.

Chris sammelte immer noch neue Bewunderer um sich. Dazu gehörten die Kinder des Drehbuchautors Bob Rodat (›The Patriot‹, ›Saving Private Ryan‹), der aus Los Angeles nach Hancock gezogen war. Ich bewunderte ihn, weil er einen schönen Tierfilm über verwaiste Gänse geschrieben hatte (›Fly Away Home‹), und lud seine Söhne ein, unser großes Schwein zu besuchen. Jack war sieben, Ned vier.

Chris beeindruckte die beiden Kinder sehr. In seinem Ferientagebuch notierte Jack unter dem 25. August: »Heute haben wir unseren Freund Christopher Hogwood besucht. Er ist ausgebrochen. Er ist im Garten herumgerannt und hat Sachen umgestoßen. Dann hat er ein Loch gegraben. Sein Futter haben wir ihm über den Kopf geschüttet.« Dann folgte noch ein erklärender Nachsatz: »Christopher ist ein Schwein.«

Von da an sammelten auch Jack und Ned ihre Bananenschalen und Maiskolben, nicht gegessenen Pfannkuchen und Muffins für Christopher. Aber weil die Familie nur zeitweilig in Hancock wohnte, mussten die Miller-Rodats die Sachen einfrieren. »Für uns selber konnten wir nicht mehr viel kaufen«, sagte Mollie, die Mutter der beiden Jungen, »weil die Truhe mit Schweinefutter gefüllt war. Unsere Eiskrem roch nach alten Pfannkuchen und Maiskolben – aber das störte uns nicht. Wir wussten ja, dass sich Christopher freuen würde.« Wenn sie dann aus Massachusetts heraufkamen, brachten die Jungen oft noch Freunde mit und wir machten alle zusammen die Schweine-Schönheitskur. »Es war ein fester Bestandteil der großen Hancock-Tour«, sagte Mollie. »Man besuchte den Elephant Rock, den Spoonwood Pond, die Schaukeln am See. Und Christopher.«

Einen Tag nach der Schönheitskur lag Christopher so friedlich auf dem Schweineplateau in der Sonne, dass Jack sich entschloss, ihm Gesellschaft zu leisten. Ganz behutsam und mit großem Respekt kletterte er auf Christophers Rücken und legte ihm den Kopf auf die Schulter. Christophers Schwarte war so hart wie Pappe und seine Borsten recht stachlig, aber Jack fand es sehr gemütlich, auf dem Schweinerücken zu liegen. Er spürte den Atem und den Herzschlag des großen Tieres. »Es fühlte sich richtig gut an«, sagte er. Prompt wollte sein kleiner Bruder es auch probieren, und die Jungen tauschten den Platz.

Bemerkenswerterweise schien Christopher gar nichts dagegen zu haben. Wenn ihm die Belagerung nicht gepasst hätte, dann hätte er nicht gezögert, uns das zu zeigen. Sogar Bob, der sich einige Sorgen gemacht hatte, als seine Kinder so unbefangen mit dem großen Tier spielten, stellte fest: »Es scheint ihm offenbar zu gefallen.«

Mollie machte einen Schnappschuss, und das Foto wurde die Weihnachtskarte des Jahres.

Im Herbst machte ich eine Reise nach Französisch-Guayana. Ich wollte ein Kinderbuch über Taranteln schreiben, und nach meiner Rückkehr träumte ich regelmäßig von Spinnen, die auf mir herumkrabbelten.

Kurz vor Beginn dieser kleinen Expedition machte ich allerdings eine andere Reise. Ich besuchte meine Mutter in Virginia. Ich hatte ihr mein letztes Buch gewidmet, das sich mit den geheimnisvollen Mondbären Südostasiens (*helarctus malayanus)* beschäftigte, und wir feierten gemeinsam mit ihren Freundinnen bei einer Lesung in einer örtlichen Buchhandlung. Es war ein schöner Abend, und danach wusste ich, dass sie bei allen Konflikten, die wir gehabt hatten, doch stolz auf mich war. Zum ersten Mal seit dem Tod meines Vaters übernachtete ich in ihrem Haus.

Es schien ein gutes Jahresende: Alle meine Lieben waren gesund, und die Welt schien in Ordnung. Unsere Weihnachtskarte in diesem Jahr trug die Überschrift: *Frieden.*

Und dann, an einem Mittwochnachmittag im März, begann meine Mutter zu sterben.

Wir hatten schon seit Monaten gewusst, dass etwas nicht stimmte. Die schlechte Nachricht hatte sie schon am Martin-Luther-King-Tag (15. Januar) erhalten, hatte mich aber nicht angerufen. Sie wartete auf meinen üblichen Sonntag-nach-dem-Gottesdienst-Anruf. Sie war mit Magenbeschwerden zu ihrem Arzt in Fort Belvoir gegangen und mit Bauchspeicheldrüsenkrebs wieder nach Hause gegangen. Die Ärzte gaben ihr noch ein Jahr.

Erneut flog ich hin und her zwischen New Hampshire und Virginia. Howard war immer noch nicht willkommen. Er blieb in Hancock, arbeitete an seinem nächsten Buch und kümmerte sich um unsere alternden Tiere. Ich arrangierte eine relativ milde Chemotherapie für meine Mutter, damit die Krankheit langsamer fortschritt, bestellte Krankenschwestern und eine Haushälterin und kochte Berge von Gemüse, Maisbrot und Fisch.

Vier Tage nach dem kritischen Mittwoch hatte meine Mutter in eine elegante Seniorenresidenz ziehen sollen, die wir für sie ausgesucht hatten. Meine Mutter freute sich auf den Umzug.

Wir nahmen uns vor, sehr viel Zeit miteinander zu verbringen. Wir hätten noch viele gute Tage vor uns, sagten die Ärzte, und diese Tage wollten wir mit langen Gesprächen, Erinnerungen und alten Fotoalben verbringen.

Als mein Vater noch lebte, hatte er unser Leben beherrscht, denn sowohl meine Mutter als auch ich bewunderten ihn und hingen an seinen Lippen. Zum ersten Mal in meinem Leben würde ich jetzt Einzelheiten über die Jugend meiner Mutter erfahren: wie sie schießen und fliegen gelernt hatte, und wie sie von der Technischen Hochschule Arkansas direkt zum FBI ging. Ich wollte sie nach ihrer Verlobung und Hochzeit mit meinem Vater fragen. Wir würden alles liebevoll und sorgfältig durchgehen – die Erinnerungen, den Schmuck, die Erbstücke. Und so wollte ich am Ende ihres Lebens meine elegante, geheimnisvolle Mutter doch noch kennenlernen. Jeden dieser Schätze würden wir genauso sorgfältig wie den Christbaumschmuck einpacken, den meine Eltern vor Jahren in Deutschland gekauft hatten und den wir jedes Jahr nach dem Fest in Seidenpapier und Schachteln verstaut hatten. Wir würden lange und zärtlich voneinander Abschied nehmen.

Aber dann kam alles ganz anders. Die Krankheit lief uns davon.

Als ich an diesem besagten Mittwoch bei meiner Mutter anrief – so wie ich jeden Tag bei ihr angerufen hatte, seit ich von ihrer Krankheit wusste – nahm sie den Hörer nicht ab. Ich rief die Pflegerin an, die mir sagte, sie seien auf dem Weg zum Arzt. Fünfzehn Minuten später rief ich den Arzt an, der mir sagte, sie seien auf dem Weg zum Krankenhaus. Dann rief ich im Krankenhaus an, wo man mir sagte, sie läge im Sterben.

Ich buchte den nächsten Flug nach Washington und bat Liz, mich zum Flughafen zu fahren. Um sieben Uhr abends war ich in der Luft, und um zehn saß ich am Bett meiner Mutter.

Wegen der Schmerzen hatte man ihr Morphium gegeben, aber sie war bei klarem Bewusstsein. Nach einer halben Stunde bestand sie darauf, ich solle zu ihr nach Hause fahren und mich schlafen legen. Ich dachte, sie sei müde, und wollte sie nicht noch mehr anstrengen. Ich erkundigte mich bei den Schwestern. »Für heute Nacht ist nichts zu befürchten«, sagten die.

Aber das galt nicht für zu Hause.

Um vier Uhr morgens klingelte das Telefon. Es war Howard. »Tess hat einen Schlaganfall erlitten!«, sagte er. Sie hatte sich beschmutzt, war gefallen, hatte sich erbrochen und konnte nicht wieder aufstehen. Sie war extrem erregt und keuchte heftig. »Was soll ich tun?«, fragte er.

Als ich in Laos war und nach den Mondbären suchte, hatte ich in meinen Alpträumen genau solche Dinge erlebt: Tess oder Chris waren krank und ich konnte nicht zu ihnen. Ich war jedes Mal schreiend aufgewacht.

Gary, der mich auf dieser Reise begleitete, war der Ansicht, es gäbe körperliche Gründe für diese Alpträume. Lebhafte Träume und Halluzinationen waren bekannte Nebenwirkungen des Malariaschutzmittels, das wir ständig einnehmen mussten. Aber ich war überzeugt, dass es sich um ein Phänomen handelte, das die Schamanen »Seelenwanderung« nannten.

Nach Ansicht der Bergstämme im nördlichen Thailand, bei denen es sich oft um Flüchtlinge handelt, neigt die menschliche Seele dazu, den Körper zu verlassen, wenn sie dazu verlockt wird oder geängstigt. Verirrte Seelen können aber leicht bösen Geistern zum Opfer fallen: Wertigern oder Vampiren zum Beispiel. Die Bergstämme haben deshalb zahlreiche Methoden entwickelt, um Seelen wieder einzufangen, und die Schamanen sind besonders in der Kunst des Seelenrufens geschult. Die Lahu und die Hmong sagen, dass schon die Seele eines Neugeborenen vor lauten Geräuschen flüchten kann. Deshalb sind die Mütter während der Entbindung vollkommen stumm und besticken die Kleider ihrer Babys mit Symbolen, die dazu dienen sollen, die Seele im Körper festzuhalten. Spinnweben und Schweineställe gehören zu ihren Lieblingsmotiven.

Laute Geräusche waren nicht mein Problem, obwohl ich bei meinem Aufenthalt in Kambodscha erlebt habe, dass ganz in meiner Nähe eine Landmine hochging. Es war ein bedrückendes Erlebnis, als wir erkannten, dass der scheinbar paradiesische Regenwald voller Minen, Munition, Aufständischer und Wilderer steckte, die einen ekelhaften Handel mit den Gliedmaßen von Wildtieren trieben, die irgendwo zu fragwürdigen Souvenirs und Elixieren verarbeitet wurden. Überall fand wir Elend und Sorge. In Kambodscha gibt es zahllose Menschen, denen Gliedmaßen fehlen, und auch in Laos wurden wir ständig vor Blindgängern aus einem Krieg gewarnt, in dem auf dieses kleine Land mehr Bomben fielen als auf Deutschland im Zweiten Weltkrieg. In Thailand stießen wir sogar auf eine Elefantenkuh, der ein Bein fehlte. Das unglückliche Tier war auf eine Mine getreten, als ihr Mahout sie zum illegalen Transport von Tropenholz aus Burma missbraucht hatte. Meine Träume, davon war ich fest überzeugt, waren ein Hinweis darauf, dass meine Seele den Schrecken zu entkommen versuchte, die diese Menschen und Tiere alltäglich erlebten.

Als wir im nördlichen Thailand ein Lahu-Dorf besuchten, wussten nur Gary und ich von meinen Alpträumen, aber der Schamane schien sie zu spüren. Während wir auf den gewebten Matten in seinem Stelzenhaus saßen, holte er eine Schüssel mit Reis, ein paar Kerzen, Papier und ein Knäuel Schnur. Er strich mir mit der straff gespannten Schnur dreimal über die Handfläche, dann wickelte er sie mir fünfmal ums Handgelenk und verknotete sie.

Er band meine Seele im Körper fest.

»Du reist herum, überall«, sagte der Schamane mit Hilfe unseres Übersetzers zu mir, »aber am Ende kehrst du zurück. Dein Geist wird immer zurückkehren.«

Eine große Ruhe senkte sich auf mich herab, und ich hatte das Gefühl, dass meine Seele wiederhergestellt wurde. Ich begriff, dass ich auf dieser Reise sowohl Leid als auch Hoffnung erleben würde, und dass die Stärke dafür daher kam, dass meine Seele fest an mein Zuhause in Hancock gebunden war.

Es war vier Uhr morgens, meine Mutter lag im Sterben und Tess war schwerkrank in New Hampshire. Mein Herz war zerrissen. Sicher gibt es viele Leute, die es schrecklich finden, dass eine Tochter sich über das Leben eines Hundes Gedanken macht, wenn ihre Mutter im Sterben liegt. Aber während ich an der Seite meiner Mutter im Krankenhaus saß, waren meine Gedanken mindestens ebenso bei Tess in New Hampshire.

Wie war das möglich? Wenn man die Frage der Arten mal ganz außer Acht lässt, kannte ich Tess doch erst seit zwölf Jahren, während meine Mutter mir das Leben geschenkt hatte. Aber ich hatte nicht das Leben gewählt, das sie sich für mich erhofft hatte, und das war eine Sünde, die sie mir nicht vergeben konnte. Meine Mutter hatte schon früh gelernt, wie man kriegte, was man im Leben wollte: Als Tochter eines Eisverkäufers und einer Postbeamtin aus dem staubigen Lexa hatte sie es bis aufs College geschafft. Sie hatte fliegen gelernt, einen tollen Job in Washington gekriegt und einen Kriegshelden geheiratet. Ich war die erste große Enttäuschung in ihrem Leben gewesen. Sie liebte mich, aber ihre Liebe war an Bedingungen geknüpft – und die erfüllte ich meistens nicht.

Aber für Tess war ich der wichtigste Mensch. Wir bildeten eine Einheit. Wir waren eine Familie. Und weil ich sie so innig liebte und sie mich so bedingungslos wiederliebte, glaubte ich, dass sie mich brauchte, dass nur ich Tess ins Leben zurücklieben könnte. Ich wusste, dass mir das bei meiner Mutter nicht gelingen würde. Ihre Bezugsperson war mein Vater, und er war ihr bereits an einen Ort vorausgegangen, wohin sie ihm folgen wollte. Dennoch wusste ich, wo in dieser Stunde mein Platz war: im Krankenhaus in Virginia, an der Seite meiner Mutter, wo vielleicht noch die Hoffnung auf eine andere Art Heilung bestand.

Meine Mutter war müde, aber dankbar für meine Gesellschaft am nächsten Morgen. Ich zog mich nur zurück, wenn andere Besucher eintrafen. Ich war zutiefst gerührt, als ich sah, wie viele es waren: Frauen aus der Nachbarschaft, Freunde aus der Kirche, Freunde aus der Armeezeit, Bridgepartner, die Mitglieder des Villamay Ladies' Club und Frauen aus dem Nähkreis. Während dieser Besuche ging ich auf dem Flur und rief Chuck an, um mich nach Tess zu erkundigen.

Er sagte mir, dass Tess keinen Schlaganfall erlitten habe, sondern das sogenannte Peripheral-Vestibular-Syndrom zeige, bei der das Tier unter starken Schwindelgefühlen leidet. Niemand weiß, was diese Krankheit bei Hunden auslöst, aber sie führt dazu, dass das Tier manchmal wochenlang weder stehen noch gehen noch fressen kann. Jetzt ging es darum, sie so lange am Leben zu halten, bis die Gleichgewichtsstörung sich wieder legte oder ihr Gehirn eine Möglichkeit fand, sie zu kompensieren.

Der Zeitpunkt war denkbar ungünstig. Wegen ihrer Trennungsängste hatten wir dafür gesorgt, dass Tess in den vergangenen zwölf Jahren nie allein war – mit Ausnahme einiger Nächte, die sie bei Evelyn, ihrer früheren Betreuerin, verbrachte. Bei allen Arztbesuchen waren wir bei ihr gewesen und hatten sie keine Minute allein gelassen. Aber jetzt musste Howard nach Pittsburgh fliegen, um einen Vortrag zu halten, und Tess würde eine Nacht in einem Käfig im Tierheim verbringen müssen, während sich die Welt auf schreckliche, unerklärliche Weise um sie drehte.

Tess hatte schreckliche Angst, aber meine Mutter war weder traurig noch besorgt. Darüber hatten wir in den vergangenen Wochen schon mehrfach gesprochen. Der Tod war die Tür zu meinem Vater für sie. Sie freute sich sehr darauf, ihn im Himmel zu treffen. Nur eins machte ihr Sorgen: dass er womöglich nicht dort wäre.

»Aber natürlich ist er da!«, rief ich entsetzt. Wer hätte den Himmel verdient, wenn nicht mein Vater? »Wenn mein Vater nicht da ist, dann können da nur Idioten sein und ich gehe nicht hin.«

Mein Ausbruch beruhigte meine Mutter allerdings nicht. Obwohl mein Vater auf seiner Erkennungsmarke immer als »römisch-katholisch« bezeichnet worden war, hatte meine Mutter jetzt plötzlich Zweifel, ob er wirklich an Jesus geglaubt hatte. Sie war der Ansicht, für diejenigen, die nicht an Jesus glaubten, sei wahrscheinlich im Himmel kein Platz. Damit wären also meine hinduistischen Freunde aus West-Bengalen, meine buddhistischen Freunde in Südostasien, die Mehrzahl meiner Freunde aus der Wissenschaft (die Atheisten oder Agnostiker waren), meine Freundin Liz (die an Gaia glaubte), Gretchen (eine Animistin) und Selinda (eine Atheistin), meine Schwiegereltern und mein Ehemann ausgeschlossen gewesen.

Jetzt bedauerte ich, dass ich meiner Mutter von einem Anruf erzählt hatte, der mich erreichte hatte, ehe sie krank wurde. Eine Kusine, von der ich bis dahin gar nichts gewusst hatte, hatte ein Buch von mir gesehen und über das Internet meine Nummer herausgefunden. Am Anfang war ich mir nicht einmal sicher, ob wir tatsächlich verwandt waren. Aber als sie mir immer mehr Einzelheiten aus dem Leben meines Vaters erzählte, wurde mir klar, dass sie weitaus mehr über unsere Familie wusste als ich – und dass vieles nicht ganz so gewesen war, wie man mir bisher erzählt hatte.

Die Vorfahren meines Vaters stammten keineswegs aus England oder Schottland, wie ich bisher geglaubt hatte. Sein Großvater war vielmehr ein italienischer Opernsänger gewesen. Sein Name war Montegriffo. Mein Großvater war schon in Amerika geboren worden und hatte blondes Haar und blaue Augen. Er war hochintelligent und ehrgeizig, besaß ein hervorragendes akustisches Gedächtnis und absolvierte sein Jurastudium mit Bravour. Viele bekannte Kanzleien interessierten sich für ihn. Aber Italiener wurden damals als Rechtsanwälte nur wenig geschätzt. Ich erinnere mich an ein kleines Liedchen, das mein Vater mir in meiner Kindheit gelegentlich vorsang: ›Guinea, Guinea goo / Shine my shoe‹. Erst viele Jahre später habe ich begriffen, dass *Guinea* ein Spitzname für Italiener war, aber das kleine Liedchen erklärt wohl, warum mein kluger Großvater seine Herkunft – und die meines Vaters – verschleierte und den Namen *Montegriffo* in *Montgomery* änderte.

Die Mutter meines Vaters war ebenfalls Rechtsanwältin gewesen – worauf ich immer stolz gewesen war. Es gab ein altes Foto von ihr, das in einem Goldrahmen steckte. Es zeigte eine elegante Brünette mit Perlenkette, Spitzenbluse und Federn am Hut. Ihr Name war Augusta Black gewesen. Sonst wusste ich wenig von ihr. Jetzt erfuhr ich, dass ihr Familienname eigentlich *Schwartz* war und ihre Vorfahren aus Österreich-Ungarn stammten. Ihre Eltern waren vor dem Antisemitismus aus ihrer alten Heimat geflohen. Ihr Jurastudium war von B'nai B'rith finanziert worden. Als sie meinen Großvater geheiratet hatte, hatte sie natürlich auch seinen amerikanisierten Namen übernommen und alle Spuren ihrer jüdischen Herkunft waren verschwunden. Aber das änderte die jüdischen Gesetze und Traditionen nicht – und die besagen, dass Jude ist, wer eine jüdische Mutter hat.

Als ich das meiner Mutter erzählt hatte, hatte sie lange geschwiegen, und mir wurde klar, dass ich die Geschichte besser niemals erwähnt hätte. Es war ein Wunder, dass meine Mutter und ich uns überhaupt noch liebten, nach allem, was geschehen war, und ich würde sie nie dazu bringen, dass sie meinen Ehemann akzeptierte. Daher hatte es auch keinen Sinn, ihr jetzt noch zu sagen, dass ihre große Liebe ebenfalls einen jüdischen Hintergrund hatte. Sie würde es nie begreifen. Sie bestätigte, dass die Anruferin tatsächlich meine Kusine gewesen war. Aber ihre Geschichte sei offensichtlicher Unsinn. Dann wechselte sie das Thema, und wir erwähnten die Sache nie wieder.

Erst nach dem Tod meiner Mutter erfuhr ich von einer alten Freundin meiner Familie, wie entschlossen mein Vater das Geheimnis seiner Herkunft vor meiner Mutter verborgen hatte. Solange mein Vater lebte, hatte meine Mutter keine Ahnung, dass ihr Ehemann genauso eine jüdische Mutter hatte wie meiner.

Die Ärzte waren ganz offen: Sie konnten nichts mehr für meine Mutter tun. Sie gaben ihr ständig mehr Morphium. Also schlief ich jede Nacht in ihrem Zimmer und hielt ihre Hand. Einmal zog sie meine Hand an ihr Gesicht und küsste sie. Danach sprach sie nicht mehr. Sie brauchte auch nichts mehr zu sagen. Ich sagte auch nicht sehr viel: »Ich hab dich lieb, ich bin da, Mutter.« Das war alles. Und es genügte.

Im Lauf der Tage lernte ich einige der Menschen kennen, die ihre wöchentlichen Briefe bevölkert hatten und die ich kaum kannte. Die Nachbarn von nebenan, deren Kinder ich für fünfundzwanzig Cent die Stunde beaufsichtigt hatte, als ich ein Teenager war. Die Nachbarn auf der anderen Seite, deren Tochter mir gezeigt hatte, wo es Schildkröten gab. Dann gab es die Freundinnen aus der Armeezeit. Aber seit mein Vater gestorben war, hatte meine Mutter auch viele neue Freundschaften geschlossen. Da gab es Scott, den flotten, etwa vierzigjährigen Blumenhändler mit einem Ohrring, der in der Kirche neben meiner Mutter saß. Die Krankenschwestern dachten, er wäre ihr Sohn. Und Silver, eine witzige, unverheiratete Frau in meinem Alter, die einen Hund namens Summer besaß. Seit Jahren hatte meine Mutter sie als ihre »zweite Tochter« bezeichnet. In ihrer Witwenschaft hatte sich meine Mutter genauso mit einer alternativen Familie umgeben wie ich.

Und solange ich in Virginia war, kümmerte sich meine alternative Familie um meine Tiere. Als Howard nach Pittsburgh musste, besuchten Gretchen und Liz die kranke Tess im Tierheim. Liz holte meine Stalljacke aus unserer Scheune und legte sie Tess in den Käfig, damit sie den vertrauten Geruch um sich hatte. Es funktionierte perfekt, sagte sie. Als die Jacke in ihrem Käfig war, entspannte sich Tess und schloss ihre Augen.

Jarvis und Bobbie und die neue Untermieterin kümmerten sich um Christopher und die Hennen. Als Howard zurückkam und der Hühnerstall vom Schmelzwasser überflutet war, weil es gerade getaut hatte, kam Selindas Ehemann Ken mit einer Pumpe. Und als Tess wieder zu Hause war, brachte Selinda ihr selbstgemachte Fleischbällchen und Gretchen kaufte Wildragout für sie.

Im Krankenzimmer meiner Mutter gaben sich ihre Freunde und Freundinnen die Klinke in die Hand: die Pastoren der Methodistenkirche, eine pensionierte Krankenschwester aus Bethesda, die meinen Vater noch aus der Zeit kannte, als er bei den Kriegsverbrecherprozessen in Japan aussagte. Am Sonntagmorgen kamen Silver und Scott. Und so ist sie gestorben, umgeben von Freunden, ohne Schmerzen und Furcht. Ich hielt ihre Hand.

Seit dem Tod meines Vaters hatte meine Mutter mich jedes Jahr zu Weihnachten »nach Hause« eingeladen. Howard hatte sie nicht eingeladen. Und so war ich nicht nach Virginia geflogen.

Weihnachten bedeutete Howard nichts, aber mir war es wichtig. Deshalb gab es auch besondere Traditionen. Chris erhielt als Erster ein festliches Frühstück. Für die Hennen gab es heißes Popcorn. Tess begleitete uns, während wir unsere Freunde besuchten und ihnen ihre Geschenke brachten. Aber ich fand es nur angemessen, den Weihnachtsmorgen dort zu verbringen, wo auch das erste Weihnachten stattfand: in einem Stall.

Aber das Weihnachten nach dem Tod meiner Mutter war anders.

Am Morgen brachte ich Christopher sein Festmahl und ging dann zu den Hühnern. Als ich ihnen das Popcorn hinstellen wollte, entdeckte ich, dass eine der Hennen tot und in eine Ecke gezerrt worden war. Der Räuber hatte offenbar ein Loch gegraben, um den Hühnerstall überfallen zu können. Ich bückte mich, um das Tier aufzuheben – und stellte fest, dass jemand das andere Ende festhielt!

Mit einem Ruck zog ich die Henne hoch und sah zu meiner Überraschung das winzige, weiße Gesicht und die schwarzen Augen eines Hermelins in der Ecke. Es starrte mich furchtlos an.

Bei uns in New Hampshire gibt es zwei Arten von Wieseln, und wenn sie ihr weißes Winterkleid tragen, nennen wir sie Hermeline. Ich hatte noch nie eins gesehen. Sie sind ziemlich klein und wirklich schneeweiß.

Ohne jedes Zurückweichen starrte mir das Tier fast eine halbe Minute lang in die Augen. Ich hatte noch nie einen so intensiven, wütenden Blick gesehen, erfüllt von der brutalen Wildheit des Augenblicks. Wiesel wiegen oft nur ein paar Dutzend Gramm, sind aber so unerschrocken wie Gott. Sie machen vor nichts Halt: Sie kriechen durch Tunnel, sie jagen über und unter dem Schnee und springen sogar in die Luft, um auffliegende Vögel zu packen. Ihre winzigen Herzen schlagen dreihundertsechzigmal in der Minute, und ihr Körper braucht fünf bis zehn Mahlzeiten täglich. Sie sind deshalb so wild, weil sie müssen. Grausamkeit ist ihr Dharma – so rein und vollkommen wie ihr weißes Kleid.

Das Hermelin hatte gerade jemanden getötet, den ich liebte. Und doch fühlte ich mich gesegnet, als wäre ich einem Engel begegnet.

Meine Trauer verschwand. Ich hielt den warmen Leichnam meines Huhns in den Händen und mein Herz wurde leicht. Der Zorn war aus meinem Herzen gewichen und an seiner Stelle spürte ich die Befreiung, die man empfindet, wenn man vergibt.

Kapitel 12

Ins Leben zurück

Früher hatten Tess, Howard und ich abends vor dem Zubettgehen oft noch eine Runde Frisbee im Garten gespielt. In Vollmondnächten sah Tess wirklich schön aus, wenn ihre schlanke, schwarz-weiße Gestalt durch die Wiese jagte, um die Scheibe aus der Luft zu fangen und mondbeglänzt zu uns zurückzubringen.

Aber eigentlich war sie in den tintenschwarzen, mondlosen Nächten noch schöner, wenn wir sie nicht sehen konnten. Sie selbst sah nachts ausgezeichnet. Raubtiere, die bei Tag und Nacht jagen, besitzen hinter der Netzhaut eine zusätzliche, das Licht reflektierende Schicht, die bewirkt, dass Katzen- und Hundeaugen nachts leuchten und zugleich weitaus lichtempfindlicher sind als Menschen- oder Schweineaugen. Aber dafür können wir uns ja an der Gesellschaft von Hunden erfreuen.

Howard und ich folgten Tess hinaus in die Nacht. Wir orientierten uns am leisen Klingeln ihrer Hundemarke, bis wir am Ende des Rasens die Wiese erreichten. Dann flüsterten wir: »Los!« und warfen die Frisbeescheibe ins Dunkel. Eine oder zwei Sekunden später hörten wir das Klicken ihrer Zähne und wussten, dass Tess in die Luft gesprungen war und die Plastikscheibe gepackt hatte. Die Szene war doppelt schön, weil sie praktisch unsichtbar war. Es war wie ein kleines, ganz persönliches Wunder: Jedes Mal, wenn sie uns die Frisbeescheibe zurückbrachte, teilte sie ihre Gabe der Nachtsicht mit uns.

Aber seit ihrer schweren Krankheit im März waren diese Zeiten vorbei. Sie spielte nie wieder Frisbee mit uns. Es dauerte Wochen, bis sie überhaupt wieder laufen konnte. Sie hatte das Herz einer Löwin. So wie mein sterbender Vater um jenen letzten Atemzug gerungen hatte, so kämpfte jetzt die taube, fast blinde, humpelnde Tess um ein Leben, das immer noch voller Freude und Sinn, aufregender Gerüche und Leckerbissen für sie war. Sie fühlte sich wohl in der Gesellschaft der Menschen, die sie am meisten liebte.

Im April, als in den Wäldern die Froschchöre anschwollen, war Tess wieder stark genug, um mit uns nach draußen zu gehen. Sie blieb jetzt dicht in unserer Nähe und folgte unserer Wärme und unserem Geruch. Wehmütig erinnerte ich mich an den Zauber jener Nächte, in denen sie im Dunkeln die unsichtbare Frisbeescheibe gejagt hatte. Aber dann wurde mir klar, dass sie ihre Begabung nicht verloren, sondern einfach nur zu uns zurückgebracht hatte. Jetzt mussten wir sie durch die Dunkelheit führen.

Und es lag noch viel Dunkelheit vor uns. Viel zu oft

werden uns unsere Lieben genommen – trotz aller Medizin und aller Gebete, trotz unseres Glaubens und unserer Stärke – aus Gründen, die wir nicht ergründen können. Aber manchmal geben uns Gott oder das Universum eine Chance. Das ist das Geschenk der Dunkelheit: die Erkenntnis, dass man in manchen Fällen jemanden mit seiner Liebe ins Leben zurückholen kann.

Unsere Besucher mussten jetzt mit einer anderen Tierschau vorliebnehmen als früher. Wenn wir das Haus verließen, stolperte ein fünfzehn Jahre alter Border Collie heraus, der taub und fast blind war und den Kopf ständig schief hielt. Manchmal musste ich Tess sogar zur Scheune tragen, wo uns ein Haufen Hühner begrüßte, die zum Teil schon so alt waren, dass sie Sporen trugen wie Hähne und längst nicht mehr ans Eierlegen dachten. Bewaffnet mit den leckersten Essensresten versuchten wir den arthritischen Christopher aus seinem Verschlag zu locken. Manchmal hatte er allerdings keine Lust mehr, über die Schwelle zu treten, sondern blieb ganz gern in der Scheune, wo es schön kühl war und wo Howard kürzlich sogar einen Ventilator für ihn installiert hatte. Er wusste, dass seine Bewunderer ihm trotzdem nur allzu gern Gebäck und andere Leckerbissen ins Maul schoben.

Aber Christopher wusste, was er seinem Publikum schuldig war, und als im Mai ein Kamerateam vom ›Chronicle‹ kam, raffte er sich noch einmal zu einer vollendeten Vorführung auf. Er blickte der Linse furchtlos ins Auge, grunzte entschlossen und trat mit entschiedenen Schritten aus dem Verschlag, als die Kamera lief.

»He, das ist großartig!«, rief der Moderator, als Chris die Blaubeermuffins aus meiner Hand fraß.

»Ja, er ist der Einzige in der Gegend, die nicht auf Atkins-Diät ist«, sagte ich, und Chris grunzte aufs Stichwort.

Als sie genug Bilder mit dem fressenden Schwein hatten, legte er sich brav in die Sonne. Der Kameramann schoss etliche Minuten mit dem sonnenbadenden Schwein, das mit seinen üppig behaarten, zuckenden Ohren die Fliegen verjagte und seinen Rüssel kräuselte wie ein Model auf dem Laufsteg das Näschen. Na ja, vielleicht nicht *ganz* genauso, aber für unsere ländlichen Verhältnisse doch sehr elegant.

Wenn die Kinder zur Schweine-Schönheitskur kamen, riss er sich auch sehr zusammen. Als Jack und Ned eine Freundin namens Isobel mitbrachten, führte Chris das gesamte Repertoire vor: Er trottete zum Plateau, er fraß die Essenreste begierig und grub ein gewaltiges Loch. Die Kinder waren begeistert. Wir kitzelten ihn am Bauch, er ließ sich fallen und erlaubte uns, ihn mit Schwämmen und Bürsten zu waschen und ihm mit sanfter Massage Aloe-Hautcreme in seine Schwarte zu reiben.

Nach einer Stunde schien es mir an der Zeit, dass Christopher in seinen Verschlag zurückkehrte. Howard war nicht da, und ich wollte einen Lichtbildervortrag in der örtlichen Bibliothek halten.

Aber Christopher wollte nicht aufstehen.

Warum auch? Es gefiel ihm dort, wo er war. Er lag in

der Sonne und wurde von liebevollen Kindern gestreichelt. Er wusste ganz genau, was geschehen würde, wenn er jetzt aufstand: Er musste in seinen Verschlag zurück und die Kinder und ich würden weggehen. Warum sollte er auf uns verzichten? Er war doch nicht blöd.

Zum Glück hatte ich mit solchen Problemen gerechnet und eine Schachtel Schokoladen-Donuts mitgebracht, um ihn zurück in den Stall zu locken. Was ich nicht bedacht hatte, war der Umstand, dass die Kinder die meisten schon während der Schönheitskur essen würden.

Mit dem ersten Donut lockten wir Chris auf die Füße. Der zweite veranlasste ihn, ein paar Schritte zu gehen. Nachdenklich kaute er vor sich hin. Es war ihm anzusehen, dass er überlegte, ob er zum Plateau zurückkehren oder einen Ausflug auf die Wiese machen sollte. Um diese Überlegungen in die richtige Richtung zu lenken, zeigten wir ihm einen weiteren Donut. Erneut machte er ein paar Schritte vorwärts und riss sein gewaltiges Maul auf. Er wollte den Donut. Wir warfen ihn ein, und Christopher machte erneut ein paar Schritte. Wieder öffnete sich sein Maul. Seine Lippen zitterten erwartungsvoll.

Aber jetzt hatten wir keine Donuts mehr – Katastrophe! Christopher buddelte ein weiteres gewaltiges Loch, und legte sich hin. Es war ein echter GAU: Christopher war nicht mehr angebunden und ich stand in meinen Stallklamotten im Garten und hatte gerade noch eine halbe Stunde, um mich umzuziehen und meinen Lichtbildervortrag zu halten.

Wir schickten Mollie zum Cash Market, um noch mehr Donuts zu kaufen.

In die Bibliothek kam ich zehn Minuten zu spät, aber man verzieh mir, als ich erklärte, dass sich mir ein widerspenstiges Schwein in den Weg gestellt hatte. Zum Publikum gehörten viele Kinder, und die Bibliothekarin hatte die Leute in der Zwischenzeit mit Geschichten über Chris unterhalten.

Die Probleme des nächsten Jahres fingen mit einem Eimer Essensreste an.

Wir kontrollierten Christophers Futter meist relativ sorgfältig. Einerseits befriedigten wir so unsere Neugier – schau mal an, was die Nachbarn gegessen haben – andererseits gab es aber auch Sicherheitsüberlegungen. Wir wussten, dass die Angestellten bei Fiddleheads im Allgemeinen sehr vorsichtig waren, gelegentlich flog aber doch eine Serviette, eine Plastiktüte oder ein Zahnstocher mit in den Futtereimer. Außerdem wollten wir sichergehen, dass nichts Verdorbenes dabei war.

Und schließlich ging es auch darum, dass Christopher einigermaßen ausgewogen ernährt wurde. Manchmal war der ganze Eimer nur mit einer einzigen Sache, zum Beispiel Bratkartoffeln oder dergleichen, gefüllt. Dann verteilten wir den Inhalt auf mehrere Mahlzeiten, damit sich Christopher nicht überfraß.

Aber manchmal schienen die Futtereimer recht eigensinnig zu sein. Wenn viele glitschige Dinge im Angebot waren, rutschte alles auf einmal heraus und unser Schwein lebte im Überfluss. So geschah es auch an einem bitterkalten Januarmorgen, als ich den Eimer behutsam in Christophers Trog kippen wollte und zwanzig Liter Tomatensuppe herausschwappten.

Chris schlürfte und schmatzte vergnügt. Er hatte großen Appetit, denn es war einer von jenen eisigen Tagen, an denen einem die Haare in der Nase wie Stachelschweinborsten gefroren und man sich hüten musste, die eisernen Türklinken mit der bloßen Hand anzufassen. Trotz seiner Speckschicht und seinem warmen Bett aus frischem Heu brauchte Chris Kalorien, um nicht zu frieren. Vielleicht war diese ganze warme Tomatensuppe gar nicht so schlecht: Ich hatte erst kürzlich gelesen, wie Tomaten unserem Immunsystem helfen. Das Karotin war gut gegen Krebs und das Lycopin war gut für die Augen. Ich machte mir keine Sorgen.

Bis ich Christopher ein paar Stunden später auf der Seite liegend in seinem Stall fand. Er stöhnte entsetzlich.

Bauchschmerzen waren nichts Neues bei ihm. Er hatte schon häufiger und öfter darunter gelitten, als mir bewusst war. Howard hatte manche Nacht in seinem Stall zugebracht, als ich in Asien war. Auch kurz vor Weihnachten hatte Christopher eine Magenverstimmung gehabt, aber nachdem ich ihn mit einem warmen Kleiebrei gefüttert hatte, den ich mit Sirup gesüßt hatte, ging es ihm bald wieder gut.

Also versuchte ich es erneut mit diesem Rezept. Er nahm auch brav ein paar Löffel und trank auch das warme Wasser, das ich ihm aus einem Joghurtbecher einflößte.

Aber am nächsten Morgen ging es ihm wieder schlechter. Er stand nicht auf, um zu fressen, sondern lag auf der Seite und grunzte nur schwach. Was noch alarmierender war: Er atmete unregelmäßig. Er holte tief Luft, hielt den Atem an und ließ ihn dann mit einem zitternden Seufzen entweichen. Aber das Schlimmste war, dass er sich vollkommen kalt anfühlte. Er sah schrecklich krank aus. Ich war in Panik und rief Chuck zu Hause an.

Chuck sagte, es sei die Tomatensuppe. »Tomaten sind für Schweine ganz schlecht!«

Und das erfuhr ich nach vierzehn Jahren des Schweinefütterns erst jetzt!

»Was ist denn falsch an Tomaten?«

»Zu viel Säure«, erwiderte er.

Und was war die Lösung? Ich musste mein Schwein dazu bringen, dass es Aktivkohle fraß. Ich hatte genug davon im Haus, weil ich meine eigenen Magen-Darm-Probleme damit bekämpft hatte, als ich in Asien war. Aber wie viel davon brauchte mein Schwein?

»So viel Sie ihm reinquetschen können!«

Das war leichter gesagt als getan. Denn plötzlich hatte ich ein neues Problem: Christopher wollte sein Maul nicht mehr aufmachen.

Während Howard mich daran erinnerte, dass die Notaufnahme des örtlichen Krankenhauses auch ohne mich schon genug zu tun hätte, schob ich Christopher meine halberstarrten, ungeschützten Finger ins Maul.

Ich schob ihm die schwarzen Pillen durchs Gehege der Zähne und hoffte, er würde sie schlucken. Aber er bemerkte die kleinen Dinger wahrscheinlich gar nicht, und ich konnte keine Schluckbewegungen feststellen.

»Komm, Schätzchen!«, bettelte ich. »Bitte iss diese Pillen für mich!«

»Hmpf.« Geht nicht.

»Bitte!«

»Unnnnh!« Jetzt wurde er ärgerlich.

Als Nächstes versuchte ich es mit Tums. Die Dragees waren größer und süß. Ich hoffte, Christopher wurde sie mögen. Aber er spuckte sie aus. Ich warf noch ein paar Aktivkohle-Kapseln ein, aber weil sie schwarz waren, konnte ich nicht kontrollieren, ob er sie wirklich schluckte oder ob sie einfach auf der anderen Seite seines Mauls wieder herausfielen. Ich schüttete ihm eine Flasche Pepto-Bismol ins Maul, aber es tropfte bloß auf den Boden.

Es blieb nichts anderes, als bei ihm zu bleiben. Ich legte ihm den Arm um den Hals und ließ mich ins Heu sinken. Es war elf Grad unter null, und ich war sehr dankbar, als Howard kam und uns mit einer Decke zudeckte.

Am nächsten Tag schien sich Christopher besser zu fühlen, aber fressen wollte er immer noch nicht. Nicht einmal süßen Brei oder andere Leckereien. Ich machte ihm Suppe, aber Christopher rührte sie nicht an. Als er ein Stück Gebäck wieder ausspuckte, heulte ich los vor Verzweiflung. Die Tränen froren auf meinem Gesicht.

Immerhin trank er warmes Wasser. Als ich es ihm einzuflößen versuchte, öffnete er das Maul und verlangte nach mehr. Später stand er sogar einen Augenblick auf, als ich ihm Wasser in die Schüssel kippte. Dann kam Chuck.

Er sagte, Christopher brauche starke Spritzen gegen die Säure. Zu meinem Entsetzen zeigte er mir eine gewaltige Spritze, die aussah wie eine kleine Rakete. Ich konnte das Ding nicht mal ansehen. Allein schon die Nadel war so lang wie ein Küchenmesser. Das sei notwendig, erklärte mir Chuck, um die zwanzig Kubikzentimeter Medizin, die unser Schwein täglich brauchte, unter die dicke Speckschicht auf Christophers Hinterteil zu befördern. Zweimal täglich sollte ich sie ihm injizieren.

Howard mochte nicht einmal zuschauen.

Mein Schlachtplan war einfach. Ich gedachte, Christopher die Spritzen von hinten zu geben, wenn er mit dem Hinterteil zum Gatter in seinem Verschlag lag. Auf diese Weise konnte ich jedenfalls einen schnellen Rückzug antreten, falls sich das als nötig erweisen sollte. Ehe ich die Medizin injizierte, würde ich sein Hinterteil eine Weile kraulen und streicheln. Und unmittelbar vor dem Einstich würde ich zweimal mit dem Knöchel auf das Zielgebiet klopfen – ein Trick, den ich bei den Ärzten und Krankenschwestern beobachtet hatte, die mich vor meinen Auslandsreisen geimpft hatten. Auf diese Weise wurde der Schmerz des Einstichs erheblich gedämpft.

Dennoch war nicht zu erwarten, dass es Christopher gefiel, wenn ich ihm eine sieben Zentimeter lange Nadel in seinen Allerwertesten stach. Er hatte jedes Recht, mich zu beißen. Aber das tat er nicht. Er sagte einige Unfreundlichkeiten zu mir und sein Gebrüll hätte gut auf den Soundtrack eines Monster-Films gepasst, aber ich wusste, es war nicht böse gemeint. Wenn die Spritze vorbei war, kroch ich wieder unter die Decke zu ihm ins Heu und er grunzte mich liebevoll an, während ich ihm den Bauch rieb.

Auch nach Tagen fraß Christopher nicht mehr als ab und zu einen Löffel Brei. Er wollte keine Bagel. Er wollte kein Brot. Er fraß kein Gebäck. Die Eichhörnchen stahlen ihm die Leckereien aus seinem Trog und versuchten, damit ins Freie zu flüchten. Bald fand ich Bagel und Muffins in allen möglichen Löchern im Feldsteinfundament unserer Scheune. Es sah richtig künstlerisch aus.

Christophers Atem hörte sich feucht an, und wir veränderten die Medikation. Auf Empfehlung von Chuck erhielt Chris jetzt zwei verschiedene Antibiotika und ein starkes Schmerzmittel. Das brachte die Wende: Kaum hatte ich Chris zum zweiten Mal seine neue Spritze gegeben, da stand er auf, drehte sich um und grunzte: »Nüüünnjerrr!« – jetzt reicht's aber!

Sofort rief ich Liz an, um ihr den neuesten Lagebericht durchzugeben. Ich überschüttete sie mit einem Schwall von veterinärmedizinischen Einzelheiten und fragte schließlich atemlos: »Und wie geht's dir?«

»Ich habe Krebs«, sagte sie.

Liz ist nicht der Typ, der herumjammert. Die Brustamputation sei ganz unproblematisch, sagte sie, »nicht viel mehr als ein Haarschnitt«. Ihre Tochter Stephie solle sich nicht die Mühe machen, aus Texas nach Hancock zu kommen. Und ihr Sohn Ramsay, der damals als Bergführer in Frankreich arbeitete, solle erst recht nicht in die USA kommen. Auch ihren Ehemann Steve schickte Liz wieder nach Prag, damit er dort weiter an seinem Buch arbeiten konnte. Deshalb fragte ich gar nicht erst, ob ich sie ins Krankenhaus begleiten dürfte, sondern teilte ihr einfach mit, dass ich es tun würde.

Wir warteten noch auf das Datum für die Operation, als ich sie am sechsten Februar anrief, einen Tag vor meinem sechsundvierzigsten Geburtstag. Da Chris und Tess wieder in stabilem Zustand waren, hatte ich beschlossen, am Jahrestreffen der International Bear Association in San Diego teilzunehmen.

»Hallo, Liz – wie geht's dir?«

Sie zögerte und mir gefror das Blut in den Adern.

Ramsay hatte einen Unfall gehabt.

Auf einer Skipiste in der Nähe der schweizerisch-französischen Grenze war er gestürzt und hatte eine schwere Kopfverletzung davongetragen. Jetzt lag er im Koma. Die Schädigung des Gehirns war erheblich, sagten die Ärzte, und es war denkbar, dass er aus dem Koma nicht mehr erwachen würde oder einen bleibenden Schaden davontrug. Liz wusste nicht einmal sicher, ob er nicht jetzt schon tot war. Ihre einzige Informationsquelle war Heather, ihre Schwiegertochter, im siebten Monat schwanger und der französischen Sprache kaum mächtig.

»Ich komme sofort«, sagte ich.

Am nächsten Tag flogen wir zusammen nach Genf.

Es folgten lange, strukturlose Krankenhaustage, schlaflose Nächte im Hotel und hektische Telefonanrufe nach Hause. Wir standen alles zusammen durch. Tag für Tag unterstützten wir Ramsay und Heather mit Trost, Liebe und Zuspruch. Das Wort *Mitleid* bedeutet, dass man freiwillig mit dem anderen leidet, dass man diejenigen, die man liebt, nicht allein leiden lässt. Seine Gegenwart zu schenken ist das Wichtigste, was man tun kann.

Eines wunderbaren Tages öffnete Ramsay schließlich ein Auge. Es war so unerwartet und herrlich wie das Erwachen des indischen Gottes Vishnu, der auf der Weltenschlange Ananta im Meer der Ewigkeit ruht. Und dann, Tage später, öffnete sich auch das andere Auge. Keiner der Chirurgen, keiner der Ärzte, keine der Krankenschwestern, keiner der Physiotherapeuten oder Helfer wagte die Hoffnung zu äußern, die sich damit verband. Aber ich wusste, was da geschah: Genau wie Tess und Chris kam Ramsay zu uns zurück.

Ich flog als Erste wieder nach Hause, und Liz folgte einige Tage danach. Steve blieb bei Heather und Ramsay. Stephie kam nun doch nach New Hampshire, damit wir bei Liz waren, als ihr die Brust amputiert wurde. Die grausame Operation war ein Erfolg. Der Krebs war besiegt.

Wir bereiteten die Heimkehr von Ramsay und Heather vor. Ramsay würde in die Reha gehen, um wieder zu Kräften zu kommen; Heather würde in New Hampshire ihr Kind auf die Welt bringen. Der Frühling war gleich um die Ecke.

Das Frühjahr ist Hochsaison für die Hufschmiede, trotzdem nahm George sich die Zeit, sich um Christophers Hufe zu kümmern.

Mary hatte ihm erst Tage später von meinem Anruf erzählt. Sie fand es höchst überflüssig, dass sich ihr Mann mit einem Siebenzentner-Schwein herumschlagen wollte. Chris waren noch nie die Hufe getrimmt worden. Selbst Pferde, deren Hufe regelmäßig gepflegt werden müssen, mögen die Fußpflege gar nicht. Auf drei Beinen herumzustehen, während jemand am Zehennagel des vierten herumschneidet, ist nun mal nicht ihre Sache und sie lassen den Hufschmied das spüren. Verständlicherweise war Mary auch nicht sehr glücklich darüber, dass George gutbezahlte Aufträge, die er dringend brauchen konnte, zugunsten einer Kundin zurückstellte, von der er nie einen Cent nehmen würde. Und obendrein noch sein Leben oder zumindest seine Gesundheit dabei aufs Spiel setzen wollte.

Aber Chris brauchte ihn wirklich dringend. Als er noch jünger war, hatte Christopher seine Hufe durch seine zahlreichen Ausflüge selbst getrimmt. Aber in der letzten Zeit hatte er sich wegen seiner Arthritis wenig bewegt, und seine Hufe waren übermäßig gewachsen. Je länger sie wurden, desto weniger konnte er darauf laufen – und desto weniger hatte er Lust dazu.

Ich war daher sehr glücklich, als George ein paar Tage später bei uns vor der Tür stand. »Ich habe gerade erst von Ihrem Anruf gehört«, entschuldigte er sich. »Ich bin so schnell wie möglich gekommen.«

Wir gingen zum Stall hinaus, und Christopher grunzte zur Begrüßung. Er stand aber nicht auf. Das machte die Dinge einfacher, und George wusste das auch zu schätzen. Er tat so, als hätte Chris ihm einen bewussten Gefallen getan – und vielleicht hatte er das auch. Während Chris auf der Seite lag, konnte George ruhig und fachmännisch seiner Arbeit nachgehen.

George hatte Christopher nicht allzu oft besucht in den vergangenen Jahren, aber jedes Mal hatte er seinen Zustand und seine vornehme Haltung gelobt. Ich freute mich darüber und sagte ihm immer wieder, wie dankbar ich dafür war, dass er und Mary das alles möglich gemacht hatten. »Wo Leben ist, da ist auch Hoffnung«, sagte er immer, und mit dem kleinen Kümmerer hatte er uns damals Hoffnung geschenkt, als alles so hoffnungslos aussah. Seither waren vierzehn glückliche Jahre vergangen.

Und jetzt, als er dem alten Schwein die Hufe trimmte, hatte George eine neue Erkenntnis: »Dieses Schwein ist wirklich erfolgreich!«

Ich war tief bewegt von dieser Erklärung. Das Wort Erfolg wird oft mit negativen Vorstellungen von Geld, Macht, Karrieredenken und Egoismus verbunden, aber wenn jemand wie George von Erfolg spricht, dann meint er Dinge, die wichtiger sind. Und wenn er ein Schwein erfolgreich nennt, dann geht es um Existenzielles. Erfolg für ein Schwein heißt in erster Linie, nicht in der Tiefkühltruhe zu landen. Christopher hatte jetzt alle seine Altersgenossen dreizehneinhalb Jahre lang überlebt.

Auch nach menschlichen Maßstäben war Christopher ein Erfolg. Eine Menge Leute wären froh, wenn sie auch nur einen Bruchteil des Ruhms erlangt hätten, der Christopher ganz wie von selbst zufiel. Aber ich wusste, dass George noch etwas anderes meinte.

Christophers Erfolg waren vierzehn glückliche Jahre. Er hatte Freude empfangen und Freude gegeben. Er war ein Geschenk, dessen Kraft niemals nachließ. Denn das größte Geschenk war für mich seine Gegenwart, die reine Freude, mit ihm zusammen zu sein. Aber er hatte mir noch viel mehr geschenkt: Er hatte mich meinen Nächsten nähergebracht. Er hatte mir geholfen, meine Schüchternheit zu überwinden. Er hatte mir gezeigt, wie man mit Kindern spielt. Er hatte mir sogar einen Garten geschenkt. Und er war nicht nur bei uns erfolgreich gewesen. Dieses große, vielgeliebte Schwein hatte so vielen Menschen Freude geschenkt. Es war der lebende Beweis, dass mit Liebe alles möglich ist, unabhängig davon, wo die Natur oder die Geschichte uns hinstellen.

Und jetzt, wo das Frühjahr bald kommen würde, war ich ihm dankbar. Bald würde es Tulpen, Flieder und Erdbeeren geben. Ich stand am zarten Anfang des Frühlings, fühlte mich geliebt, ich war glücklich und offen für einen warmen, heilenden Sommer.

Kapitel 13

Die Tage vor der Fliederblüte

Es war ein herrlicher Freitag im Mai. Einige Bäume zeigten schon zartes Laub, die Wiese war so grün wie ein Reisfeld. Unser Holzapfelbaum und die Quitte leuchteten rosa und weiß, während Tausende von Bienen und Hummeln herumschwirrten. In ein paar Tagen würden auch die Apfelbäume auf der Wiese und bald darauf die Fliederbüsche vor unserem Haus blühen, deren Duft ich so liebte.

An so einem Tag musste Chris natürlich ins Freie. Essensreste hatten wir gerade keine, deshalb versuchte ich ihn kurz vor Mittag mit Getreide aus der Scheune zu locken. Er trat relativ geschickt über die Schwelle seines Verschlags, interessierte sich aber nicht sonderlich für die Körner. Er hatte ungefähr dreißig Schritte hinaus in den Garten gemacht, als er zu der Ansicht gelangte, er wäre jetzt weit genug gelaufen. Er wollte mit seiner Schnauze den Rasen aufreißen, die kühle, duftende Erde riechen und sich in die Sonne legen. Ich konnte nichts dagegen tun.

Versuchen Sie mal, auf ein Schwein wütend zu sein! Ich musste dringend ins Haus an den Schreibtisch. Außerdem waren die Kriebelmücken massenhaft unterwegs – was Christopher weitaus weniger störte als mich. »Böse!«, sagte ich. »Du bist ein abscheuliches Vieh! Ein ganz böses Tier!« Aber dabei kraulte ich ihm natürlich den Bauch und die Ohren. Und alsbald kniete ich in der frisch aufgeworfenen Erde und kratzte ihm seinen Rücken. Er grunzte in einer Kadenz, die sich wie ein freundliches Lachen anhörte. Na, hab ich dir nicht einen schönen Streich gespielt?, schien er zu sagen.

Ich konnte es ihm natürlich nicht übel nehmen. Warum sollte er bis zum Schweineplateau tippeln, wenn die Dinge gleich hier so einladend aussahen? Der entscheidende Punkt für ihn war immer der sofortige Lustgewinn. In dieser Hinsicht hatte er klare Prioritäten.

Und so legte er sich mitten auf den Rasen, während ich mich verzweifelt gegen die Mücken wehrte. Gegen Christophers Wünsche kam ich einfach nicht an.

Eins allerdings konnte ich noch versuchen: Ich konnte die Höhere Macht anrufen, der Christopher letzten Endes fast immer gehorchte.

Ich schickte Howard, um frische Essensreste zu holen.

Fiddleheads ließ uns auch nicht im Stich. Sie hatten drei Eimer für uns, und der eine enthielt flüssigen Pfannkuchenteig, in dem etliche Donuts herumschwammen. Während sich Howard vor dem Ansturm der Mücken ins Haus zurückzog, fischte ich einen der

Donuts heraus und warf ihn Christopher direkt vor die Nase.

Das Schwein streckte seinen gewaltigen Kopf vor und versuchte, den Pfannkuchen mit seinen Lippen zu fassen. Es ging nicht. Er würde aufstehen müssen. Aber die Sonne schien warm, die Erde war kühl und feucht … und er war schließlich nicht am Verhungern. Wozu sollte er aufstehen?

Aber dann half mir eine der Hennen. Sie entdeckte den Donut, musterte ihn mit chirurgischer Präzision und hackte mit dem Schnabel danach. Das Loch in der Mitte erweiterte sich. Eine zweite Henne erblickte die Beute und beteiligte sich. In kürzester Zeit entdeckten auch die anderen den Glücksfall und rannten flügelschlagend herbei.

Das war zu viel für Christopher. Er rollte seinen Rumpf seitwärts, zog die Füße unter den Leib und stand ärgerlich grunzend auf, um die Überreste des Donuts zu fressen. Ich nutzte die Gelegenheit und lockte ihn mit den restlichen Essensresten zum Schweineplateau. Ich goss die Hälfte auf den Boden, und während die Hühner ihm zusahen, fraß er sich voll. Dann legte er sich wieder hin und blinzelte in die Sonne.

Bedauerlicherweise genoss er die Sonne auch noch um Viertel nach sechs und hatte überhaupt keine Lust, in seinen Stall zurückzukehren. Das war ein Problem. Denn um halb sieben waren wir mit Stephanie, der Tochter von Liz, zum Abendessen verabredet. Für Howard und mich war es der erste Abend, seit Tess so krank geworden war.

Natürlich wollten wir Tess nicht gern allein lassen, aber die Stufe vor unserem Haus machte es unzugänglich für Stephanies Rollstuhl, und deshalb wollten wir uns im Hancock Inn treffen, nur eine Meile weit weg. Wegzufahren, ehe Christopher wieder in seinem Stall war, passte uns gar nicht, aber das Wetter war gut, und nachdem es mir nicht gelungen war, ihn auf die Beine zu bringen, blieb uns gar nichts anderes übrig.

Das Abendessen war reizend. Nach dem Hauptgericht fuhr Howard schnell mal nach Haus, um nach Tess und Christopher zu sehen, während Stephanie und ich unseren Tee tranken. Als Howard zurückkam, sah er besorgt aus.

»Was ist los?«, fragte ich ihn erschrocken.

»Dem Hund geht es gut«, sagte er. »Aber Christopher liegt ziemlich merkwürdig da.« Er lag – wie schon oft – auf dem Abhang des Schweineplateaus. Aber diesmal zeigten seine Beine *nach oben*.

»Ist er unglücklich deswegen?«, fragte ich.

»Nein«, sagte Howard. »Aber aus dieser Lage kann er unmöglich aufstehen.«

Ich schaute Stephanie an. Ebenso wie ihre Mutter und Gretchen gehört sie zu den Menschen mit großer praktischer Begabung. Und als Vorkämpferin für die Rechte der Behinderten wusste sie vielleicht wirklich Rat.

»Ihr könnt es mit einem Hoyer-Lifter versuchen«, sagte sie. »Damit kann man Leute auf die Beine bringen, die nicht mehr aufstehen können. Ob es bei Christopher funktioniert, weiß ich allerdings nicht. Die

Tragkraft ist eher für Menschen berechnet.« Sie unterbrach sich.

»Habt ihr einen?«, fragte ich.

»So was kriegt man im Internet«, sagte sie. »Heute Nacht nutzt das allerdings nichts mehr.«

Ich beschloss, so bald wie möglich einen Hoyer-Lifter zu bestellen, aber niemandem zu verraten, dass er für ein sieben Zentner schweres Schwein mit Arthritis bestimmt war.

Stephanie wollte mit uns kommen, um uns zu helfen. Aber angesichts der bevorstehenden Dunkelheit und der steilen Böschung des Schweineplateaus verzichteten wir auf ihr Angebot. Dafür versprach sie, den Rest ihrer Familie zu alarmieren, sobald sie wieder bei Liz war. Wenn ihr Hilfe braucht, ruft einfach an, sagte sie. Stephanie, die im Rollstuhl saß, Ramsay, der sich von seinem Hirntrauma erholte, Heather, die jetzt seit zwei Wochen Mutter war, Liz, die eine schwere Operation hinter sich hatte – alle waren bereit, unserem arthritischen Schwein auf die Beine zu helfen.

Howard und ich rasten nach Hause und hofften, dass Christopher seine Lage vielleicht von sich aus verändert hätte. Aber das hatte er nicht.

»Wie geht's, Christopher, Schätzchen?«, fragte ich ihn.

Er grunzte leise. Er war nicht im Geringsten beunruhigt.

»Komm, Dicker, steh auf!«, sagte Howard.

Christopher rührte sich nicht.

Die Essensreste interessierten ihn nicht. Wir zerrten an seinem Geschirr, um ihn hochzuziehen, aber er schien zu wissen, dass er aus dieser Lage nicht aufstehen konnte. Trotzdem war er merkwürdig heiter. Er schien zuversichtlich, dass Howard und ich schon eine Lösung finden würden. Und er war bereit, dazuliegen und darauf zu warten.

Wir überlegten, was wir denn tun könnten.

»Sollen wir seine Hinterläufe herumziehen, damit sein Kopf höher liegt? Vielleicht kann er dann aufstehen?«

»Ich glaube, er ist zu schwer. Es wird ihm wehtun, wenn wir an ihm herumzerren. Wir können ihn vielleicht bergab rollen, bis die Beine wieder unten liegen.«

»Das wird ihm bestimmt nicht gefallen. Und womöglich überschlägt er sich dann gleich mehrmals.«

Am Fuß der Böschung stand ein großer Dornbusch, und die Vorstellung, bei Dunkelheit ein sieben Zentner schweres Schwein aus einem Dornbusch befreien zu müssen, war einfach entsetzlich.

»Das ist alles nicht gut.«

»Das ist furchtbar.«

»Du bist ein schreckliches Vieh!«, schalt ich das hilflose Schwein. »Aber wir helfen dir. Wir lieben dich.«

Nachdem wir eine Weile an seinen Hinterbeinen gezogen hatten, kamen wir zu dem Ergebnis, dass wir ihn doch rollen mussten. Das würde bedeuten, dass unser Schwein einen Moment lang platt auf dem Rücken lag und alle vier Beine direkt in die Luft strecken musste. Wir waren sicher, dass ihn das ziemlich ärgern würde. Er würde um sich schlagen, vielleicht sogar beißen. Aber wir hatten keine andere Wahl. Ich packte seine Vorderläufe und Howard die Hinterläufe.

»Eins ... zwei ... drei!«

Christopher rollte herum und stieß ein lautes Grunzen aus, als die Luft seinen Körper verließ. Dann rutschte er weiter den Abhang hinunter – und wir fragten uns schon, ob er je wieder aufhören würde. Aber als er schließlich liegen blieb, stand er ganz lässig auf, als wäre nichts weiter gewesen. Er schnupperte ein bisschen am Gras, rieb seinen Kopf an der Rückwand von Howards Schreibstube und folgte uns und dem Futtereimer mit schlingernden, aber würdevollen Schritten zu seinem Verschlag.

Das sonnige Wetter hielt nicht übers Wochenende. Am Samstag blieb Christopher in seinem Stall, denn es war windig und wolkig. Am Sonntag, als ich die Ehrendoktorwürde vom Keene State College entgegennahm, war es regnerisch. Das Podium war im Freien aufgestellt, und als ich zusammen mit dem Präsidenten und den anderen Ehrengästen über den Rasen hinausging, fühlten meine Kleider sich etwas klamm an, aber während der eigentlichen Zeremonie kam die Sonne hinter den Wolken hervor.

»Ich wünschte, meine Eltern würden noch leben«, sagte ich in meiner Dankesrede, »aber auch so sind viele von den Menschen versammelt, die ich am meisten liebe. Deshalb ist es wohl an der Zeit, von dem zu reden, was mir auf meinen Reisen geschenkt worden ist.«

In der Tat hatte der Kurator in seiner Laudatio einige der Abenteuer genannt, die ich bei meinen Forschungsreisen erlebt hatte. »Sie sind von einem wütenden Gorilla gejagt worden, ein menschenfressender Tiger hat Sie verfolgt, Sie wurden von Vampirfledermäusen gebissen und ein Orang-Utan hat Ihnen die Kleider vom Leib gerissen, aber das hat Sie nicht aufhalten können …«

In meiner Dankesrede nannte ich noch weitere Segnungen, die mir begegnet waren. Ich erzählte von den Emus in Südaustralien, und ich erzählte von Girindra, meinem bengalischen Seelenbruder, von dem ich bis zu meinem Aufenthalt in Sundarbans nichts gewusst hatte. Oft hatte ich nicht gefunden, was ich erwartet hatte, aber dafür etwas anderes entdeckt. »Geht also hinaus in die Welt, wo es euer Herz hinzieht«, sagte ich zu den fast sechstausend Studenten, die sich versammelt hatten. »Es gibt überall große Seelen und Lehrer. Ihr braucht sie nur zu erkennen.«

Als Liz mich nach Hause fuhr, war ich erfüllt von Freude, Liebe und Stolz. Selinda hatte mir einen großen Strauß Tulpen, Hyazinthen und Narzissen und dazu eine Vase geschenkt, die sie selbst in ihrer Töpferklasse gebrannt hatte. Unser Haus war ein Blumenmeer. Howard hatte Freunde besucht und massenhaft Papageientulpen mitgebracht, die mich mit leuchtenden Farben begrüßten. Ich umarmte ihn, streichelte Tess und ging hinaus in die Scheune.

Christopher stand fröhlich in seinem Verschlag und wollte hinaus. Es war zwar schon fünf Uhr nachmittags, aber als ich das Gatter aufmachte, um ihn zu tätscheln, schob er seinen Kopf heraus und trat eifrig über die Schwelle. Gemeinsam gingen wir zum Schweineplateau. Er bekam einen halben Eimer mit Futter – darunter Nudeln, Croissants, Erdbeeren und Sahnesauce – und blieb im Freien, bis es dämmerte. Als ich ihn zurück in den Stall bringen wollte, stand er schon auf den Beinen, und als wir zurückgingen, hinkte er kaum. Es freute mich, dass er wieder bei Kräften zu sein schien. Als er wieder in seinem Verschlag war, kippte ich ihm den Rest des Futters in seinen Trog, und er begann fröhlich grunzend zu fressen, wobei er die Erdbeeren als Erstes rauspickte.

Als ich nach dem Abendessen das Geschirr spülte, hörte ich ein Geräusch auf der Veranda, wo Christophers Eimer standen. Ich dachte, es wäre womöglich ein Waschbär, aber als ich die Tür aufmachte, entdeckte ich Mollie und Bob, die sich nicht über Christophers Futter hermachen wollten, sondern ihm leckere Waffeln, französisches Weißbrot und Schokoladenkuchen mit grüner Glasur brachten, die ihre Kinder in den vergangenen Wochen für Christopher aufgespart hatten.

Nachdem ich die Hühner eingesperrt hatte, war es endgültig dunkel, und ich ging noch einmal zu Christopher, ehe ich wie immer das Scheunentor zuzog. »Gute Nacht, mein gutes Schwein«, sagte ich. »Wir haben dich lieb.« Und er grunzte sein Gutenachtgrunzen.

Ich fand ihn am nächsten Morgen in seiner üblichen Schlafposition, die Beine gemütlich zur Seite gestreckt. Seine Augen waren geschlossen, sein Gesicht friedlich. Aber ich wusste sofort, dass etwas nicht stimmte. Sein Magen war schrecklich geschwollen. Schon vor einiger Zeit, wahrscheinlich schon vor Mitternacht, war Christopher im Schlaf gestorben.

Ich warf mich auf seinen lang hingestreckten Körper, wie ich es schon so oft getan hatte, wenn ich unglücklich war. »Nein!«, schrie ich. »Das ist doch nicht möglich! Ich liebe dich! Nein, nein, nein!«

Es schien so undenkbar. »Warte«, sagte Howard. Er zog mich zurück und betrachtete Christopher. Er dachte, unser Schwein würde sicher gleich wieder zu atmen beginnen. Aber Christopher rührte sich nicht.

Wir wussten, dass wir den Leichnam an einem heißen Tag nicht lange liegen lassen durften. Wir würden ihn sofort begraben müssen.

Howard rief Bud Adams an, dessen Schaufelbagger bei vielen Tierbegräbnissen in der Stadt eingesetzt wurde. Zwanzig Minuten später stand er schon in der Einfahrt. Unterdessen rief ich Gretchen, Liz und Selinda an. Alle drei zögerten keine Sekunde.

»Ja, ich komme sofort«, sagten sie. »Ich werde gleich da sein.«

Kapitel 12

Schweinehimmel

»Dieser Brief ist ein Nachruf«, schrieb Liz an die Herausgeber unserer beiden Wochenzeitungen, »ein Nachruf für Christopher Hogwood, ein mächtiges Schwein, das am vergangenen Sonntag, dem 9. Mai, friedlich in Hancock gestorben ist. Seit er vor vierzehn Jahren als Frischling bei ihnen Einzug hielt, war er der geliebte Gefährte von Howard Mansfield und Sy Montgomery. Wir beachten und ehren das Sterben von Tieren nur selten, und das Sterberegister verzeichnet sie nicht. Dennoch hinterlassen sie oft eine schmerzliche Lücke in unserem Leben, und wir trauern genauso um sie, als wären sie menschliche Wesen, auch wenn das nicht jeder versteht.

Aufgrund seiner Fernsehauftritte war Christopher nicht nur in Hancock, sondern in ganz Neuengland eine bekannte Persönlichkeit. Als ich in einem hiesigen Laden einmal mit einem Scheck zu bezahlen versuchte, der auf eine Bank außerhalb von New Hampshire ausgestellt war, hatte der Besitzer große Bedenken und akzeptierte erst dann, als ich ihm sagen konnte, ich sei eine Freundin von Christopher Hogwood. Aber es war nicht Christophers Ruhm, sondern seine Persönlichkeit, was uns veranlasst, seinen Tod zu betrauern.

Schweine werden dicker, wenn sie älter werden, und Christopher muss zuletzt siebeneinhalb Zentner gewogen haben. Dennoch war er sehr wählerisch, ganz im Gegensatz zu dem, was man Schweinen sonst nachsagt. Es war ein Vergnügen, ihm zuzusehen, wenn er eine einzelne Erdbeere oder ein Plätzchen von seinem Teller nahm, ehe er seine Mahlzeit fortsetzte. Aber solches Feingefühl war typisch für seinen Charakter. Christopher war weise, freundlich und intelligent. Er hatte ein bemerkenswert gutes Gedächtnis und konnte Menschen sowohl an der Stimme als auch an ihrer Erscheinung erkennen, selbst wenn er sie jahrelang nicht gesehen hatte. Es gibt nur wenige Menschen, die dazu in der Lage wären. Wir halten Tiere für geringer als uns, aber das liegt nur daran, dass wir sie nicht kennen. Damit, dass wir ihn kennenlernen durften, hat Christopher uns einen großen Dienst erwiesen.

Er liegt in Hancock begraben, ganz in der Nähe der Scheune, wo seine Heimat gewesen ist.«

Der Brief wurde in den beiden Wochenzeitungen abgedruckt. Jane Eklund, die Herausgeberin des ›Monadnock Ledgers‹, kam sogar mit einer mexikanischen Lasagne zu uns herüber, um ein längeres Interview mit Howard und mir zu machen. Der Bericht über Christopher wurde zum Leitartikel der nächsten Ausgabe, und auf der ersten Seite prangte ein großes

Foto von ihm, auf dem er seinen Kopf durch einen Bilderrahmen steckte, den Howard vom Sperrmüll geholt hatte. Die Überschrift des Artikel lautete: »Das erfüllte Leben des Christopher Hogwood. Berühmtes Schwein zur letzten Ruhe gebettet.«

Aber als die Zeitungen erschienen, wussten die meisten Leute in der Stadt ohnehin schon Bescheid.

Nachdem ich meine drei engsten Freundinnen alarmiert hatte, rief ich noch Bobbie und Jarvis an. Sie waren ja nicht nur mit Chris befreundet gewesen, sondern würden sich wohl auch wundern, was ein Schaufelbagger in unserem Garten machte. Ich rief bei Fiddleheads an, um den Nachschub an Essensresten zu stoppen. Und ich rief Gary an. Dann konnte ich nicht mehr. Ich bat Gretchen und Liz, all den anderen Bescheid zu sagen.

In einer kleinen Stadt verbreiten sich Nachrichten schnell. Einer sagte es dem anderen weiter, von Fiddleheads bis zum Cash Market. Roy's Lebensmittelmarkt in Peterborough hängte die letzte Weihnachtskarte mit Christophers Foto hinter die Fleischtheke.

Das Telefon hörte gar nicht mehr auf zu klingeln. Der Anrufbeantworter war bald übervoll: »Es tut mir so leid.« – »Ich kann's gar nicht glauben.« – »Er war wirklich etwas Besonderes.« – »Können wir irgendwas für euch tun?« – »Das war wirklich ein Mordsschwein!« Um unsere Freunde von außerhalb über Christophers Ableben zu informieren, verschickten wir den Brief von Liz Thompson per E-Mail.

Ein Klassenkamerad, der sein Leben lang in der Großstadt gelebt hatte und jetzt als Redakteur in

New York arbeitete, rief uns an und sagte: »Von allen Schweinen, die ich gekannt habe, war euers das coolste.«

Karten und E-Mails erreichten uns von allen Seiten. Eine Redakteurin vom örtlichen Radiosender, wo der Name unseres Schweins im Klassikprogramm oft erwähnt worden war, schickte mein liebstes Schweinegedicht: »Der langsame, sonnige Nachmittag gähnt und geht durch das schläfrige Städtchen … Die Schweine in der Suhle grunzen und lächeln im Traum. Sie träumen vom Eichelregen der Welt, vom Wühlen nach Schweinefrüchten.« Sie ergänzte die Zeilen von Dylan Thomases mit dem Wunsch: »Möge Christopher immer vom Eichelregen der Welt träumen.«

Viele Leute erinnerten sich an ihre Abenteuer mit Chris: »Wir werden immer an den Frischling denken, der Ihnen aus den Händen sprang und auf die Pferdekoppel rannte, um Äpfel zu fressen«, schrieb meine New Yorker Agentin. »Am Ende musste Steve noch über den Zaun springen, um ihn vor den Pferden zu retten …«

»Wir erinnern uns an ein unvergessliches Bild«, schrieben Eleanor und Dick Amidon. »Ein dunstiger Morgen und zwei spitze Schweineohren, die aus dem Nebel in unserem Garten auftauchen und sich schnurstracks auf den Salat zubewegten …«

»Ich kann's gar nicht glauben«, schrieb Mollie Miller-Rodat. »Nie wieder werden wir Essensreste verfüttern, Christophers Rücken waschen und ihn mit Schokoladen-Donuts zurück in den Stall locken …«

»Falls jemand Zweifel an der Existenz eines Schweinehimmels gehabt haben sollte«, schrieb die Posthalterin Pat, »dann hat sie Christopher gründlich zerstreut. Er ist eine Legende und wird in Hancocks Geschichtsbücher eingehen, weil er die Nachbarn in Liebe vereint hat.«

Aber Christophers Einfluss erstreckte sich weit über Hancock hinaus. Eine Studienkollegin schrieb aus New York: »Leider hat mein Sohn euer Schwein nur von Bildern gekannt. Aber ihr könnt mir glauben, das er eine große Rolle in seinem Leben gespielt hat – genauso real wie die Boa constrictor, die seine Tante vor einem verantwortungslosen Tierhalter retten musste, der sich nicht vorstellen konnte, wie groß sie mal werden würde. Und viel realer als die Kaninchen, Schweinchen und Kätzchen in seinen Kinderbüchern. Ich habe ihm so viele Gutenachtgeschichten über Christopher Hogwood erzählt und ihm so oft versprochen, ihn bald zu besuchen. Aber jetzt hat uns Christopher noch eine Lehre erteilt – man darf sich nicht zu weit von seinen Freunden entfernen, denn obwohl die Zeit endlos scheint, ist es dann irgendwann doch zu spät.«

Und Girindra schrieb mir aus Indien: »Ich habe vom Tod von Christopher erfahren. Er hat sehr lange gelebt, weil ihr ihn gut gepflegt habt, aber seine Tage waren gezählt und Gott hat ihn zu sich gerufen. Der Tod eures lieben Christopher ist ein großer Schmerz für uns, aber der Tod ist ewig und alle Seelen lassen ihre zerrissene irdische Hülle zurück und ruhen im Himmel. Gott segne ihn, er ist eine heilige Seele. Ich bete für ihn zum Allmächtigen. Ihr seid glücklich gewesen, weil ihr ihm dienen und seine Schmerzen lindern konntet. Wer kann mehr tun? Es ist eine große Erfüllung.«

Genau wie beim Tod eines Menschen brachten uns die Leute etwas zu essen, denn Essen ist Leben. Reis und Linsen von Heather, die mexikanische Lasagne von Jane, Eleanor Briggs brachte uns Spargel und Veilchen aus ihrem Garten. Bobbie brachte uns Brownies, genauso wie Mary Garland. Chris wäre zufrieden gewesen.

Blumen überschwemmten das Haus. So wie die Leute früher unserem Schwein ihr erfrorenes Herbstgemüse gebracht hatten, brachten sie uns jetzt Frühlingsblumen aus ihren Gärten: Tulpen, Flieder, Stiefmütterchen. Lilla, Kate und Jane schickten ein Dutzend rote Rosen. Wir füllten alle Vasen und dann die Einweckgläser. Scott Marchand, der Freund meiner Mutter aus Virginia, schickte einen Hibiskus von der Größe einer Cruise Missile. Gary schickte mir einen Kirschbaum. Und Beth, die das einzige Opfer von Christophers Zähnen geworden war, stellte uns einen besonders schönen Blumentopf auf die Schwelle. Es waren Tränende oder – wie wir sagen – Blutende Herzen.

Es gab sowohl öffentliche als auch private Würdigungen. Der ›Concord Monitor‹, die Tageszeitung der Hauptstadt, druckte das Interview nach, das Jane Eklund mit uns gemacht hatte. Der berühmte Dirigent und Musikologe Christopher Hogwood, nach dem wir unser Schwein benannt hatten, stellte den Nachruf auf seine Webseite. Ein örtlicher Langstreckenläufer schlug vor, ein alljährlich wiederkehrendes Rennen nach Christopher zu benennen. Ein anderer Freund veranstaltete eine indianische Rauchzeremonie mit Gebeten, um Christophers Eintritt in die nächste Welt zu erleichtern. Die freiwillige Feuerwehr, die ihn früher gelegentlich einfangen musste, zollte ihm auf ihre Weise Tribut. Monatelang hing an der Fassade des Spritzenhauses nicht nur der Warnhinweis auf die Waldbrandgefahr, sondern auch ein großes Schild mit der Aufschrift:

CHRISTOPHER HOGWOOD
R. I. P.
Er war ein wunderbares Schwein!

Unser Nachbar Jarvis baute eine kleine Bank mit Aussicht auf den Moose Brook und nagelte eine Plakette daran.

Zur Erinnerung an Christopher Hogwood,
der ein gutes Schwein und
ein guter Nachbar zugleich war.

Die Miller-Rodats machten ebenfalls Pläne. Sie wollten nach Hancock kommen und einen Grabstein aufstellen. Aber ihre Jungs hatten eine andere Idee. »Wir sollten ein großes Loch graben«, erklärte Jack. »So ein Loch, wie es Christopher immer gemacht hat. Aber dieses Loch machen wir nicht wieder zu. Es wird so ein Loch, wie es jeder in seinem Leben hat.«

Das Loch in meinem Herzen war riesig. Howard war stärker als ich. Er ging jetzt morgens die Hühner füttern, denn er wusste, ich konnte nicht mal in die Nähe der Scheune gehen, ohne zu heulen. Und im Gegensatz zu früher, wo es mich erleichtert hatte, meine Sorgen zu Christopher zu bringen und mich auszuweinen, machte mich das Weinen jetzt nur immer trauriger.

Die Blumen ließen die Köpfe hängen, und die neuen Pflanzen schlugen Wurzeln auf Christophers Grab. Eine Woche nach Christophers Tod kam Kate vom College in Arizona nach Hause, setzte sich mit ihrer Mutter ins Auto und kam aus Connecticut, um sich von Chris zu verabschieden. Jane, die inzwischen in Colorado aufs College ging, wäre sicher auch gekommen, aber sie war auf einer Reise mit einer Kommilitonin und deren Familie.

Ich hatte die Blütenblätter der welken Blumen gesammelt. Kate, Lilla und ich nahmen die Schüssel mit den bunten Blütenblättern mit in den Garten. Christophers Grab war wie eine offene Wunde, die mit Pflanzen und Blumen liebevoll bandagiert worden war. Sogar George war gekommen, hatte eine Schüssel mit Phlox und eine Tonfigur eines fröhlichen Schweins mitgebracht, die wir als Grabstein aufstellten. Als Kate, Lilla und ich uns jetzt vor das Grab knieten, war es fast wie früher: Wir brachten unsere Schüssel und sahen dabei einem lächelnden Schwein ins Gesicht.

Lilla nahm eine Handvoll Blütenblätter, streute sie über das Grab und sagte: »Vielen Dank für dein liebes Grunzen.«

Kate tat dasselbe: »Vielen Dank, dass du manchmal mein einziger Freund warst.«

»Danke, dass du uns immer angelacht hast«, sagte ich.

Und so machten wir weiter, bis alle Blütenblätter verstreut waren:

»Danke, dass du alle Reste gefressen hast.«

»Danke, dass wir deine großen Ohren kraulen durften.«

»Danke für die großen Löcher, die du gegraben hast.«

»Danke, dass wir dich waschen und bürsten durften.«

»Danke für deine große Seele, die in unsere Herzen geschaut hat.«

»Danke für all die Freunde, die du mir gebracht hast.«

»Danke für all die herrlichen Sonnentage.«

»Danke, dass du uns dein glückliches Herz gezeigt hast.«

Seitdem hatte ich viele Monate Zeit, um über all die Dinge nachzudenken, die Christopher uns geschenkt hat. Natürlich hatte ich ihn geliebt, die Tatsache, dass er ein Tier war, bildete keine Barriere für mich. Es war vielmehr eine Brücke. Aber warum hatte sein Leben auch so viele andere Menschen berührt?

Nun, es war gar nicht so schwer, dafür Gründe zu finden. Er war so nett wie ein Baby, aber fast noch attraktiver, weil er so groß war. Ihm Essensreste zu bringen, entsprach dem Yankee-Sinn für Sparsamkeit. Für die Kinder war es ein Abenteuer, ihm zu begegnen, das sie ihr Leben lang nicht vergaßen. Die Erwachsenen liebten ihn, weil er so glücklich war. Sie liebten ihn, weil er so gierig war. Sie liebten ihn, weil er ein richtiges Schwein war. Und sie liebten ihn, weil er so menschlich dabei war. Die Leute liebten seine Sanftmut und seinen Humor. Aber für viele seiner Freunde ging es noch tiefer, wie ich im Lauf der Jahre herausfand.

Es fing an mit Bobbie und Jarvis.

Ein paar Wochen nach Christophers Tod ging ich zu ihnen hinüber, um mit ihnen zu reden. Es war nicht bloß das Bedürfnis nach Geselligkeit, was mich dazu veranlasste. Ich hatte beschlossen, die Erinnerungen an Christopher zu sammeln und vielleicht ein Buch – dieses Buch – darüber zu schreiben. Kate hatte den Sommer frei und begleitete mich.

Das Gespräch bei unseren Nachbarn wandte sich bald den Schweinen zu, die Bobbie und Jarvis früher gezüchtet hatten. »Ich habe diese Schweine wirklich geliebt«, sagte Bobbie, »und unseren Kindern ging es genauso.« Sie erinnerte sich, dass ihr mittlerer Sohn sich oft in den Stall zu den Schweinen gesetzt hatte, wenn er vom College nach Hause kam, und eine Cola bei ihnen getrunken hatte. Bobbie erinnerte sich, dass sie oft zu ihren Freunden gesagt hatte: »Ich weiß gar nicht, was werden soll, wenn die Schweine verkauft werden. Ich hänge so an den Tieren.« Und dann sagten die Leute: »Ach, weißt du, Bobbie, das muss man praktisch sehen. Den Winter überstehen die sowieso nicht.« Und Bobbie hatte ihnen geglaubt.

»Und so kam jeden Herbst dieser schreckliche Tag, an dem die Schweine vom Schlachter geholt wurden«, fuhr Bobbie fort. »Ich ging damals noch jeden Tag in die Arbeit und ich sagte zu Jarvis: Sorg dafür, dass sie abgeholt werden, ehe ich wieder da bin. Ich ertrage es einfach nicht, wenn der Mann kommt, um sie ins Schlachthaus zu bringen.« Aber einmal hatte es geregnet, und der Lastwagen des Metzgers war in der schlammigen Auffahrt stecken geblieben. Als Bobbie nach Hause kam, stand der Lastwagen immer noch da. Sie konnte die Schweine quieken hören, als sie auf die Ladefläche gestoßen wurden, und sie wusste, dass sie zum Schlachten gebracht wurden.

»Der Grund, warum ich euch das erzähle«, sagte sie, »ist ganz einfach: Es war so schön, hierherzukommen, wo es Christopher gab. Dass unsere Schweine geschlachtet wurden, hat mich immer ganz elend gemacht. Und hier gab es ein Schwein, das nicht ins Schlachthaus gebracht wurde. Hier gab es ein Schwein, das den Winter überlebte, und das hat mich glücklich gemacht. Dieses Schwein durfte mein Freund sein, und niemand hat es mir weggenommen. Das hat mir geholfen. Es hat mich getröstet.«

Und ihre Worte halfen mir auch.

Kate und ich fragten auch Gretchen nach ihren Erinnerungen an Chris. Nachdem wir ihr neues Fohlen bewundert und ihre beiden Stuten getätschelt hatten, setzten wir uns mit drei großen Labradors und vier Katzen auf ihre Couch, um sie zu befragen. Bei dieser Gelegenheit hörte ich zum ersten Mal die Geschichte vom Letzten Schwein.

In den siebziger Jahren, als sie noch hüftlanges schwarzes Haar hatte und mit ihrem Ehemann unter einer geodätischen Kuppel wohnte, hatte Gretchen jedes Jahr ein paar Schweine gemästet. »Selbstversorgung war damals in Mode«, erklärte sie uns. »Wir machten Schmalz, Schweinskopfsülze und räucherten unseren eigenen Schinken.« Jedes Frühjahr kauften sie ein paar Ferkel und zogen sie liebevoll groß. An ihrem letzten Tag kriegten sie sogar Bier, damit sie betrunken waren, wenn sie der Metzger erschoss. Aber dann kam das Jahr, in dem sie zwei kleine weibliche Ferkel gekauft hatten. Eins davon war etwas ganz Besonderes.

Es entwischte regelmäßig aus seinem Verschlag. Im Alter von drei Monaten konnte es einen Meter zwanzig hoch springen. Normalerweise ist ein frei herumlaufendes Schwein ziemlich lästig, aber dieses Ferkel war anders. Es war sehr anhänglich und begleitete Gretchen, wenn sie im Garten arbeitete oder die Pferde versorgte. Es war ein netter Begleiter, und manchmal half es sogar. Es wühlte auch nie im Garten herum. Als Gretchen einmal ins Haus gegangen war, machte es ein Loch in den Rasen. »Aber als ich ihm sagte, das gehörte sich nicht, hat es das nie wieder getan.«

Gretchens Stiefkinder liebten das kleine Schwein. Als es größer wurde, ritten sie manchmal darauf herum. Im Lauf der Zeit wurde es ein richtiges Hausschwein, das überhaupt nicht mehr eingesperrt wurde. Es kannte das Motorgeräusch ihres Autos, und wenn die Familie vom Einkaufen kam, trabte ihnen das Schwein in der Einfahrt entgegen und freute sich wie ein Hund, wenn sein Herrchen nach Haus kommt.

Der Herbst kam und damit die Zeit der Schweineschlachtung. Aber Gretchen hatte beschlossen, dieses Tier nicht zu schlachten. Sie war der Ansicht, dass es eine gute Zuchtsau abgeben würde.

»Und dann kam der Metzger«, erzählte Gretchen. »Er fährt die Einfahrt herauf und natürlich läuft unser Schwein ihm entgegen, um ihn zu begrüßen. Er zieht seine .22er und fragt: Gehört das hier auch dazu? Und ich habe gesagt: Ja, aber –«

Gretchen zuckte hilflos die Schultern. »Er hat das Schwein vor meinen Augen erschossen.«

Danach hatte Gretchen nie wieder Schweine gezüchtet. Aber sie war froh, dass wir Christopher hatten. »Dass er bei euch gewesen ist«, sagte sie, »und dass ihr ihn geliebt habt, war ein Gegengewicht zu all dem Unrecht, das wir den Schweinen antun.«

An sich hat Gretchen nichts gegen bäuerliche Familienbetriebe. Sie findet, dass die Tiere dort meist gut behandelt werden. »Die eigentliche Grausamkeit sind die landwirtschaftlichen Fabriken, wo lebende Geschöpfe wie Industrieprodukte erzeugt werden. Achtzig Prozent aller sechzig Millionen Schweine, die alljährlich in Amerika gemästet und geschlachtet werden, kommen aus solchen Fabriken. Natürlich ist Christophers Leben kein Ausgleich für das, was Schweine erlitten haben und weiter erleiden, aber ihr habt gemeinsam eine neue Wirklichkeit geschaffen und gezeigt, dass man auch das Leben eines Schweins mit Ehrfurcht behandeln kann.«

Dass Christopher Frieden und Hoffnung gestiftet hatte, zeigte sich auch beim Gespräch mit unserem Pfarrer.

Das heißt, eigentlich war Graham gar nicht mehr unser Pfarrer. Es hatte sich viel verändert, seit er mich der Gemeinde mit den Worten vorgestellt hatte, ich lebte mit einem Schwein. In den Monaten nach dem Tod meines Vaters hatte man bei Grahams Frau, meiner Freundin Maggie, Lungenkrebs festgestellt, und ein Jahr später war sie gestorben. Graham hatte unsere Kirche verlassen und eine andere Gemeinde übernommen. Heute ist er mit einer sehr schönen und gebildeten Kunstprofessorin verheiratet, die drei Kinder hat. Alle hatten Christopher sehr geschätzt und ihn regelmäßig mit Essensresten versorgt.

Aber Maggies Beziehung zu Christopher war von besonderer Intensität gewesen, und erst dreizehn Jahre nach ihrem Tod fand ich heraus, warum das so war.

»Hat dir Maggie jemals von ihrer Kindheit erzählt?«, fragte Graham.

»Nein«, sagte ich.

Graham war überrascht, schließlich hatten Maggie und ich viel Zeit miteinander verbracht. Als sie krank wurde, hatte ich sie jeden Tag angerufen; und als es mit ihr zu Ende ging, war ich fast jeden Tag bei ihr im Krankenhaus, oft viele Stunden lang. Aber über ihre Vergangenheit hatten wir nicht gesprochen. Genauso wenig wie über den Krebs. Meist redeten wir über Orte, die wir besucht und Tiere, die wir gekannt hatten. Ich schickte ihr lustige Postkarten und unterschrieb sie mit »Chris« oder »Christopher Hogwood«. Und sie schickte uns noch mehr hübsche Karten, meist mit Tiermotiven, die sie stets an Chris adressierte.

»Es gibt einen Grund dafür, warum sie euch all diese Karten geschickt hat«, erklärte mir Graham. »Maggies Leben war geprägt von Tragödien.«

Ihre Mutter war unmittelbar nach Maggies Geburt an Krebs erkrankt – und Maggie hatte das Gefühl, dass sie daran schuld sei. Gestorben war die Mutter, als Maggie fünf war. Daraufhin ergab sich ihr Vater der Trunksucht, und als Maggie neun war, erschoss er sich mit seinem Revolver. Ihr älterer Bruder fand den Sterbenden auf dem Bett.

Die verwaisten Zwillinge wurden bald getrennt. Wenn ihr Vater wütend auf sie war, hatte er häufig gedroht: »Ich schicke euch zu Tante Frances!« Das war die Schwester der Mutter, eine sehr strenge Person, die in Maine lebte. Tante Frances hatte keinerlei Interesse an Maggie, und ihren Bruder wollte sie schon gar nicht nehmen. Daraufhin wurde der Bruder zu einem Onkel geschickt, der in einer ganz anderen Stadt wohnte.

Ich hatte gewusst, dass Maggie bei ihrer Tante aufgewachsen war, aber wie schrecklich das gewesen war, wusste ich nicht. Dass ihr Bruder Apotheker geworden war, hatte sie mir erzählt; dass er Alkoholiker gewesen war und sich mit einundvierzig umgebracht hatte, wusste ich nicht.

»Nun, das ist typisch, dass sie das nie erwähnt hat«, sagte Graham. »Aber ich glaube, es gibt eine Beziehung zwischen all diesen Tragödien und ihrer Liebe zu Christopher.« Er machte eine Pause, und ich überlegte, was er wohl meinte.

»Christopher war auch Waisenkind«, sagte er. »Aber er wurde von einer Familie adoptiert, die ihn wirklich mochte. Er hatte ein ganz anderes Leben als sie und ihr Bruder. Die Karten hat sie ihm geschickt, weil ihr nie jemand Postkarten schickte, als sie noch klein war. In anderen Worten: Christophers Geschichte war ihre eigene Geschichte – nur, dass sie gut ausging.«

»Christopher«, sagte Lilla zu mir, »war ein großer Buddha und Lehrer für uns. Er lehrte uns, dass wir lieben können. Er lehrte uns zu lieben, was das Leben uns schenkt: Futter, Wärme, Leckerbissen. Er war eine große Seele! Ein Geschöpf reiner Liebe!«

Das ist wahr. Christopher liebte Gesellschaft. Er liebte gutes Essen. Er liebte die warme Sommersonne, und er liebte es, gestreichelt zu werden. Er liebte das Leben. »Diese Liebe«, versprach mir Lilla, »geht niemals verloren.«

Christopher hat uns gezeigt, wie man den üppigen Geschmack und Duft dieser reichen, süßen, grünen Welt genießt. Allein das war schon ein großes Geschenk. Aber er zeigte uns noch eine andere Wahrheit. Dass ein Schwein nicht zu Schinken verarbeitet werden muss, sondern vierzehn Jahre lang geliebt und verwöhnt werden kann, bis es friedlich im Schlaf dahingeht, ist ein Beweis, dass wir keineswegs immer »praktisch« denken müssen. Wir müssen die Regeln, die uns die Gesellschaft, unsere Spezies, die Familie oder »das Schicksal« angeblich vorschreiben, nicht akzeptieren. Wir können neue Dinge wagen. Wir haben die Kraft, einer traurigen Geschichte ein versöhnliches, heilendes Ende zu geben. Wir können das Leben wählen. Wir können der Liebe vertrauen.

Der Schweinepalast steht derzeit leer. »Werden Sie sich ein neues Schwein zulegen?«, fragen die Leute. Das weiß ich nicht. Aber eins weiß ich sicher: Eine große Seele kann jederzeit unter uns auftreten, in jeder Form und Gestalt. Ich halte die Augen offen.

Danksagung

Viele Menschen und Tiere, die mir bei diesem Buch geholfen haben, treten in der Geschichte selbst auf, und ich hoffe sehr, dass man spürt, wie dankbar ich ihnen bin. Zahlreiche andere sind nicht namentlich erwähnt, obwohl ihre Freundschaft für uns und unser Schwein äußerst wichtig gewesen ist. Ihre Erinnerungen haben sehr zur Entstehung der Geschichte beigetragen, und deshalb möchte ich ihnen hier danken.

Wieder andere haben das Manuskript gelesen, mich ermutigt und mir guten Rat gegeben. Ich hatte das große Glück, dass dazu einige meiner Lieblingsautoren gehören: Beth Kephart, der Lyriker Howard Nelson, meine Lehrerin Elizabeth Marshall Thomas, die wunderbare Brenda Petersen und mein Ehemann Howard Mansfield. Dankbar bin ich auch für die wachsame Lektüre und Freundschaft von Selinda Chiquoine, Joel Glick, Rob Matz und Gretchen Vogel. Meine Agentin Sarah Jane Freymann ist nun schon seit vielen Jahren eine enge Freundin und kannte natürlich auch

Christopher gut. Ihre Unterstützung und Beratung waren auch bei diesem Projekt ganz wesentlich. Dankbar bin ich auch Susanna Porter, meiner Lektorin bei Random House, die mit den Freuden der Tierwelt dank ihrer Schildkröten und Schnecken bestens vertraut ist, und ihrer Assistentin Jahanna Bowman, deren E-Mails oft mit angehängten Bildern von Mandrills, Fluss-Schweinen oder Baumkängurus geschmückt sind.

Schließlich habe ich auch meiner Freundin und literarischen Assistentin Kate Cabot zu danken, die viel zur Entstehung dieses Buches beigetragen hat. Sie half mir bei den Interviews und Recherchen, befragte Howard und gab dem Buch seinen englischen Titel. Dank ihrer hervorragenden Arbeit, ihrer detaillierten Erinnerungen und ihrer tröstlichen Anwesenheit in den schmerzlichen Wochen nach Christophers Tod gelang es ihr, mein Herz wieder für die Freude zu öffnen, die unser Schwein uns geschenkt hat.

Sy Montgomery